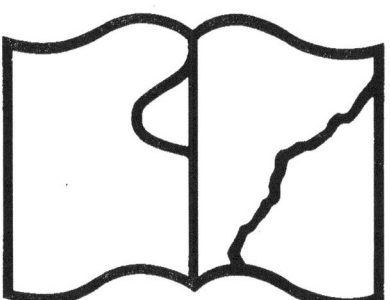

Texte détérioré — reliure défectueuse
NF Z 43-120-11

HISTOIRE
D'UN
HOMME DU PEUPLE

PAR
ERCKMANN-CHATRIAN

TRENTE DESSINS PAR RIOU

ŒUVRES COMPLÈTES
ILLUSTRÉES

ROMANS
NATIONAUX

Le Conscrit
de 1813
Madame Thérèse
ou les
Volontaires de 92
L'Invasion
Waterloo
L'Homme du peuple
Le Blocus
La Guerre

HISTOIRE
DE LA
RÉVOLUTION
FRANÇAISE
RACONTÉE
PAR UN PAYSAN
1789 à 1815

ŒUVRES COMPLÈTES
ILLUSTRÉES

ROMANS
POPULAIRES

L'illustre
Docteur Mathéus
Hugues le Loup
Maître
Daniel Rock
Contes
des
Bords du Rhin
L'ami Fritz
Confidences
d'un
Joueur de Clarinette
La
Maison forestière
Le Juif Polonais

CONTES ET ROMANS
ALSACIENS

Histoire
du
Plébiscite
Histoire
d'un
Sous-maître
Les Deux Frères
Le
Brigadier Frédéric
Une Campagne
en Kabylie
Maître
Gaspard Fix

En préparation :
SOUVENIRS D'UN ANCIEN CHEF DE CHANTIER

PARIS
J. HETZEL ET Cie, ÉDITEURS, 18, RUE JACOB

L'ouvrage complet.   Tous droits de traduction et de reproduction réservés.   Prix : 1 fr. 70 c.

ÉDITION ILLUSTRÉE PAR RIOU.

HISTOIRE
D'UN
HOMME DU PEUPLE
PAR
ERCKMANN-CHATRIAN

« —Pourquoi donc est-ce que cet enfant pleure ? » (Page 3.)

Lorsque mon père, Nicolas Clavel, bûcheron à Saint-Jean-des-Choux, sur la côte de Saverne, mourut au mois de juin 1837, j'avais neuf ans. Notre voisine, la veuve Rochard, me prit chez elle quinze jours ou trois semaines, et personne ne savait ce que j'allais devenir. La mère Rochard ne pouvait pas me garder; elle disait que nos meubles, notre lit et le reste ne payeraient pas les cierges de l'enterrement, et que mon père aurait bien fait de m'emmener avec lui.

En entendant cela, j'étais effrayé; je pensais : « Mon Dieu! qui est-ce qui voudra me prendre ? »

Durant ces trois semaines, nous cherchions des myrtilles et des fraises au bois, pour les vendre en ville, et je pouvais bien en ramasser cinq ou six chopines par jour; mais la saison des myrtilles passe vite, la saison des faînes arrive bien plus tard, en automne, et je n'avais pas encore la force de porter des fagots.

Souvent l'idée me venait que j'aurais été bien heureux de mourir.

A la fin de ces trois semaines, un matin que nous étions sur notre porte, la mère Rochard me dit :

« Tiens, voilà ton cousin Guerlot, le marchand de poisson; qu'est-ce qu'il vient donc faire dans ce pays? »

Et je vis un gros homme trapu, la figure grasse et grêlée, le nez rond, un grand chapeau plat sur les yeux et des guêtres à ses jambes courtes, qui venait.

« Bonjour, monsieur Guerlot, » lui dit la mère Rochard.

Mais il passa sans répondre, et poussa la porte de la maison de mon père, en criant :

« Personne ? »

Ensuite il ouvrit les volets, et presque aussitôt une grande femme rousse, en habit des dimanches, le nez long et la figure rouge, entra derrière lui dans la maison. La mère Rochard me dit :

« C'est ta cousine Hoquart, elle vend aussi du poisson ; s'ils trouvent quelque chose à pêcher chez vous, ils seront malins. »

Et de minute en minute d'autres arrivaient : M. le juge de paix Dolomieu, de Saverne; son secrétaire, M. Latouche, des cousins et des tantes, tous bien habillés; et seulement à la fin notre maire, M. Binder, avec son grand tricorne et son gilet rouge. Comme il passait, la mère Rochard lui demanda :

« Qu'est-ce que tous ces gens-là viennent donc faire chez Nicolas Clavel, monsieur le maire?

— C'est pour l'enfant, » dit-il en s'arrêtant, et me regardant d'un air triste.

Et voyant que j'étais honteux à cause de ma pauvre veste déchirée, de mon vieux pantalon, de mes pieds nus, il dit encore :

« Pauvre enfant ! »

Ensuite il entra. Quelques instants après, la mère Rochard me fit entrer aussi, pour voir ce qui se passait, et j'allai me mettre sous la cheminée près de l'âtre.

Tous ces gens étaient assis autour de notre vieille table, sur les bancs, se disputant entre eux, reprochant à mon père et à mère de s'être mariés, de n'avoir rien amassé, d'avoir été des fainéants, et d'autres choses pareilles que je savais bien être fausses, puisque mon pauvre père était mort à la peine. Tantôt l'un, tantôt l'autre se mettait à crier; personne ne voulait me prendre. M. le juge de paix, un homme grave, le front haut, les écoutait; et de temps en temps, quand ils criaient trop, il les reprenait en leur disant : « que je n'étais pas cause de ce malheur...; que les reproches contre mon père et ma mère ne servaient à rien...; qu'on devait tout pardonner aux malheureux, quand même ils auraient eu des torts...; qu'il fallait surtout songer aux enfants, etc. ; — mais la fureur chaque fois devenait plus grande. Moi, sous la cheminée, je ne disais rien, j'étais comme un mort. Aucun de ceux qui criaient ne me regardait.

« Il faut pourtant s'entendre, dit à la fin M. le juge de paix. Voyons... Cet enfant ne peut pas rester à la charge de la commune... Vous êtes tous des gens riches... aisés... Ce serait une honte pour la famille. Monsieur Guerlot, parlez. »

Alors le gros marchand de poisson se leva furieux, et dit :

« Je nourris mes enfants, c'est bien assez !

— Et moi je dis la même chose, cria la grande femme rousse. Je nourris mes enfants; les autres ne me regardent pas. »

Et tous se levaient, en criant que c'était une abomination de leur faire perdre une journée pour des choses qui ne les regardaient pas. Le juge de paix était tout pâle. Il dit encore :

« Cet enfant vous regarde pourtant plus que la commune, je pense; c'est votre sang ! S'il était riche, vous seriez ses héritiers, et je crois que vous ne l'oublieriez pas.

— Riche, lui ! criait le marchand de poisson, ha ! ha ! »

Moi, voyant cela, j'avais fini par sangloter; et, comme le juge de paix se levait, je sortis en fondant en larmes. J'allai m'asseoir dehors, sur le petit banc, à la porte. Les cousins et les cousines sortaient aussi d'un air de ne pas me voir. Mon cousin Guerlot soufflait dans ses joues, en s'allongeant les bretelles sous sa capote avec les pouces, et disait :

« Il fait chaud... une belle journée! Hé ! commère Hoquart?

— Quoi?

— On pêche l'étang de Zeller après-demain; est-ce que nous serons de moitié? »

Ils s'en allaient tous à la file, le juge de paix, le greffier, le maire, les cousins, les cousines; et la mère Rochard disait :

« Te voilà bien maintenant... Personne ne te veut ! »

Je ne pouvais plus reprendre haleine, à force de pleurer. Et pendant que j'étais là, la figure toute mouillée, j'entendais les parents s'en aller, et quelqu'un venir par en haut, en descendant la ruelle des Vergers au milieu du grand bourdonnement des arbres et de la chaleur.

« Hé! bonjour, mère Balais, s'écria la mère Rochard. Vous venez donc tous les ans acheter nos cerises?

— Hé! dit cette personne, mais oui. Je ne fais pas les cerises, j'en vends; il faut que je les achète pour les vendre.

— Sans doute. Et sur les arbres on les cueille plus fraîches. »

Je ne regardais pas, j'étais dans la désolation. Comme cette personne s'était arrêtée; je l'entendis demander :

« Pourquoi donc est-ce que cet enfant pleure? »

Et tout de suite la mère Rochard se mit à lui raconter que mon père était mort, que nous n'avions rien, que les parents ne voulaient pas de moi et que j'allais rester à la charge de la commune. Alors je sentis la main de cette personne me passer dans les cheveux lentement, pendant qu'elle me disait comme attendrie :

« Allons! regarde un peu... que je te voie. »

Je levai la tête. C'était une grande femme maigre, déjà vieille, le nez assez gros, avec une grande bouche et des dents encore blanches. Elle avait de grandes boucles d'oreilles en anneaux, un mouchoir de soie jaune autour de la tête, et un panier de cerises sous le bras. Elle me regardait en me passant toujours sa longue main dans les cheveux, et disait :

« Comment, ils ne veulent pas de lui? Mais c'est un brun superbe.... Ils ne veulent pas de lui?

— Non, répondait la mère Rochard.

— Ils sont donc fous?

— Non, mais ils ne veulent pas de cette charge.

— Une charge?... un garçon pareil! Tu n'as rien? Tu n'es pas bossu?... Tu n'es pas boiteux? »

Elle me tournait et me retournait, et s'écriait comme étonnée :

« Il n'a rien du tout! »

Ensuite elle me disait :

« Est-ce que tu as besoin de pleurer, nigaud? Oh! les gueux.... ils ne veulent pas d'un enfant pareil? »

Notre maire, qui revenait après avoir reconduit M. le juge de paix au bas du village, dit aussi :

« Bonjour, madame Balais. »

Et elle, se tournant, s'écria :

« Est-ce que c'est vrai qu'on ne veut pas de ce garçon?

— Mon Dieu! oui, c'est vrai, répondit le maire; il reste à la charge de la commune.

— Eh bien! moi, je le prends.

— Vous le prenez? dit le maire en ouvrant de grands yeux.

— Oui, je le prends à mon compte, si la commune veut, bien entendu.

— Oh! la commune ne demande pas mieux. »

En entendant cela, la vie me revenait. Je glorifiais en quelque sorte le Seigneur, pendant que cette dame m'essuyait la figure et me demandait :

« Tu as mangé? »

La mère Rochard répondit que nous avions mangé notre soupe aux pommes de terre le matin.

Alors elle sortit de sa poche un morceau de pain blanc qu'elle me donna, et dit :

« Prends aussi des cerises dans mon panier, et allons-nous-en,

— Attendez que je lui donne son paquet, s'écria la mère Rochard, en courant chercher dans un mouchoir mes souliers et mes habits des dimanches. — Voilà! je n'ai plus rien à toi, » dit-elle en me donnant le paquet.

Et nous partîmes.

« Ah! l'on ne voulait pas de toi! disait la dame; faut-il qu'on trouve des gens bêtes dans le monde? Ça fait suer, parole d'honneur! ça fait suer. Comment t'appelles-tu?

— Je m'appelle Jean-Pierre Clavel, madame.

— Eh bien! Jean-Pierre, je te garde, et bien contente encore de t'avoir. Prends-moi la main. »

Elle était très grande, et je marchais près d'elle, la main en l'air.

Devant le petit bouchon de *la Pomme de pin*, au bout du village, stationnait la charrette du charbonnier Élie, sa petite *bique* rousse devant, à l'ombre du hangar, et, dans la charrette se trouvaient trois grands paniers de cerises.

Le vieux Élie, avec son large feutre noir et sa petite veste de toile, regardait du haut de l'escalier en dehors; il s'écria :

« Est-ce que nous partons, madame Balais?

— Oui, tout de suite. Attendez que je prenne un verre de vin, et mettez l'enfant sur la charrette.

— Mais c'est le petit de Nicolas Clavel?

— Justement! il est maintenant à moi. »

L'aubergiste Bastien, ses deux filles et un hussard regardaient à la fenêtre du bouchon. Madame Balais, en montant l'escalier, racontait que je pleurais comme un pauvre caniche abandonné par ses gueux de maîtres, et qu'elle me prenait. En même temps elle disait, toute réjouie :

« Regardez-le ! On l'aurait fait exprès, avec ces cheveux bruns frisés, qu'on ne l'aurait pas voulu autrement. Allons, dépêchez-vous d'atteler, Élie, et mettez l'enfant avec les cerises. »

Le hussard, les deux filles et le père Bastien criaient :

« A la bonne heure, madame Balais ! c'est bien.... ça vous portera bonheur. »

Elle, sans répondre, entra vider sa chopine de vin. Ensuite elle sortit en criant :

« En route ! »

Et nous commençâmes à descendre la côte, moi sur la charrette, — ce qui ne m'était jamais arrivé, — Élie devant, tenant sa vieille *bique* par la bride, et madame Balais derrière, qui me disait à chaque instant :

« Mange des cerises, ne te gêne pas ; mais prends garde d'avaler trop de noyaux. »

Qu'on se figure ma joie et mon attendrissement d'être sauvé ! J'en étais dans l'étonnement. Et, du haut de ma charrette, qui descendait pas à pas le chemin creux bordé de houx, je regardais Saverne au fond de la vallée, avec sa vieille église carrée, sa grande rue, ses vieux toits pointus, — où montent des étages de lucarnes en forme d'éteignoirs, — la place et la fontaine : tout cela blanc de soleil.

Cent fois j'avais vu ces choses de la Rochecreuse, mais alors je ne songeais qu'à garder les vaches, à réunir les chèvres au milieu des bruyères. A cette heure, je pensais :

« Tu vas demeurer en ville, dans l'ombre des rues ! »

Près de la belle fontaine entourée d'aunes et de grands saules pleureurs, au bord de la route, la *bique* d'Élie reprit haleine un instant. Madame Balais but une bonne gorgée d'eau, en se penchant au goulot. Il faisait une grande chaleur et l'on aurait voulu rester là jusqu'au soir. Mais nous repartîmes ensuite lentement, à l'ombre des peupliers, jusqu'à l'entrée de Saverne.

En voyant de loin la jolie maison couverte d'ardoises bleues, — un petit balcon et des volets verts autour, — qui s'avance à la montée, je pensais qu'un prince demeurerait là pour sûr.

Nous entrâmes donc en ville sur les trois heures, en remontant la grande rue ; et, vers le milieu, plus loin que la place du Marché, nous en prîmes une autre à droite, la petite rue des Deux-Clefs, où le soleil descendait entre les cheminées, le long des balcons vermoulus et des murs décrépits. La mère Balais disait en riant :

« Nous arrivons, Jean-Pierre. »

Moi, j'ouvrais de grands yeux, n'ayant jamais rien vu de pareil. Bientôt la charrette s'arrêta devant une vieille maison étroite, la fenêtre en bas, — plus large que haute, — garnie de petites vitres rondes et d'écheveaux de chanvre pendus à l'intérieur.

C'était la maison d'un tisserand. Une femme de trente-cinq à quarante ans, les cheveux bruns roulés en boucles sur les joues, les yeux bleus et le nez un peu relevé, nous regardait de la petite allée noire.

« Hé ! c'est vous, madame Balais ? s'écria-t-elle.

—Oui, madame Dubourg, répondit la mère Balais ; et je vous amène encore quelqu'un.... mon petit Jean-Pierre, que vous ne connaissez pas. Regardez un peu ce pauvre *bichon*. »

Elle me prenait dans ses mains, et m'embrassait en me posant à terre.

Ensuite nous entrâmes dans une petite chambre grise, où le vieux métier, le fourneau de fonte, la table, et les écheveaux pendus à des perches au plafond, encombraient tous les coins. Avec les corbeilles de bobines, le vieux fauteuil à crémaillère, et l'horloge au fond, dans son étui de noyer, on ne savait pas comment se retourner. Mais c'était encore bien plus beau que notre pauvre baraque de Saint-Jean-des-Choux ; c'était magnifique, des écheveaux de chanvre et des rouleaux de toile, quand on n'avait vu que nos quatre murs et notre bûcher derrière, presque toujours vide. Oui, cela me paraissait une grande richesse.

Madame Balais racontait comment elle m'avait pris. L'autre dame ne disait rien, elle me regardait. Je m'étais mis contre le mur, sans oser lever les yeux. Comme la mère Balais venait de sortir pour aider le voiturier à décharger les cerises, cette dame s'écria :

« Dubourg, arrive donc ! »

Et je vis entrer par une porte à droite, couverte d'écheveaux, un petit homme maigre et pâle, la tête déjà grisonnante, et l'air bon, avec une jolie petite fille toute rose, les yeux éveillés, qui mangeait une grosse tartine de fromage blanc.

« Tiens, regarde ce que la mère Balais nous ramène de Saint-Jean-des-Choux, dit la dame ; ses parents, les Hoquart et les Guerlot ne voulaient pas de lui, elle l'a pris à sa charge.

—Cette mère Balais est une brave femme, répondit l'homme attendri.

—Oui, mais se mettre une charge pareille sur le dos !

—Mon Dieu ! fit l'homme, elle est seule.... l'enfant l'aimera.

—Mais il n'a rien ! s'écria la femme, — qui

venait d'ouvrir mon petit paquet sur ses genoux, et qui regardait ma pauvre petite veste des dimanches, ma chemise et mes souliers, — il n'a rien du tout! On ne saura pas seulement où le coucher.

— Hé! s'écria la mère Balais, en rentrant et posant au bord du métier son dernier panier de cerises, ne vous inquiétez donc pas tant, madame Madeleine. J'ai mon oncle, le chanoine d'Espagne, vous savez bien.... celui de quatre-vingt-dix ans et demi, et qui ne peut tarder de passer l'arme à gauche..,. Je vais attraper son héritage.... Ça m'aidera pour élever le petit. »

Elle riait; madame Dubourg, la femme du tisserand, était devenue toute rouge.

« Oh! dit-elle, votre oncle d'Espagne....

— Hé! pourquoi est-ce que je n'aurais pas un oncle? répondit la mère Balais. Vous avez bien une tante, vous, une tante à Saint-Witt. Et quand les deux enfants seront grands, nous les marierons ensemble, avec les deux héritages de l'oncle et de la tante. N'est-ce pas, monsieur Antoine? »

Alors le petit homme dit en riant :

« Oui, madame Balais, oui, vous avez raison, l'héritage de votre oncle est aussi sûr que celui de notre tante Jacqueline. Mais vous avez bien fait de recueillir cet enfant.... C'est bien!

— Et je ne m'en repens pas, dit la mère Balais. Je ne suis pas embarrassée de lui. J'ai là-haut un vieil uniforme de mon pauvre défunt, nous lui taillerons un habit là-dedans. Et près de ma chambre, j'ai le petit fruitier, pour mettre son lit. Nous trouverons bien un matelas, une couverture, c'est la moindre des choses. Le petit va dormir comme un dieu.—Allons, embrassez-vous, » fit-elle en m'amenant la petite fille, qui me regardait sans rien dire, ses beaux yeux bleus tout grands ouverts, et qui m'embrassa de bon cœur, en me barbouillant le nez.

Tout le monde riait, et je reprenais courage. Madame Rivel, la femme du vitrier qui demeurait au second, passait dans l'allée ; on l'appela. C'était une toute petite femme, avec un gros bonnet piqué, le fichu croisé sur la poitrine et la petite croix d'or au cou.

La mère Balais voulut aussi lui raconter mon histoire; deux ou trois voisins, appuyés sur la fenêtre ouverte, écoutaient ; et ce qui s'élevait de malédictions contre les Hoquart et les Guerlot n'est pas à dire : on les traitait de gueux, on leur prédisait la misère. Madame Madeleine avait aussi fini par s'apaiser.

« Puisque c'est comme cela, tout ce que je demande, disait-elle, c'est qu'il ne fasse pas trop de bruit dans la maison. Mais les garçons,...

— Bah! répondait le père Antoine, quand le métier marche, on n'entend rien. Il faut aussi que la petite ne sera pas fâchée d'avoir un camarade. »

Finalement, la mère Balais reprit son panier sur sa tête et me dit :

« Arrive, Jean-Pierre. En attendant l'héritage, nous allons toujours faire une bonne soupe aux choux, et puis nous verrons pour le coucher. »

Elle entra dans l'allée, et je repris sa main, bien content de la suivre.

II

Nous avions trois étages à monter : le premier était aux Dubourg, le deuxième aux Rivel, et le troisième, sous les tuiles, à nous. C'était tout gris, tout vermoulu ; les petites fenêtres de l'escalier regardaient dans la cour, où passait une vieille galerie, sur laquelle les Dubourg faisaient sécher leur linge. C'est là qu'il fallait entendre, en automne, pleurer et batailler les chats pendant la nuit ; on ne pouvait presque pas s'endormir.

Au-dessus se trouvait encore le colombier, avec son toit pointu et ses grands clous rouillés autour de la lucarne, pour arrêter les fouines. Mais les ardoises tombaient de jour en jour, et les pigeons n'y venaient plus depuis longtemps.

Voilà ce que je voyais en grimpant chez nous. La mère Balais, qui me donnait la main dans le petit escalier sombre, disait :

« Tiens-toi droit! efface tes épaules! ne marche pas en dedans! Je te dis que tu seras un bel homme; mais il faut avoir du cœur, il ne faut pas pleurer. »

Elle ouvrit en haut une porte qui se fermait au loquet, et nous entrâmes dans une grande chambre blanchie à la chaux, avec deux fenêtres en guérite sur la rue, un petit fourneau de fonte au milieu, — le tuyau en zigzag, — et une grande table de chêne au fond, où la mère Balais hachait sa ciboule, ses oignons, son persil et ses autres légumes pour faire la cuisine.

Au-dessus de la table, sur deux planches, étaient les assiettes peintes, la soupière ronde, et deux ou trois bouteilles avec des verres ; dans un tiroir se trouvaient les cuillers et les fourchettes en étain; dans un autre, la chandelle, les allumettes, le briquet; au-dessous, la grosse cruche à eau.

Avec le grand lit à rideaux jaunes dans un

enfoncement, la grande caisse couverte de tapisserie au pied du lit et trois chaises, cela faisait tout notre bien.

Contre le mur du pignon, au-dessus de la table, le portrait de M. Balais, ancien capitaine au 37ᵉ de ligne, le grand chapeau à cornes et ses deux glands d'or en travers des épaules, les yeux gris clair, les moustaches jaunes et les joues brunes, avait l'air de vous regarder en entrant. C'était un homme superbe, avec sa tête toute droite dans son haut collet bleu ; la mère Balais disait quelquefois :

« C'est Balais, mon défunt, mort au champ d'honneur le 21 juin 1813, à la retraite de Vittoria, dans l'arrière-garde. »

Alors elle serrait les lèvres et continuait à faire son ménage, toute pensive, sans parler durant des heures.

A gauche de la grande chambre s'ouvrait le fruitier, qui n'était que le grenier de la maison ; ses lucarnes restaient ouvertes en été ; mais, quand la neige commençait à tomber, sur la fin de novembre, on les fermait avec de la paille. Les fruits, en bon ordre, montaient sur trois rangées de lattes, et la bonne odeur se répandait partout.

A droite se trouvait encore un cabinet, la fenêtre sur le toit de la cour. Dans ce cabinet, j'ai dormi des années ; il n'avait pas plus de huit pieds de large sur dix à douze de long ; mais il y faisait bien bon, à cause de la grande cheminée appliquée contre, où passait toute la chaleur de la maison. Jamais l'eau n'y gelait dans ma cruche en plein hiver.

Combien de fois depuis, songeant à cela, je me suis écrié :

« Jean-Pierre, tu ne trouveras plus de chambre pareille ! »

J'aime autant vous raconter ces choses tout de suite, pour vous faire comprendre ma surprise de trouver un si beau logement.

Les paniers de cerises étaient tous rangés à terre, madame Balais commença par les porter dans le fruitier ; ensuite elle revint avec une belle tête de choux, des poireaux et quelques grosses pommes de terre, qu'elle déposa sur la table d'un air de bonne humeur. Elle sortit du tiroir le pain, le sel, le poivre, avec un morceau de lard ; et comme je voyais d'avance ce qu'elle voulait faire, je pris aussitôt la hachette pour tailler du petit bois. Elle me regardait en souriant, et disait :

« Tu es un brave enfant, Jean-Pierre. Nous allons être heureux ensemble. »

Elle battit le briquet, et c'est moi qui fis le feu, pendant qu'elle épluchait la tête de chou et qu'elle pelait les pommes de terre

« Oui, disait-elle, tes parents sont des gueux ! Mais je suis sûre que tes père et mère étaient de braves gens. »

Ces paroles me forcèrent encore une fois de pleurer. Alors elle se tut. Et, l'eau sur le feu, les légumes dedans, elle ouvrit ma chambre et sortit un matelas de son propre lit, pour faire le mien ; elle prit une couverture piquée et des draps blancs dans la grande caisse, et m'arrangea tout proprement, en disant :

« Tu seras très-bien. »

Je la regardais dans le ravissement. La nuit venait. Cela fait, vers les sept heures et demie, elle coupa le pain et servit la soupe dans deux grosses assiettes creuses, peintes de fleurs rouges et bleues, que je crois voir encore, en s'écriant joyeusement :

« Allons, Jean-Pierre, assieds-toi et dis-moi si notre soupe est bonne.

—Oh ! oui, lui dis-je, rien qu'à l'odeur elle est bien bonne, madame Balais.

—Appelle-moi mère Balais, dit-elle, j'aime mieux ça. Et maintenant souffle, petit, et courage. »

Nous mangeâmes ; jamais je n'avais goûté d'aussi bonne soupe. La mère Balais m'en donna de nouveau deux grosses cuillerées, et me voyant si content elle disait en riant :

« Tu vas devenir gras comme un chanoine de l'Estramadure. »

Ensuite, j'eus encore du lard avec une bonne tranche de pain ; de sorte que mon âme bénissait le Seigneur d'avoir empêché les Hoquart et les Guerlot de me prendre ; car ces gens avares m'auraient fait garder les vaches et manger des pommes de terre à l'eau jusqu'à la fin de mes jours. Je le disais à la mère Balais, qui riait de bon cœur et me donnait raison.

Il faisait nuit, la chandelle brillait sur la table. Madame Balais, ayant levé les couverts, se mit à visiter sa grande caisse, en rangeant sur le lit tous les vieux habits et les chemises qui lui restaient de son défunt. Moi, assis sur la pierre du petit fourneau, les genoux pliés entre les mains, je la regardais avec un grand attendrissement, pensant que l'esprit de mon père était en elle pour me sauver. Elle disait de temps en temps.

« Ceci peut encore servir ; ça nous verrons. »

Ensuite elle s'écriait :

« Tu ne parles pas, Jean-Pierre. Qu'est-ce que tu penses ?

—Je pense que je suis bien heureux.

—Eh bien ! disait-elle, ça fait que nous sommes heureux tous les deux. Nous n'avons pas besoin des Guerlot, ni des Dubourg, ni de personne. Nous en avons vu bien d'autres en Allemagne ; en Pologne et en Espagne....Voilà que Balais nous porte encore secours... Vois-tu, Jean-Pierre, là-bas, comme il nous regarde? »

Ayant tourné la tête, je crus qu'il nous regardait, et cela me fit peur; je me rappelai les prières du village, que je récitai en moi-même.

Finalement, sur les dix heures, la mère Balais s'écria :

« Tout va bien.... Allons, arrive, tu dois avoir sommeil.

—Oui, mère Balais.

—Tant mieux! je peux t'en dire autant pour mon compte. »

Nous entrâmes dans ma petite chambre; elle posa la chandelle à terre et me fit coucher, en me relevant la tête avec un oreiller. Ensuite, me tirant la grande couverture à fleurs jusqu'au menton :

« Dors bien, dit-elle, il ne faut pas te gêner. Tu n'es pas plus bête que beaucoup d'autres qui ne se gênent jamais. Allons !... »

Puis elle s'en alla.

J'aurais bien voulu penser à mon grand bonheur; mais j'avais si sommeil et j'étais si bien, que je m'endormis tout de suite.

III

Jamais je n'ai mieux dormi que cette nuit-là. Quel bonheur de savoir qu'on a trouvé son nid. Ce sont des choses qui vous reviennent même au milieu du sommeil, et qui vous aident à bien dormir.

Au petit jour, comme le soleil commençait à grisonner la fenêtre, je m'éveillai doucement. On entendait le bruit du métier dans la vieille maison; le père Antoine Dubourg faisait déjà courir sa navette entre les fils, et ce bruit, je devais l'entendre dix ans! Le tic-tac du vieux métier m'est toujours resté dans l'oreille et même au fond du cœur.

Comme j'écoutais, voilà que la mère Balais se lève dans sa chambre. Elle bat le briquet, elle ouvre sa fenêtre pour renouveler l'air; elle allume du feu dans son petit poêle et met ses gros sabots, pour aller chercher notre lait chez madame Stark, la laitière du coin. Je l'entends descendre, et je pense :

« Qu'est-ce qu'elle va faire? »

Dehors, dans la cour un coq chantait comme à Saint-Jean-des-Choux; des charrettes passaient dans la rue, la ville s'éveillait. Quelques instants après, les sabots remontèrent: la mère Balais rentre, elle prépare son café, elle met le lait au feu; puis la porte s'ouvre tout doucement, et la bonne femme, qui ne m'entendait pas remuer, regarde; elle me voit les yeux ouverts comme un lièvre, et me dit :

« Ah! ah! voyez-vous.... il fait la grasse matinée!... Oh! ces hommes, ça ne pense qu'à se dorloter.... c'est dans le sang!... Allons, Jean-Pierre, allons, un peu de courage ! »

Je m'étais levé bien vite, et j'avais déjà tiré ma culotte. Enfin, elle me fit asseoir sur ses genoux, pour m'aider à mettre mes souliers, et puis, me passant sa grande main dans les cheveux en souriant, elle dit :

« Conduis-toi bien et tu seras beau.... oui.... tu seras beau.... Mais il ne faudra pas être trop fier. Va maintenant te laver à la pompe en bas; lave-toi la figure, le cou, les mains... La propreté est la première qualité d'un homme. Il ne faut pas avoir peur de gâter l'eau, Jean-Pierre, elle est faite pour cela.

—Oui, mère Balais, » lui répondis-je en descendant le vieil escalier tout roide.

Elle, en haut, penchée sur la rampe, avec son grand mouchoir jaune autour de la tête et ses boucles d'oreilles en argent, me criait :

« Prends garde de tomber! prends garde ! »

Ensuite elle rentra dans sa chambre. J'aperçus au bas de l'escalier l'entrée de la cour, à gauche au fond de l'allée, et la petite cuisine des Dubourg ouverte à droite; le feu brillait sur l'âtre, éclairant les casseroles et les plats. Madame Madeleine s'y trouvait; je me dépêchai de lui dire :

« Bonjour, madame Madeleine. »

Et de courir à la pompe, où je me lavai bien. Il faisait déjà chaud, le soleil arrivait dans la cour comme au fond d'un puits. Sur la balustrade de la galerie, un gros chat gris faisait semblant de dormir au soleil, les poings sous le ventre, pendant que les moineaux, en l'air, s'égosillaient et bataillaient dans les chéneaux.

Je regardais et j'écoutais ces choses nouvelles, en me séchant près de l'auge, quand la petite Annette Dubourg, du fond de l'allée, se mit à crier :

« Jean-Pierre, te voilà !

—Oui, lui dis-je, me voilà. »

Nous étions tout joyeux, et nous riions ensemble; mais madame Madeleine cria de la cuisine :

« Annette.... Annette.... ne fais donc pas la folle.... laisse Jean-Pierre tranquille ! »

Alors je remontai bien vite. La mère Balais, en me voyant bien propre, bien frais, fut contente.

« C'est comme cela qu'on doit être, dit-elle. Maintenant prenons le café, et puis nous irons à la halle. »

Nous prîmes une rue à droite. (Page 4.)

Les tasses étaient déjà sur la table. Pour la première fois de ma vie je pris le café au lait, ce que je trouvai très-bon, et même meilleur que la soupe. Ensuite il fallut balayer les chambres, laver nos écuelles et mettre tout en ordre.

Vers sept heures, nous descendîmes. La mère Balais portait un de nos paniers de cerises sur sa tête, et moi la balance et les poids dans une corbeille. C'est ainsi que nous sortîmes. Il faisait beau temps.

En remontant la grande rue, le bonnetier, l'épicier et les autres marchands, en bras de chemise sur la porte de leurs boutiques, qu'ils venaient d'ouvrir, nous regardaient passer. Le bruit s'était déjà répandu que la mère Balais avait pris à son compte un enfant de Saint-Jean-des-Choux, et plus d'une ne pouvait le croire. Deux ou trois connaissances du marché, la laitière Stark, la marchande de sabots, lui demandaient :

« Est-ce vrai que cet enfant est à vous ?
— Oui, c'est vrai, disait-elle en riant. C'est rare, à mon âge, d'avoir un enfant qui mange de la soupe en venant au monde. Ça me rend glorieuse. »

Et les gens riaient. Nous arrivâmes bientôt sur la place de l'ancien palais des évêques de Saverne. Nous avions là notre baraque en planches, près de cinq ou six autres, — où l'on vendait de la viande fumée, de la bonneterie et de la poterie, — sous les acacias. Le soleil nous réjouissait la vue, et nous étions assis à l'ombre, le panier de cerises devant nous. Les

«—Tombe dessus, Jean-Pierre! » (Page 9.)

servantes, les hussards, venaient acheter de nos cerises, à trois sous la livre; et les enfants venaient aussi nous en demander pour deux liards.

Ces choses m'étonnaient, ne les ayant jamais vues. Deux ou trois fois la mère Balais me dit de sortir sur la place, pour faire connaissance avec des camarades. A la fin je sortis, et tout de suite les autres m'entourèrent, en me demandant :

« D'où est-ce que tu viens ? »

Je leur répondais comme je pouvais. Finalement, un grand roux, le fils du serrurier Materne, me tira la chemise du pantalon par derrière, pour faire rire les gens, et, dans le même instant, j'entendis la mère Balais me crier de loin :

« Tombe dessus, Jean-Pierre ! »

Alors j'empoignai ce grand Materne, méchant comme un âne rouge, et du premier coup je le roulai par terre. La mère Balais criait :

« Courage, Jean-Pierre !... Donne-lui son compte !... Ah ! le gueux ! »

Les autres virent en ce jour que j'étais fort, c'est pourquoi tous en ville disaient :

« Le garçon de la mère Balais est fort ! Il est de Saint-Jean-des-Choux; il a gardé les chèvres et les vaches ; il est très-fort ! »

Et j'avais de la considération partout. Le grand Materne et son frère Jérôme m'en voulaient beaucoup, mais ils n'osaient rien en dire. La mère Balais paraissait toute joyeuse :

« C'est bien, disait-elle, je suis contente ! Il

ne faut jamais attaquer personne; mais il ne faut pas non plus se laisser manquer; c'est à ça qu'on reconnaît les hommes. Celui qui se laisse manquer n'a pas de cœur. »

Elle se réjouissait. Vers cinq heures, ayant vendu nos cerises, nous rentrâmes à la maison faire notre cuisine, souper et dormir.

Ces choses se renouvelaient de la sorte tous les jours. Tantôt nous avions du soleil, tantôt de la pluie. Après les cerises, la mère Balais vendit des petites poires, après les poires, des prunes, etc. Elle ne voulait pas toujours m'avoir dans sa baraque, au contraire, elle me disait:

« Va courir! On ne reste pas assis à ton âge, comme des ermites qui récitent le chapelet, en attendant que les perdrix leur tombent dans le bec; on court, on va, on vient, on se remue. Il faut ça pour grandir et prendre de la force. Va t'amuser! »

Naturellement je ne demandais pas mieux, et dans la première quinzaine je connaissais déjà les Materne, les Gourdier, les Poulet, les Robichon, enfin tous les bons sujets de la ville; car de sept heures du matin à six heures du soir, on avait le temps de courir les rues, Dieu merci! de regarder le tourneur, le forgeron, le rémouleur, le ferblantier, le menuisier; on avait le temps de rouler dans les écuries, dans les granges, dans les greniers à foin et le long des haies, de grappiller des framboises et des mûres.

Et les batailles allaient toujours leur train! Tous les soirs, en rentrant, j'entendais madame Dubourg crier du fond de l'allée:

« Hé! il profite, Jean-Pierre. Regardez ses coudes... regardez ses genoux... regardez son nez... regardez ses oreilles... ça va bien! »

Je ne répondais pas, et je me dépêchais de monter. Mais quand par hasard la mère Balais se trouvait là, ces paroles la fâchaient.

« Madame Dubourg, disait-elle, je l'aime mieux comme cela déchiré, que s'il se laissait battre. Dieu merci! les caniches qui se sauvent quand on tape dessus ne manquent pas; c'est la commodité des cloutiers et des tournebroches; mais j'aime mieux ceux qui montrent les dents, et qui mordent quand on les attaque. Que voulez-vous? chacun son goût. Les peureux m'ennuient; ça me retourne le sang. Et puis, madame Madeleine, chacun doit se mêler de ce qui le regarde. »

Alors elle me prenait la main, et nous montions tout glorieux. Au-dessus, le vieux vitrier Rivel, sa porte toujours ouverte sur l'escalier dans les temps chauds, ses grosses besicles de cuivre jaune sur le nez, et ses vitres qui grinçaient sur la table, ne disait jamais rien, ni sa petite femme non plus, qui cousait du matin au soir. Et quand en passant nous leur souhaitions le bonsoir ou le bonjour, tous deux penchaient la tête en silence.

Ces gens paisibles n'avaient jamais de dispute avec personne; ils ressemblaient en quelque sorte à leurs deux pots de réséda, qui fleurissaient au bord de leur petite fenêtre, dans l'ombre de la cour. Jamais un mot plus haut que l'autre. Quelquefois seulement la femme appelait leur chat dans l'escalier, le soir; car ils ne pouvaient pas se coucher sans avoir fait rentrer leur chat dans la chambre.

Tout allait donc très-bien, puisque la mère Balais était contente; mais, au bout de six semaines ou deux mois, un soir que j'avais livré bataille contre les deux Materne ensemble, derrière le cimetière des Juifs, et qu'ils m'avaient tellement roulé dans les orties que ma figure, mes mains et même mes jambes, sous mon pantalon, en étaient rouges comme des écrevisses, la mère Balais, qui me regardait tristement, dit tout à coup pendant le souper:

« Aujourd'hui, Jean-Pierre, nous n'avons pas remporté la victoire; les autres ont emmené les canons, et nous avons eu de la peine à sauver les drapeaux. »

Alors je fus tout fâché d'entendre ces choses, et je répondis:

« Ils se sont mis à deux contre moi!

—Justement, c'est la manière des kaiserliks, dit-elle, ils sont toujours deux ou trois contre un. Mais ce qui me fait plaisir, c'est que tu ne te plains jamais, tu supportes tout très-bien. Que voulez-vous? A la guerre comme à la guerre: on gagne, on perd, on se rattrape, on avance, on recule. — Tu ne te plains pas!... c'est comme Balais, il ne se plaignait jamais des atouts; même le jour de sa mort, il me regardait comme pour dire:—Ce n'est rien... nous en reviendrons! — Voilà ce qui s'appelle un homme... Il aurait pu devenir prince, duc et roi tout comme un autre; ce n'est pas le courage qui lui manquait, ni la bonne volonté non plus. Mais il n'avait pas une belle écriture, et il ne connaissait pas les quatre règles; sans ça, Dieu sait ce que nous serions! Je serais peut-être madame la duchesse de Balais, ou quelque chose dans ce genre... Malheureusement, ce pauvre Balais ne savait pas les quatre règles! Enfin, que peut-on y faire? Mais au moins je veux que cela ne t'arrive pas plus tard, et que tu connaisses tout; je veux te voir dans les états-majors, tu m'entends?

—Oui, mère Balais.

—Je veux que tu commences tout de suite; et demain je te mènerai chez M. Vassereau, qui t'apprendra toute son école. Après ça, tu pourras choisir dans les états celui qui te plaira le plus. On gagne sa vie de toutes les façons, les uns en dansant sur la corde, les autres en vendant des cerises et des poires comme nous, les autres en rétamant des casseroles, ou bien en se faisant tirer des coups de fusil pour le roi de Prusse, — qui ne veut que des nobles dans les grades de son armée, de sorte que le courage, le bon sens et l'instruction ne servent à rien pour passer officier. Oui, Jean-Pierre, on gagne sa vie de cinquante manières, j'ai vu ça! Mais le plus commode, c'est de s'asseoir dans un bon fauteuil rembourré, en habit noir, avec une cravate blanche et un jabot, comme j'en ai rencontré plusieurs, et de faire des grâces aux gens qui viennent vous saluer, le chapeau jusqu'à terre, en disant : — Monsieur l'ambassadeur... monsieur le préfet... monsieur le ministre, etc. — C'est très-commode, mais il faut savoir les quatre règles et avoir une belle main. Nous irons donc chez M. Vassereau, Jean-Pierre. C'est entendu, fit-elle en se levant, demain, nous irons de bonne heure, et s'il faut payer trente sous par mois, ça m'est égal. »

Ayant parlé de la sorte, nous allâmes nous coucher, et jusqu'à minuit, je ne fis que rêver à l'école, au père Vassereau, aux quatre règles, et à tout ce que la mère Balais m'avait dit.

IV

Le lendemain, de grand matin, la mère Balais s'habilla d'une manière tout à fait magnifique. Quand je sortis de ma chambre sur les sept heures, je la vis avec une grande robe chamarrée de fleurs vertes; elle s'était fait deux grosses boucles sur les oreilles avec ses cheveux gris touffus, elle avait un gros bonnet blanc, et cela lui donnait une figure très-respectable.

« Assieds-toi, Jean-Pierre, dit-elle, et déjeunons. Nous partons dans une demi-heure. »

Elle me fit mettre ensuite une chemise blanche, mes souliers neufs et ma veste de velours; elle ouvrit son grand coffre et en tira un châle très-beau qu'elle s'arrangea sur les épaules devant notre petit miroir; les franges traînaient presque à terre, au bas de la robe. Et quand tout fut prêt, elle me dit de venir.

Je n'avais vu jamais d'école à Saint-Jean-des-Choux, cela me rendait inquiet; mais comme madame Balais descendait devant moi, j'étais bien forcé de la suivre.

En bas, dans la petite allée sombre, madame Dubourg, se penchant à la porte de sa cuisine, nous regarda sortir tout étonnée. Dehors, la mère Balais me prit par la main et me dit :

« Tu commenceras par ôter ton bonnet en entrant. »

Et nous descendîmes la petite rue des Trois-Quilles derrière le jardin de M. le juge de paix, puis celle du Fossé-des-Tanneurs. Tout à coup, en face d'une vieille maison qui faisait le coin de deux rues, j'entendis une foule de voix crier ensemble : B-A BA! — B-E BE! — B-I BI! ainsi de suite. Les vitres de la vieille maison en tremblaient; et parmi ces voix d'enfants, une autre voix terrible se mit à crier :

« Materne!... Attends! je me lève! »

C'était M. Vassereau qui prévenait Materne. Nous arrivions à l'école. Rien que d'entendre cette voix, un frisson me grimpait le long du dos. En même temps, nous entrions dans une petite cour, où quelques enfants rattachaient leurs bretelles, et la mère Balais me disait :

« Arrive ! »

Elle s'avançait dans une allée sombre à gauche, où je la suivis. Au bout de l'allée, trouvait une porte, avec un petit carreau dans le milieu; c'est là qu'on entendait chanter B-A BA! au milieu d'un grand bourdonnement.

La mère Balais ouvrit la porte. Aussitôt tout se tut, et je vis la grande salle : les rangées de tables toutes jaunes et tachées d'encre autour, les bancs où des quantités d'enfants en sabots, en souliers, et même pieds nus, s'usaient les culottes depuis des années; les exemples pendues à des ficelles le long des fenêtres ; le grand fourneau de fonte à droite, derrière la porte ; le tableau noir contre le mur, au fond du même côté; et la chaire à gauche, entre deux fenêtres, où M. Vassereau, son bonnet de soie noire tiré sur la nuque, était assis, le grand martinet replié sur le pupitre. Il était là, grave, la main bien posée, les deux doigts bien tendus, en train d'écrire une exemple.

Tout fourmillait d'enfants de six à douze ans; les grands assis autour des tables, les petits sur trois rangées de bancs, en face de la chaire. Deux ou trois, debout, tendaient leur plume au maître d'école, en répétant d'une voix traînante:

« En gros, s'il vous plaît, monsieur Vassereau !

— En moyen, s'il vous plaît, monsieur Vassereau ! »

Lui ne bougeait pas : il écrivait.

Je découvris ces choses d'un coup d'œil.

Toute la salle s'était retournée pour voir qui venait d'entrer ; toutes ces figures grasses, joufflues, blondes, rousses, les cheveux ébouriffés, nous regardaient en se penchant. Comme les petits bancs s'étaient tus d'un coup, M. Vassereau leva les yeux ; il aperçut la mère Balais et moi sur la porte, et se leva, ramenant son bonnet de soie noire sur sa tête, comme pour saluer. On aurait alors entendu voler une mouche. La mère Balais dit :

« Restez couvert, monsieur Vassereau. »

Et tous deux, l'un en face de l'autre, se mirent à causer de moi. Autant la mère Balais était grande et magnifique, autant le père Vassereau, habillé d'une capote marron et d'un large gilet noir, paraissait grave et sévère ; il portait encore l'ancienne culotte de ratine et les larges souliers à boucles d'argent. Il avait la figure ferme, un peu pâle, le menton large, le nez droit, bien fait, les yeux bruns, une ride entre les deux sourcils ; de sorte qu'avec son martinet sous le coude, tout cela ne lui donnait pas un air tendre, et que je pensais :

« Si c'est lui qui doit m'apprendre les quatre règles, il faudra faire bien attention. »

Nous étions donc au milieu de la salle, et toute l'école écoutait. M. Vassereau paraissait avoir un grand respect pour madame Balais, qui relevait fièrement la tête, et qui lui dit :

« Je vous amène ce garçon, monsieur Vassereau ; c'est un enfant de Saint-Jean-des-Choux, — que j'ai pris, parce que des parents malhonnêtes l'avaient abandonné, — et que je veux faire bien élever. Vous aurez soin de lui..... vous lui montrerez tout ce qu'un homme doit savoir.... Je suis sûre qu'il profitera de vos leçons.

—S'il n'en profite pas, répondit le père Vassereau en me jetant un regard de côté, ce sera de sa faute, car j'emploierai tous les moyens. »

Et me regardant en face :

« Comment t'appelles-tu ? me dit-il.

—Jean-Pierre, monsieur.

—Et ton père ?

—Mon père s'appelait Nicolas Clavel.

—Eh bien ! Clavel, qu'est-ce que tu sais ? Est-ce que tu connais tes lettres ?

—Non, monsieur.

—Alors, assieds-toi là, sur le petit banc. Gossard, tu lui prêteras ton *Abc* ; vous lirez ensemble dans le même. »

Pendant que cela se passait et que M. Vassereau me parlait de la sorte, cinq ou six grands, au lieu de travailler, riaient entre eux, et je vis quelque chose en ce moment qui m'affermit beaucoup dans mes bonnes résolutions. Le père Vassereau, en entendant rire, avait tourné la tête, et il avait vu le rouge Materne qui faisait des signes à Gourdier.

Alors, sans rien dire, il était allé le secouer par l'oreille, qui s'allongeait et se raccourcissait. Il n'avait pas l'air fâché ; mais le fils Materne ouvrait la bouche jusqu'au fond du gosier avec des yeux tout ronds, et soupirait tellement qu'on l'entendait dans toute la salle, où chacun se remit bien vite à travailler.

« Eh bien ! madame Balais, dit le père Vassereau en revenant d'un air tranquille, vous pouvez compter sur moi ; ce garçon profitera de mes conseils, je réponds de lui. — Clavel, va t'asseoir où je t'ai dit. »

J'allai m'asseoir au bout du petit banc, en pensant :

« Oh ! oui, je profiterai.... il faut que je profite ! »

—Allons, monsieur Vassereau, c'est entendu, dit la mère Balais. Pour le reste, ça me regarde.

Ils sortirent ensemble dans la petite allée ; et, pendant qu'ils étaient dehors, tout le monde se retourna, riant, s'appelant, se jetant des boules de papier. Mais à peine le pas de M. Vassereau commençait-il à revenir, qu'on se pencha sur les tables en faisant semblant d'écrire ou d'apprendre sa leçon. Lui, jeta les yeux à droite et à gauche et se remit dans sa chaire en disant :

« Commencez l'*Abc*. — Clavel, tu vas suivre sur l'*Abc* de Gossard. »

Aussitôt on se mit à chanter ensemble l'*Abc*, et je suivis avec une grande attention, sans oser même regarder celui qui me montrait les lettres.

Le père Vassereau taillait les plumes. De temps en temps, il faisait le tour de la salle, son martinet sous le bras, et regardait l'ouvrage des grands. Quand les lettres étaient mal formées, il les appelait ânes, et corrigeait lui-même leurs fautes. Une demi-heure avant la fin de l'école, il se rasseyait dans sa chaire et criait aux petits :

« Arrêtez ! »

Ensuite commençait la récitation des leçons :

« Qu'est-ce que la grammaire ? — Qu'est-ce que l'article ? — Qu'est-ce que le verbe ? » etc.

—Il prenait aussi quelquefois les petits et leur demandait les lettres. Sur le coup de dix heures le matin, sur le coup de quatre heures le soir, le premier de la première classe récitait la prière, et quand on l'entendait dire :

« Ainsi soit-il ! » toute l'école dégringolait des bancs, et se sauvait, le sac au dos ou le cahier sous le bras, en criant et se réjouissant jusqu'à la maison.

Cent fois M. Vassereau nous avait défendu de crier, mais dehors on n'avait plus peur, et puis il faut bien que les enfants respirent.

Le premier jour, quand on se mit à réciter la prière et à sortir en disant : « Bonjour, monsieur Vassereau ! » je fus si content d'être dehors, que j'arrivai chez nous d'un trait, et que je grimpai nos trois étages, en criant :

« C'est fini ! »

Le père Antoine Dubourg ne pouvait s'empêcher de rire ; et le vieux vitrier Rivel lui-même me regardait monter l'escalier avec ses grosses besicles, le nez en l'air, et disait à sa femme :

« Tiens, Catherine, voilà le plus beau temps de la vie ; on ne pense pas au déjeuner, au dîner ; quand l'école est finie, on a gagné sa journée. Ce temps-là ne reviendra plus. »

La mère Balais était aussi bien contente.

V

Depuis ce jour, je connaissais l'école : je connaissais la manière de chanter en traînant B-A BA, d'observer les plus petits mouvements de M. Vassereau, et d'avoir l'air de suivre avec Gossard, en regardant voler les mouches.

Le matin, aussitôt l'école finie, j'allais trouver la mère Balais dans notre baraque, sur la place ; elle me demandait presque toujours :

« Eh bien ! Jean-Pierre, ça marche ? »

Et je répondais :

« Oui, mais c'est dur tout de même.

— Hé ! faisait-elle, tout est dur dans ce monde. Si les pommes et les poires roulaient sur la grande route, on ne planterait pas d'arbres ; si le pain venait dans votre poche, on ne retournerait pas la terre, on ne sèmerait pas le grain, on ne demanderait pas la pluie et le soleil, on ne faucillerait pas, on ne mettrait pas en gerbes, on ne battrait pas en grange, on ne vannerait pas, on ne porterait pas les sacs au moulin, on ne moudrait pas, on ne traînerait pas la farine chez le boulanger, on ne pétrirait pas, on ne ferait pas cuire ; ce serait bien commode, mais ça ne peut pas venir tout seul, il faut que les gens s'en mêlent. Tout ce qui pousse seul ne vaut rien, comme les chardons, les orties, les épines, et les herbes tranchantes au fond des marais. Et plus on prend de peine, mieux ça vaut ; comme pour la vigne au milieu des pierrailles, sur les hauteurs, où l'on porte du fumier dans des hottes ; c'est aussi bien dur, Jean-Pierre, mais le vin est aussi bien bon. Si tu voyais, en Espagne, dans le midi de la France et le long du Rhin, comme on travaille au soleil pour avoir du vin, tu dirais : « C'est encore bien heureux de rester assis à l'ombre, et d'apprendre quelque chose qui nous profitera toujours ! » Maintenant je te fais retourner et ensemencer par le père Vassereau, et plus tard qui est-ce qui coupera le grain ? qui est-ce qui aura du pain sur la planche ? c'est toi ! Je fais cela parce que tu me plais, mais il faut en profiter. Je ne suis peut-être pas là pour longtemps. Profite, profite !... »

Ces choses m'attendrissaient, et je me donnais de la peine ; j'aurais voulu tout savoir, pour réjouir la mère Balais.

Il faut dire aussi que M. Vassereau n'était pas mécontent de moi, car au bout d'une semaine je connaissais mes lettres, et même il disait tout haut :

« Regardez ce Clavel, un garçon de Saint-Jean-des-Choux, il connaît ses lettres dans une semaine, au lieu que ce grand âne rouge de Materne et ce pendard de Gourdier, depuis trois ans n'ont encore appris qu'à dénicher des merles et à déterrer des carottes dans les jardins après la classe. Ah ! les gueux.... ah ! la mauvaise race ! »

Il se fâchait en parlant, et finissait par tomber dessus, de sorte que l'école était remplie de cris terribles. M. Vassereau répétait sans cesse :

« Si vous êtes pendus un jour, on ne pourra pas me faire de reproches ; car, Dieu merci ! je m'en donne de la peine pour vous redresser. J'use plus de martinets pour ces Gourdier et ces Materne, que pour tous les autres ensemble ; et encore ça ne sert à rien, ils deviennent de pire en pire, et tous les jours on vient se plaindre près de moi, comme si c'était ma faute. »

C'est vers ce temps que M. Vassereau me mit dans la troisième classe des grands, et qu'il me dit :

« Tu préviendras madame Balais de t'acheter une ardoise pour écrire en gros. »

La mère Balais eut une véritable satisfaction d'apprendre que j'avançais.

« Je suis contente de toi, Jean-Pierre, me dit-elle ; tu me feras honneur. »

Tous les gens de la maison, et madame Madeleine elle-même, avaient fini par s'habituer à me voir ; on ne criait plus contre moi. La petite Annette venait à ma rencontre, quand je sortais de l'école, en disant :

« Voici notre Jean-Pierre ! »

J'aurais dû me trouver bien heureux, mais j'avais toujours le cœur gros d'être enfermé ;

je ne pouvais pas m'habituer à rester assis deux heures de suite sans bouger. Ah! la vie est une chose dure, et l'on n'arrive pas pour son amusement dans ce monde.

Combien de fois, en classe, lorsque le temps était beau, que le soleil brillait entre les exemples pendues aux fenêtres ouvertes, et que de petites mouches dansaient en rond dans la belle lumière, combien de fois j'oubliais l'ardoise, l'exemple et les parafes, la vieille salle, les camarades et la grammaire, regardant ce beau jour les yeux tout grands ouverts, comme un chat qui rêve, et me représentant la côte de Saint-Jean-des-Choux : les hautes bruyères violettes et les genêts d'or où bourdonnaient les abeilles; les chèvres grimpant à droite et à gauche dans les roches, allongeant leur long cou maigre et leur petite barbe, pour brouter un bouquet de chèvrefeuille dans le ciel pâle ; les bœufs couchés à l'ombre d'un vieux hêtre, les yeux à demi fermés, mugissant lentement comme pour se plaindre de la chaleur. Et nos coups de fouet retentissant dans les échos de Saint-Witt; notre petit feu de ronces déroulant sa fumée vers les nuages; la cendre blanche où rôtissaient nos pommes de terre ; puis les grands bois de sapins tout sombres, descendant au fond des vallées; le bourdonnement de l'eau, le chant de la haute grive la nuit, les coups de hache des bûcherons dans le silence, ébranchant les arbres... Combien de fois... combien de fois je me suis représenté ces choses !

Tout à coup une voix me criait :

« Clavel, qu'est-ce que tu regardes? »

Et je frémissais, en me remettant bien vite à écrire.

Rarement M. Vassereau me frappait. Il faisait une grande différence entre ses élèves, il ne s'indignait que contre les incorrigibles. Je crois qu'il devinait mes pensées, et qu'il en avait de semblables, les jours de beau temps, pour son village.

A ceux qui viennent du grand air, aux enfants qui, durant des années, ont niché comme les oiseaux autour des bois, il faut du temps pour s'habituer à la cage, oui, il faut du temps! l'idée de la verdure leur revient toujours, et la bonne odeur des feuilles, des prés, des eaux courantes, leur arrive par-dessus les remparts.

Si nous n'avions pas eu les jeudis, je crois que je serais mort de chagrin ; car, malgré les bonnes soupes de la mère Balais, je maigrissais à vue d'œil. Heureusement, nous avions les jeudis : Demain nous irons au Haut-Bar, au Géroldseck, à la Roche-Plate. Nous irons cueillir des noisettes au fond de Fiquet, nous courrons dans l'ombre des sapins, nous grimperons, nous crierons, nous ferons tout ce que nous voudrons.

Oh! les jeudis... le Seigneur devrait bien en faire deux par semaine.

Les dimanches, il fallait aller à la messe et aux vêpres, la moitié de la journée était perdue. Mais les jeudis nous partions de grand matin, et la mère Balais me disait d'avance :

« Demain, il faut que tu coures, Jean-Pierre; je ne veux pas te voir maigrir comme ça. Cette école, c'est bon... c'est très-bon; mais on ne peut pourtant pas s'échiner à rester assis. Les enfants ont besoin d'air. Va courir ! Baigne-toi, mais prends garde d'aller dans les endroits dangereux. Avant de savoir bien nager, il faut se tenir sur les bords. Il n'y a que les bêtes qui se noient. Prends garde! mais amuse-toi bien... Galope, grimpe; la bonne santé passe encore avant les quatre règles : c'est le principal. »

Elle n'aurait pas eu besoin de me dire tout cela, car j'y pensais deux jours d'avance, et je m'en réjouissais. Nous étions trois : le petit Jean-Paul Latouche, le fils du greffier, Emmanuel Dolomieu, le fils de notre juge de paix, et moi. Annette voulait nous suivre ; elle pleurait, elle m'embrassait ; mais madame Madeleine ne voulait pas ; et nous étions déjà bien loin dans la rue, à courir, que nous entendions encore ses grands cris et ses pleurs.

Emmanuel et Jean-Paul avaient toujours quelques sous dans leur poche; moi je n'avais qu'une croûte de pain, mais je trouvais plus de noisettes, plus de brimbelles, plus de tout, et nous partagions.

Notre première idée était toujours d'aller nous baigner. Ah! la rivière de la Zorne, derrière la Roche-Plate, avec ses trembles et ses hêtres, nous connaissions bien, et je pourrais encore vous montrer le bon fond de sable, à droite du vallon de la Cible.

Quel bonheur, mon Dieu ! d'arriver au bord de la roche nue ; de voir l'immense vallée au-dessous, pleine de forêts; les grandes prairies en bas, la rivière qui frissonne sous les trembles; le sentier creux qui descend dans le sable brûlant, entre les petites racines pendantes où filent des centaines de lézards, et de se mettre à galoper dans ce sentier bordé de hautes bruyères sèches !

Quel bonheur d'entrer dans les pâturages au fond à perte de vue ; de bien regarder si l'on ne découvre pas un garde champêtre avec son chapeau noir et sa plaque d'étain sur le bras, et d'avancer hardiment dans l'herbe jusqu'au cou, les uns derrière les autres, pour ne laisser qu'une petite trace !

Quel plaisir d'arriver au bord de la rivière,

de mettre la main dedans en criant tout bas : « Elle est chaude ! » de jeter bien vite à terre sa petite blouse, d'ôter ses souliers, son pantalon, ses bas, en se cachant et riant, pendant que l'eau siffle et bouillonne sur les cailloux noirs ; puis de se lancer à la file : un... deux... trois... et de descendre le courant comme des grenouilles, sous l'ombre qui tremblote ; tandis que les demoiselles vertes vont en zigzag et font sonner leurs ailes sous la voûte de feuillage !

O le bon temps !

Comme on frissonne en se redressant dans l'écume, comme on se tape l'un à l'autre sur le dos, pour tuer les grosses mouches grises qui veulent vous piquer ; comme on est heureux d'aller, de venir, de se jeter des poignées d'eau ; et puis d'écouter, d'avoir peur du garde ! — Comme on espionne !

Et bien plus tard, lorsque vos dents se mettent à claquer et qu'on se dit : « J'ai la chair de poule... sortons ! » et qu'on s'assied dans le sable brûlant, en grelottant, la figure toute bleue, comme on se sent tout à coup bon appétit ; et, si l'on a eu soin d'emporter une croûte de pain, comme on mord dedans de bon cœur ! Dieu du ciel, il y a pourtant de beaux jours dans la vie !

Puis une fois rhabillés, quand on remonte dans le bois, tout frais, tout ragaillardis, en sifflant, et battant les buissons pour dénicher les touffes pâles des noisettes... Parlez-moi d'une existence pareille ! Quand l'école ne serait faite que pour avoir des jeudis, je soutiendrais qu'elle est bonne et qu'elle montre la sagesse du Seigneur.

Et les jours, les semaines, les mois se suivaient ; après le dimanche et le jeudi, l'école ; après l'été, l'automne : la saison des poires et des pommes qu'on range dans le fruitier, la saison où les bois se dépouillent, où de grands coups de vent traînent les feuilles mortes dans les sentiers.

Alors les noisettes, les myrtilles, les faînes sont passées. On croirait que tout va finir. — Et le froid, les premières gelées blanches, l'hiver, les portes fermées, le vieux métier qui va son train, la pluie que le vent chasse dans notre baraque sur la place : tout marche, les ennuis comptent comme le reste.

L'hiver était donc venu, l'hiver avec ses gros flocons, ses longues pluies qui s'égouttent des toits durant des semaines, l'hiver avec la chaufferette et les gros sabots fourrés de la mère Balais, avec les *balayades* du matin, lorsque les femmes, le jupon relevé, poussent la boue d'une porte à l'autre, que les pelotes de neige se croisent dans l'air, qu'on crie,

qu'on bataille, qu'on a les oreilles rouges et les mains brûlantes. Une vitre tombe chez M. Reboc, l'avocat, ou chez M. Hilarius, le président... On se sauve... la servante sort... Personne n'a fait le coup !

Ensuite les grands jeudis tout gris de l'hiver, au coin du feu quand la flamme pétille, que la marmite chante, qu'on se réunit en bas chez les Dubourg, en filant ; que madame Madeleine parle de la fortune de sa tante Jacqueline de Saint-Witt ; que la mère Balais raconte l'histoire des écluses de la Hollande, où Balais avait des souliers en paille tressée, pendant qu'il gelait à pierre fendre !... et les rencontres de Torres-Vedras, de Badajoz, des Arapiles, où l'on suait sang et eau.

Et les coups de vent, la nuit, qui s'engouffrent dans la cour, en enlevant les ardoises du colombier ! Alors on raccourcit ses jambes sous la couverture, on se tire l'édredon sur le nez, on écoute : la mère Balais tousse à côté, le coucou du Rivel, en bas, sonne une heure ; on se rendort lentement.

Oui, voilà l'hiver ! Il est bien long au pied des montagnes, et pourtant avec quel bonheur on se rappelle le coin du feu, les bonnes figures empaquetées des voisins, les moufles tirées jusqu'aux coudes, les sabots remplis de peau de lapin, et jusqu'au grand fourneau de l'école, lorsqu'on arrivait un des premiers, au petit jour, avant M. Vassereau, et qu'on se réchauffait en cercle, le petit sac au dos, pendant que la pluie coulait à flots sur les vitres !

Comme on se dit plus tard : « Quand donc ce bon temps reviendra-t-il ? quand serons-nous jeunes encore une fois ? »

Avec tout cela, j'avançais dans mes classes, et M. Vassereau m'avait choisi pour apprendre les répons de la messe, avec trois ou quatre autres bons sujets. Il nous faisait mettre à genoux au milieu de l'école, et nous répondions tous ensemble ; l'un aidait l'autre. Il disait :

« Clavel, je te préviens que tu seras enfant de chœur ; tu prendras la chemise rouge et la toque de Blanchot, tu chanteras avec Georges Cloutier. Tu viendras tous les dimanches. »

Il me faisait chanter le solfége après dix heures, et cela me remplissait d'orgueil. Les Materne disaient que je flattais M. Vassereau ; madame Madeleine me prenait en considération ; le père Antoine me donnait deux liards pour passer à l'offrande, et la mère Balais se réjouissait de ma bonne conduite.

Souvent M. Vassereau répétait en classe que je marchais sur les traces de Robichon, capitaine au 27ᵉ de ligne, — son meilleur élève, — et que je n'avais qu'à continuer.

"Descendre le courant, sous l'ombre qui tremblote..." (Page 15.)

VI

Cela dura trois ans. J'étais alors l'un des premiers de l'école; je savais mon catéchisme, j'avais une belle écriture, je connaissais un peu d'orthographe et les quatre règles. Il était temps de faire ma première communion et d'apprendre un état.

La mère Balais me répétait souvent :

« De mon temps, Jean-Pierre, où le courage et la chance faisaient tout, je t'aurais dit d'attendre tes dix-huit ans et de t'engager; mais je vois bien aujourd'hui ce qui se passe : la vie militaire n'est plus rien; on traîne ses guêtres de garnison en garnison, on va quelques années en Afrique pour apprendre à boire de l'absinthe, et puis on revient dans les vétérans. »

Emmanuel Dolomieu, le petit Jean-Paul et plusieurs autres de mes camarades étudiaient depuis quelques mois le latin au collége de Phalsbourg, pour devenir juges, avocats, notaires, officiers, etc.

M. Vassereau soutenait que j'avais plus de moyens qu'eux, et que c'était dommage de me laisser en route; mais à quoi servent les moyens quand on est pauvre ? Il faut gagner sa vie!

Une grande tristesse m'entrait dans le cœur; mais je ne voulais pas chagriner la mère Balais et je lui cachais mes peines, lorsque vers la fin du printemps il arriva quelque chose d'extraordinaire que je n'ou-

« — Ah ! dit la mère Balais en se redressant. » (Page 18.)

blierai jamais. Ce matin, huit jours avant ma première communion, on savait déjà que je serais à la tête des autres, que je réciterais l'*Acte de Foi*, et que je ferais les réponses. M. le curé Jacob lui-même était venu le dire à la maison, et le bruit en courait parmi toutes les bonnes femmes de la ville.

C'était un grand honneur pour nous, mais la dépense était aussi très-grande. On parlait de cela tous les jours. Madame Madeleine, qui se mêlait de tout, comptait tant pour l'habit, tant pour le gilet et la cravate blanche, tant pour le pantalon, les souliers et le chapeau; cela faisait une bien grosse somme, et la mère Balais disait :

« Eh bien ! il faudra faire un petit effort. Jean-Pierre va maintenant apprendre un état; c'est le dernier grand jour de sa jeunesse. »

Annette, devenue plus grande, s'écriait :

« Puisqu'il est le premier, il doit être aussi le plus beau. »

Moi qui commençais à comprendre la vie, je me taisais.

Et ce matin-là, comme on venait encore de causer en bas, dans la chambre des Dubourg, de cette grosse affaire, pendant que la mère Balais était sortie, sur le coup de huit heures, voilà que la porte s'ouvre, et qu'une grande femme rousse entre avec un panier sous le bras.

Il faisait obscur dans la petite chambre et je ne reconnus pas d'abord cette femme. Ce n'est qu'au moment où, d'une voix criarde comme à la halle, elle se mit à dire : « Bonjour la compagnie, bonjour ! Je viens voir notre garçon ! » que je reconnus madame Hocquart, ma cousine, celle qui m'avait repoussé trois ans avant à Saint-Jean-des-Choux, en disant que mon père était un gueux.

Elle regardait de tous les côtés. Je n'avais plus une goutte de sang ; j'étais saisi.

« Eh bien ! cria-t-elle en me voyant, eh bien ! Jean-Pierre, il paraît que tu te conduis bien ?... Ça nous fait plaisir à tous, à tous les parents, à ce pauvre Guerlot : il en avait les larmes aux yeux... Et la Paesel... et le Kôniam !... »

Je ne répondais pas, je me sentais bouleversé.

« Asseyez-vous donc, madame Hocquart, dit madame Madeleine en avançant une chaise, asseyez-vous. Mon Dieu, oui ! on ne peut pas se plaindre. Mais voilà cette première communion... quelle dépense !

— Justement, s'écria la grande Hocquart, nous y avons pensé ! nous avons dit : « Cette brave mère Balais, elle ne peut pourtant pas tout faire ; c'est pourtant notre sang... c'est notre parent ! Alors, tenez... »

Elle leva la couverture de son panier et en tira un habit neuf, une paire de souliers, un pantalon et un gilet.

Madame Madeleine et Annette poussaient des cris d'admiration :

« Oh ! madame Hocquart !

— Oui, oui, nous pensons que ça lui ira bien ! »

Et comme je restais sombre derrière la table, madame Madeleine me dit :

« Mais avance donc, Jean-Pierre, viens donc remercier ta cousine, cette bonne madame Hocquart. »

Alors je sentis quelque chose se retourner en moi, quelque chose de terrible, et, sans y penser, je répondis :

« Je ne veux pas !

— Comment, tu ne veux pas ?

— Non, je ne veux rien ; je ne veux pas d'habits ! »

La mère Hocquart s'était redressée tout étonnée.

« Qu'est-ce qu'il a donc ? fit-elle de sa voix traînarde, qu'est-ce qu'il a donc, notre Jean-Pierre ?

— Ah ! cria madame Madeleine, il est fier ; la tête lui tourne à cause des honneurs.

— Hé ! fit la marchande de poisson, c'est dans la famille, cette fierté-là ! Cette fierté-là, c'est ce qui fait les gens riches. »

En ce moment, le bon père Antoine me dit :

« Jean-Pierre, comment, tu ne remercies pas ta cousine ! Tu n'as donc pas de reconnaissance ? »

Et comme il parlait, je ne pus m'empêcher d'éclater en sanglots. J'allai me mettre le front contre le mur, en fondant en larmes.

Tout le monde s'étonnait. Le père Antoine, se levant, vint près de moi :

« Qu'est-ce que tu as ? me dit-il tout bas.

— Rien.

— Tu n'as rien ?

— Non... je ne veux rien d'eux ! lui dis-je au milieu de mes sanglots.

— Pourquoi ?

— Ils m'ont chassé ; ils ont dit que mon père et ma mère étaient des gueux ! »

Le père Antoine, en m'entendant parler ainsi, devint tout pâle ; et comme madame Madeleine recommençait ses reproches, pour la première fois il lui dit brusquement :

« Tais-toi, Madeleine ! tais-toi ! »

Il se promenait de long en large dans la chambre, la tête penchée. Madame Madeleine ne disait plus rien. Moi je restais le front au mur, les joues couvertes de larmes. La petite Annette, derrière moi, disait :

« Oh ! ils sont pourtant bien beaux, les habits.... Regarde seulement, Jean-Pierre. »

Et comme la mère Hocquart, poussant un éclat de rire aigre, rempaquetait les habits et s'écriait : « Tu n'en veux pas, garçon ? Oh ! il ne faut pas pleurer pour ça..., bien d'autres en voudront. Ah ! c'est comme ça que tu remercies les gens ! » comme elle disait cela, riant tout haut et refermant son panier, la porte se rouvrit, et j'entendis la mère Balais s'écrier :

« Eh bien, qu'est-ce qui se passe ? Pourquoi donc est-ce que Jean-Pierre pleure ?

— Hé ! répondit madame Madeleine, figurez-vous qu'il ne veut pas accepter des habits magnifiques pour sa première communion, des habits que sa cousine Hocquart apporte tout exprès de son village.

— Ah ! dit la mère Balais en se redressant ; pourquoi donc n'en veux-tu pas, Jean-Pierre ?

— C'est qu'il se rappelle qu'on a traité son père de gueux à Saint-Jean-des-Choux, répondit brusquement le père Antoine.

— Ah ! ah ! il se rappelle ça.... Et c'est pour ça qu'il ne veut pas de leurs habits ! s'écria la brave femme. Eh bien ! il a raison.... il montre du cœur. »

Et regardant la mère Hocquart :

« Allez-vous-en, dit-elle, on s'est passé de vous jusqu'à présent, on s'en passera bien encore. C'est moi, Marie-Anne Balais, qui veux donner des habits à cet enfant. Allez-vous-en au diable, entendez-vous ? »

La grande Hocquart voulait crier, mais la mère Balais avait une voix bien autrement forte que la sienne, une véritable voix de tempête qui couvrait tout, criant :

« Allez-vous-en, canaille !... vous avez renié votre sang.... Vous méritez tous d'être pendus !... »

En même temps, Rivel et sa femme, et deux ou trois voisines attirées par le bruit, entraient ; de sorte que la marchande de poisson, voyant cela, n'eut que le temps de reprendre son panier et de se sauver, en disant d'un air désolé :

« Ayez donc l'idée de faire le bien.... c'est encourageant.... c'est encourageant ! »

La mère Balais alors vint me toucher l'épaule :

« C'est moi, Jean-Pierre, qui te donnerai des habits, me dit-elle.

— Oh ! m'écriai-je en l'embrassant, de vous... rien qu'une blouse... ce sera bien assez.

— Tu n'auras pas seulement une blouse, fit-elle attendrie, tu auras tout plus beau que les autres. Ne vous inquiétez donc pas tant, madame Madeleine, cet enfant a du cœur ; avec du cœur on fait son chemin. »

Ainsi parla cette brave femme, que je regarderai toujours comme ma mère. Et huit jours après, j'avais de beaux habits pour ma première communion, des habits un peu grands, pour servir longtemps. Toute la maison était dans la joie.

Ces choses lointaines me sont revenues tout à l'heure, et j'en ai pleuré ! — C'étaient les derniers beaux jours de l'école, maintenant une autre vie, d'autres soins allaient commencer : la vie d'apprentissage, où l'on ne travaille pas seulement pour soi, mais pour un maître, où l'on est forcé de s'appliquer toujours et de songer à l'avenir.

VII

Deux ou trois jours après ma première communion, la mère Balais me demanda si j'aimais plus un métier qu'un autre. Nous étions justement à déjeuner. Je lui répondis que celui qui me plaisait le plus, c'était l'état de menuisier, parce que rien ne me faisait plus plaisir à voir que de beaux meubles, de grandes commodes, des armoires bien polies, des cadres en vieux noyer, et d'autres objets pareils.

Cela lui plut.

« Je suis contente, me dit-elle, que tu choisisses, car ceux qui prennent le premier métier venu montrent qu'ils n'ont d'idée pour aucun. Et quand on est décidé, — fit-elle en se levant, — autant partir tout de suite. Mets ton habit, Jean-Pierre, je vais te conduire chez le maître menuisier Nivoi, près de la fontaine. Tu ne pourrais jamais être en meilleures mains. Nivoi connaît la menuiserie mieux que pas un autre de la ville. C'est un homme de bon sens ; il a fait son tour de France, il est même resté cinq ou six ans à Paris. Je suis sûre que pour me faire plaisir, il te recevra d'emblée.

Je connaissais le père Nivoi depuis longtemps, avec sa veste de drap gris à larges poches carrées, où se trouvaient d'un côté le mètre et le tire-ligne, et de l'autre la grande tabatière en carton. Sa figure franche, ouverte, ses petits yeux malins me plaisaient. Je n'aurais pas choisi d'autre maître, et je m'habillai bien vite, pendant que la mère Balais mettait son châle.

Nous sortîmes quelques instants après, sans autres réflexions, et nous arrivâmes bientôt chez M. Nivoi, qui possédait une petite auberge à côté de son atelier, en face du magasin de bois et de la fontaine.

L'auberge avait pour enseigne deux chopes de bière mousseuse ; elle était toujours pleine de hussards, qui chantaient pendant que la scie et le rabot allaient en cadence.

Nous entrâmes dans l'atelier vers neuf heures. M. Nivoi, en train de tracer de grandes lignes à la craie rouge sur une planche, fut tout étonné de nous voir.

« Hé ! c'est la mère Balais ! dit-il. Est-ce que la baraque tombe ensemble ? En avant les chevilles !

— Non, la baraque est encore solide, répondit la mère Balais en riant. Je viens vous demander un autre service.

— Tout ce qui vous plaira, dans les choses possibles, bien entendu.

— Je le savais, dit la mère Balais ; je comptais sur vous. Voici Jean-Pierre que vous connaissez... le fils de Nicolas Clavel, de Saint-Jean-des-Choux, que je regarde comme mon propre enfant. Eh bien ! il voudrait apprendre votre état ; il est plein de bonne volonté, de courage, et, si vous le recevez, je suis sûre qu'il fera son possible pour vous contenter.

— Ah ! ah ! dit le père Nivoi d'un air grave et pourtant de bonne humeur, est-ce vrai, Jean-Pierre ?

— Oui, monsieur Nivoi, je promets de vous contenter, si c'est possible...

— Avec moi, c'est toujours possible, dit le vieux menuisier en déposant sa grande règle sur l'établi, et criant à la porte du cabaret :

— Marguerite ! Marguerite ! »

Aussitôt la femme de M. Nivoi, une femme assez grande, de bonne mine, habillée à la mode des paysans, ouvrit la porte et demanda :

« Qu'est-ce que c'est, Nivoi ?

— Tu vas tirer une bonne bouteille de rouge, et tu la porteras dans la chambre, là-haut, avec deux verres. Madame Balais et moi nous sommes en affaire, nous avons besoin de causer. »

La femme descendit à la cave ; et comme l'ouvrier de M. Nivoi, Michel Jâry, sec, maigre, décharné, la figure longue et pâle, cessait de raboter pour nous écouter, M. Nivoi lui dit :

« Hé ! Michel, ce n'est pas pour toi que je fais monter la bouteille ; tu peux continuer sans gêne, madame Balais ne t'en voudra pas à cause du bruit, ni moi non plus. »

Il dit cela d'un air sérieux, en prenant une bonne prise ; et sa femme étant alors devant la porte, sur le petit escalier de bois, avec les deux verres et la bouteille :

« Mère Balais, fit-il, je vous montre le chemin. »

Ils montèrent ensemble dans la chambre qui se trouvait à côté de l'atelier, au-dessus, en forme de colombier. Elle avait une lucarne, et le vieux menuisier, de cette lucarne, en vidant sa bouteille le coude sur la table, voyait tout ce qui se passait en bas. C'est là qu'il restait une partie des matinées, avec son ami, le vieux géomètre Panard, causant de différentes choses qui leur faisaient du bon sens. Ils s'aimaient comme des frères ! Et lorsqu'ils avaient vidé leur bouteille chez Nivoi, vers onze heures, ils allaient vider une autre bouteille chez Panard, qui possédait aussi une auberge sur la grande route.

Chez Nivoi, Panard payait la bouteille devant la femme, et Nivoi mettait les douze sous dans sa poche, et chez Panard, Nivoi payait la bouteille, et Panard mettait les douze sous dans sa poche ; par ce moyen, les femmes étaient toujours contentes en pensant : « C'est l'autre qui paye, nous avons les douze sous ! » Avec ces douze sous, ils vidaient leurs caves à tous les deux, sans avoir de trouble dans leur ménage. Et cela montre bien que l'argent n'est pas aussi nécessaire qu'on pense, et qu'avec une trentaine de sous on pourrait faire rouler le commerce.

Mais tout cela n'empêchait pas M. Nivoi d'être un excellent menuisier, un homme d'esprit et de bon sens, qui ne se souciait pas de devenir riche, parce qu'il savait bien que nous finissons tous par aller derrière la bascule, les pieds en avant. Son ami Panard avait les mêmes idées. Je les ai toujours regardés comme des gens très-respectables, amateurs de bon vin.

La mère Balais et M. Nivoi étaient donc montés dans la chambre ; moi je restais en bas avec Jâry, qui continuait à raboter, allongeant ses grands bras maigres d'un air de mauvaise humeur.

Je vis tout de suite que nous ne serions pas bons camarades, car au bout d'un instant, s'étant arrêté pour rajuster le rabot, il me dit en donnant de petits coups sur la tête du tranchet :

« Allons, apprenti, commence par ramasser les copeaux et mets-les dans ce panier. »

Je devins tout rouge, et je lui répondis au bout d'un instant :

« Si monsieur Nivoi veut de moi, je reviendrai cette après-midi, et je ramasserai les copeaux.

— Ah ! tu as peur de salir tes beaux habits, fit-il en riant. C'est tout simple : quand on s'appelle monsieur Jean-Pierre, qu'on est le premier à l'école, qu'on connaît l'orthographe, et qu'on porte chapeau, de se baisser, ça fait mal aux reins. »

Il me dit encore plusieurs autres choses dans le même genre ; comme je ne répondais pas, tout à coup la voix du père Nivoi se mit à crier de la lucarne :

« Hé ! dis donc, Jâry, mêle-toi de ce qui te regarde. Je ne te donne pas cinquante sous par jour pour observer si l'on a des chapeaux ou des casquettes. Tu devrais être honteux d'ennuyer un enfant qui ne te dit rien. Est-ce que c'est sa faute, s'il n'est pas aussi bête que toi ? »

Aussitôt Jâry se remit à raboter avec fureur ; et quelques instants après la mère Balais et M. Nivoi redescendirent l'escalier.

« Eh bien ! c'est entendu, disait M. Nivoi ; Jean-Pierre viendra tout de suite après dîner et son apprentissage commencera. Je le prends pour quatre ans. Les deux premières années, il ne me servira pas beaucoup, mais les deux autres seront pour les frais d'apprentissage.

— Si vous voulez un écrit ? dit la mère Balais.

— Allons donc ! entre nous un écrit, s'écria le vieux menuisier. Est-ce que je ne vous connais pas ? »

Ils traversaient alors l'atelier.

« Arrive, Jean-Pierre, » me dit la mère Balais.

Et nous sortîmes ensemble.

Dans la rue, M. Nivoi fit quelques pas avec nous, en expliquant que je devais arriver chaque matin à six heures en été, à sept en hiver ; — que j'aurais une heure à midi pour aller dîner, et que le soir à sept heures je serais libre, ainsi que toutes les journées des dimanches et grandes fêtes.

Ces choses étant bien entendues, il rentra dans l'atelier, et nous retournâmes chez nous.

VIII

Durant six ans, je restai chez le père Nivoi. Que de travail, que de tristesse, et pourtant que de bonheur aussi pendant ces longues années d'apprentissage! Tout revit en moi, tout se réveille! J'entends le rabot courir, la scie crier, le marteau résonner sous le grand toit de l'atelier; j'entends les verres tinter au cabaret voisin, les hussards chanter « *En avant, Fanfan la Tulipe!* » je vois les copeaux rouler sous l'établi ; je les repousse du pied, les joues et le front couverts de sueur.

Et le grand Jâry, cet être pâle, maigre, les cheveux ébouriffés, je le vois aussi, je l'entends me donner des ordres : « Apprenti, le rabot! — Apprenti, les clous! — Enlève-moi cette sciure, apprenti, et plus vite que ça.— Qu'est-ce que c'est? tu te mêles d'ajuster... Ha! ha! de bel ouvrage! Comme c'est raboté!... Comme c'est scié!... Le patron va gagner gros avec toi... Il n'a qu'à faire venir du vieux chêne, pour t'apprendre à massacrer! »

Ainsi de suite. Et toujours de la mauvaise humeur, toujours des coups de coude en passant.

« Ote-toi de là, tu ne fais rien de bon ! »

Quelle patience, mon Dieu ! quelle bonne volonté d'apprendre il faut avoir, pour vivre avec des gueux pareils, sans foi ni loi, sans cœur ni honneur ! Plus l'ouvrage est bon, plus ils le trouvent mauvais, plus l'envie leur aigrit le sang, plus ils verdissent et jaunissent. S'ils osaient vous attaquer !... Mais le courage leur manque. Pauvres diables !... pauvres diables !...

Voilà pourtant la vie, voilà le soutien qu'il faut attendre dans ce bas monde.

Le père Nivoi voyait la jalousie de ce mauvais monde, et quelquefois il s'écriait:

« Hé ! Michel, tâche donc d'être plus honnête avec Jean-Pierre. Tu n'as pas toujours été malin pour raboter une planche et pour enfoncer un clou ; ça ne t'est pas venu tout seul... Il t'a fallu des années et des années. Et malgré tout, tu n'es pas encore le grand chambellan du rabot et de l'équerre, comme on disait sous l'autre ; tu n'as pas encore deux clefs dans le dos, qui marquent ta grandeur. S'il avait fallu attendre sur toi pour inventer les chevilles, on aurait attendu longtemps. Je te défends d'être grossier avec l'apprenti ; je ne veux pas de ça... Tu m'entends ? »

Malheureusement, le brave homme n'était pas toujours à l'atelier ; il avait des entreprises en ville, et Jâry le voyait à peine dehors, qu'il se vengeait sur moi d'avoir été forcé d'entendre ses plaisanteries.

Au milieu de ces misères, j'avais pourtant quelques instants de bonheur, et mon attachement pour la mère Balais augmentait toujours.

Il ne s'était pas encore passé six mois, que M. Nivoi m'avait permis d'emporter des copeaux à la maison. J'en mettais dans mon tablier tant qu'il pouvait en entrer. Avec quelle joie je criais sous la porte :

« Mère Balais, voici des copeaux ! nous pouvons faire bon feu, le bois ne va plus manquer ! »

Elle, voyant la joie de mon cœur, faisait semblant de regarder ces copeaux comme grand'chose :

« Je n'ai jamais vu d'aussi belle flamme, disait-elle. Et puis, ça chauffe, Jean-Pierre, que c'est un véritable plaisir. »

Un peu plus tard, au bout de l'année, connaissant un peu l'état, j'avais arrangé le fruitier d'une manière admirable, par couches de lattes bien solides. C'est à cela que je passais mes dimanches. Et, plus tard encore, la famille Dubourg ayant loué dans les environs de la ville un petit jardin, c'est moi qui construisis leur gloriette; et moi qui posai la petite charpente et qui garnis l'intérieur de paillassons, en croisant dehors le treillage pour les plantes grimpantes.

La petite Annette venait me voir et trouvait tout très-beau, madame Madeleine elle-même me faisait des compliments, et la mère Balais disait sans gêne :

« Jean-Pierre sera le meilleur ouvrier de Saverne ; il sera même trop bon pour ce pays. C'est dans les capitales que les maîtres ouvriers doivent aller ; c'est là qu'ils s'élèvent et qu'ils finissent même par épouser la fille d'un riche fabricant, soit en clavecins, soit en meubles rares de toute sorte : armoires, commodes, volières. J'ai vu cela cent fois, particulièrement à Vienne en Autriche, et à Berlin, où les gens riches ont l'usage de marier leurs filles avec des ouvriers de bon sens. »

Elle voyait tout en beau, parce qu'elle m'aimait.

Les Dubourg, contents de leur gloriette ne répondaient rien ; mais je voyais pourtant aux yeux de madame Madeleine qu'elle trouvait ces éloges trop grands, et qu'elle aurait bien voulu pouvoir en rabattre

Ce qui fâchait le plus Jâry contre moi, c'étaient les copeaux; car jusqu'alors lui seul les avait pris, pour les donner à l'une de ses connaissances de la ruelle des Aveugles.—Enfin on ne peut pas contenter tout le monde.

Cela dura bien un an de la sorte. Je n'étais pas encore bien adroit dans notre métier, mais assez souvent M. Nivoi m'avait chargé de faire de petits meubles, comme les cassines qu'on nous commandait au collége, et toujours il avait paru content.

« C'est bien, Jean-Pierre, disait-il, cela peut aller; il manque encore la dernière main. Voici des jointures qui ne sont pas assez serrées, cette charnière est trop lâche... la serrure a pris trop de bois... Mais, pour un apprenti, cela marche très-bien. »

Naturellement Jâry, ces jours-là, se montrait encore plus mauvais qu'à l'ordinaire; aussitôt le maître sorti de l'atelier, il tournait en moquerie ses compliments et traitait mon ouvrage de savate. S'il avait pu tout casser et détraquer, il l'aurait fait volontiers; mais il n'osait pas, et regardait en levant ses deux épaules maigres, et disait :

« Ah ! le beau chef-d'œuvre ! Écoutez comme ça s'ouvre, comme ça se ferme ! »

Il faisait aller le couvercle en répétant :

« Cric ! crac ! c'est un meuble à musique... Ça crie... ça chante... ça possède tous les agréments ensemble. On peut mettre des livres dans la cassine, et jouer en même temps de la musique au professeur..... Continue, Jean-Pierre, tu promets, tu promets ! »

Il soufflait dans ses joues, et se tenait les deux mains sur les côtes, comme pour s'empêcher de rire.

On pense si j'étais indigné; je voyais sa méchanceté. Si je n'avais pas eu tant d'égards pour M. Nivoi, pour la mère Balais et tout le monde, j'aurais dit à ce gueux ce que je pensais de lui.

J'avais bien de la peine à me contenir, mais un beau matin la coupe fut pleine, et je vais vous raconter les choses en détail, parce qu'il faut tout expliquer, pour que les honnêtes gens voient clairement de quel côté se trouvent les torts, et qu'ils se disent en eux-mêmes : « C'était trop... cela ne pouvait pas durer... nous en aurions fait autant. »

Voici donc comment la chose finit.

Au commencement de ma troisième année d'apprentissage, quelques jours avant la Sainte-Anne, qui tombe le 27 juillet, un soir, au moment de partir, M. Nivoi me dit, après avoir regardé mon travail :

« Jean-Pierre, je suis content de toi, tu m'as rendu déjà de véritables services, et je veux te montrer ma satisfaction. Dis-moi ce qui peut te faire plaisir. »

En entendant ces paroles, je sentis mon cœur battre. Jâry, qui pendait son tablier et sa veste de travail au clou, se retourna pour écouter. J'aurais bien su quoi répondre, mais je n'osais pas. Et comme j'étais tout troublé, le père Nivoi me dit encore :

« Hé ! tu n'as jamais rien reçu de moi, Jean-Pierre ! »

En même temps il tirait de sa poche une grosse pièce de cinq francs, qu'il faisait sauter dans sa main, en disant :

« Est-ce qu'une pièce de cinq francs ne t'irait pas, pour faire le garçon ? Réponds-moi hardiment; qu'est-ce que tu penses d'une pièce de cinq francs dans la poche de Jean-Pierre ? »

Mon trouble augmentait, parce que depuis longtemps j'avais une autre idée, une idée qui me paraissait magnifique, mais qui devait coûter cher. Je n'osais pas le dire, et pourtant, à la fin, ramassant tout mon courage, je répondis :

« Monsieur Nivoi, mon plus grand bonheur est d'abord de savoir que vous êtes content de moi; oui, c'est une grande joie, principalement à cause de la mère Balais...

—Sans doute, sans doute, fit-il attendri; mais toi, qu'est-ce que tu voudrais, qu'est-ce que tu pourrais désirer?

—Eh bien ! monsieur Nivoi... Mais je n'ose pas?

—Quoi?

—Eh bien, ce qui me ferait le plus de plaisir, ce serait de montrer de mon travail à la mère Balais. »

Et comme M. Nivoi écoutait toujours :

« Nous avons à la maison une vieille table qui boîte, lui dis-je, une table ronde et pliante; il faut mettre quelque chose sous un pied, pour l'empêcher de boiter. Et si c'était un effet de votre bonté de m'en laisser faire une autre, elle arriverait juste pour la Sainte-Anne.

—Oh ! oh ! s'écria le père Nivoi d'un air à moitié de bonne humeur, à moitié fâché, sais-tu bien ce que tu me demandes ? Une table, une table ronde; du vieux noyer encore, bien sûr?

—Oh non ! en chêne.

—En chêne... c'est bon... en chêne... mais... et ton travail pendant huit jours, dix jours, tu comptes ça pour rien !

—Oh ! je travaillerais le soir, monsieur Nivoi, je reviendrais après la journée deux ou trois heures. »

Alors il parut réfléchir et toussa deux ou trois fois dans sa main sans répondre, et seulement ensuite il dit :

« C'est pour la fête de la mère Balais?
—Oui.
—Et cette idée t'est venue comme ça?
—Oui, ce serait mon plus grand bonheur.
—Eh bien! soit, fit-il, j'y consens; tu travailleras le soir, et je te laisse le choix du bois. Arrive, il ne fait pas encore nuit, entrons au magasin. »

Aussitôt Jâry sortit et nous entrâmes au magasin. Il y avait de belles planches, et je regardais du vieux poirier qui m'aurait bien convenu, mais c'était trop cher. Je venais de prendre du chêne, quand M. Nivoi s'écria :

« Bah! puisque nous sommes en train de faire de la dépense, autant que ce soit tout à fait bien. Moi, Jean-Pierre, à ta place, je choisirais ce poirier. »

Cela me fit une joie si grande, que je ne pus seulement pas répondre; je pris la planche sur mon épaule, et nous rentrâmes dans l'atelier, où je la posai contre le mur. Tout ce que j'avais souhaité depuis deux ans arrivait. Je me représentais le bonheur de la mère Balais.

Je voyais déjà dans cette planche les quatre pieds, le dessus, le tour; je voyais que ce serait très-beau, que j'en aurais même de reste, et tout cela me serrait le cœur à force de contentement et d'attendrissement. Il ne m'était jamais rien arrivé de pareil; et dans le moment où je sortais en refermant l'atelier, M. Nivoi, qui voyait sur ma figure tout ce que je pensais, me demanda :

« Est-ce que tu reviendras travailler ce soir?
—Oh! oui, monsieur Nivoi, si vous voulez bien.
—Bon, bon, on mettra de l'huile dans la lampe. »

Je retournai chez nous tellement heureux, que j'arrivai dans notre petite allée sans le savoir. Je ne pensais plus qu'à ma table, et, tout de suite après le souper, j'allai prendre mes mesures et me mettre au travail.

Le plan de cette table était si bien dans ma tête que, au bout du troisième jour, toutes les pièces se trouvaient découpées et dégrossies; il ne fallait plus que les assembler, les raboter et les polir. M. Nivoi, deux ou trois fois le soir, vint me voir à l'œuvre; il examinait chaque pièce l'une après l'autre sur toutes les faces, en fermant un œil, et finalement il me dit :

« Eh bien! Jean-Pierre, maintenant que l'ouvrage avance, je dois te dire que tu as joliment profité de tes deux ans d'apprentissage, et que, pour être juste, au lieu de recevoir du vieux poirier, c'est toi qui me devrais encore du retour. »

Je petillais de joie, cela m'entrait jusque dans les cheveux.

« Enfin, dit-il, j'espère que tu me récompenseras par ton travail.
—Monsieur Nivoi, je serai votre ouvrier tant que vous voudrez! m'écriai-je; je ne mérite pas vos bontés.
—Tu les mérites cent fois, dit-il; tu es un bon ouvrier, un brave cœur, et, si tu continues, tu seras un honnête homme. Va, mon enfant, la mère Balais sera contente, et je le suis aussi. »

Il sortit alors, et cette nuit j'avançai tellement l'ouvrage, que toutes les pièces étaient jointes vers les dix heures, excepté le dessus. Le lendemain je fis le dessus; je repassai tout à la couronne de prêle, et j'appliquai le vernis pour commencer à polir la nuit suivante.

Personne ne savait rien de tout cela chez nous; la surprise et la joie devaient en être d'autant plus grandes. Mon cœur nageait de bonheur. Je n'avais qu'une crainte, c'était qu'on apprît quelque chose par hasard; et plus le moment approchait, plus mon inquiétude et ma satisfaction augmentaient.

Jâry, durant ces huit jours, n'avait rien dit; seulement il serrait les dents et me regardait d'un mauvais œil. Moi, je ne disais rien non plus.

Ma table déjà construite se trouvait dans un coin éloigné de l'établi. En entrant, le matin du jour où je devais commencer à polir, je regarde pour voir si le vernis avait séché, et qu'est-ce que je vois? un trou gros comme les deux poings dans la planche du milieu sur le bord.—Je devins tout pâle, et je tournai la tête. Jâry riait en dessous.

« Qu'est-ce qui a fait ça? lui dis-je.
—C'est le gros rabot, répondit-il en éclatant de rire; il ne faut pas mettre les beaux ouvrages sous la planche aux rabots, parce que quand les rabots tombent, ils font des trous.
—Et qu'est-ce qui a fait tomber le gros rabot?
—C'est moi, dit-il en riant plus fort; j'en avais besoin. »

A peine avait-il répondu : « C'est moi! » que je tombai sur le gueux comme un loup. J'avais la tête de moins que lui, ses mains étaient larges deux fois comme les miennes, mais du premier coup il fut culbuté, les jambes par-dessus la tête, et je lui posai les genoux sur la poitrine, pendant qu'il me serrait en criant :

Le grand Jâry. (Page 24.)

« Ah ! brigand... ah ! tu oses !...
—Oui, j'ose, lui dis-je, » en écumant et lui donnant des coups terribles sur la figure.

Nous roulions dans les copeaux, il allongeait ses larges mains calleuses pour m'étrangler ; mais ma fureur était si grande, que malgré sa force j'avais presque fini par l'assommer, lorsque le père Nivoi et trois hussards accoururent à nos cris, et m'arrachèrent de dessus lui, comme un de ces dogues qu'il faut mordre pour les faire lâcher. Ils me tenaient en l'air par les bras et les jambes, j'avais des tremblements et des frémissements.

Le grand Jâry se leva en criant :
« Je te rattraperai ! »

Mais à peine avait-il dit : « Je te rattraperai ! » que je me lâchai d'une secousse, et que je le bousculai sur la table comme une plume. Il criait :
« A l'assassin !... à l'assassin !... »

Il fallut m'arracher encore une fois, et m'entraîner dans la chambre voisine. Le père Nivoi demandait :
« Qu'est-ce que c'est?

Alors, fondant en larmes, je lui dis :
« Il a cassé ma table exprès.
—Ah ! il a cassé ta table ! fit-il ; le gueux... le lâche !... Ah ! il a cassé ta table exprès... Eh bien ! tu as bien fait, Jean-Pierre. Mais il peut se vanter d'en avoir reçu... Voilà pourtant la colère d'un honnête homme qu'on vole. »

Les hussards me regardaient tout surpris et se disaient entre eux :
« Tonnerre ! c'est pire qu'un chat sauvage ! »

Il m'arrivait même d'aller danser les dimanches. (Page 26.)

La femme de M. Nivoi venait de porter dans l'atelier un baquet d'eau fraîche, où Jâry se lavait la figure. Je l'entendais gémir ; il disait :

« Je ne travaillerai plus avec ce brigand, il a voulu m'assassiner. »

En même temps, il sanglotait comme un lâche, et M. Nivoi étant retourné le voir, lui dit :

« Tu as reçu ton compte... c'est bien fait. Tu ne veux plus travailler avec cet enfant, tant mieux ! C'est une bonne occasion pour moi d'être débarrassé d'un envieux, d'un imbécile. Va te faire panser chez M. Harvig. Tu pourras revenir ce soir ou demain, si tu veux, pour recevoir ton arriéré. Mais tu ne rentreras pas dans l'atelier ; tu viendras dans cette chambre, car si Jean-Pierre te voyait, il te déchirerait.

— Lui ! cria Jâry.

— Oui, lui ! Ne crie pas si haut, il est encore là ; les hussards le retiennent, mais il pourrait s'échapper. »

Nous n'entendîmes plus rien ! Quelques instants après, M. Nivoi revint en disant :

« Le gueux est parti. J'ai regardé le trou de la table ; nous allons changer tout de suite la planche du milieu, Jean-Pierre, et demain tout sera prêt pour la fête de la mère Balais. Ainsi console-toi, sois content, tout peut être réparé ce soir. »

Je me remis alors, et je fus bien étonné de voir que j'avais battu le grand Jâry. Je pensai en moi-même : « Ah ! si j'avais su cela plus tôt, tu ne m'aurais pas tant ennuyé depuis deux ans, mauvais gueux ! J'aurais commencé par où j'ai fini; mais il vaut mieux tard que jamais. »

IX

Tout marche. Ma grande bataille contre Jâry était passée depuis quelques mois ; un autre compagnon, un joyeux Picard, qui riait, chantait et rabotait ensemble, avait remplacé le gueux ; nous vivions comme des frères.

M. Nivoi me donnait alors la moitié de la journée d'un ouvrier, sept francs cinquante centimes par semaine, que je remettais le samedi soir à la mère Balais, avec quel bonheur, je n'ai pas besoin de le dire; mais elle me forçait toujours de garder quelques sous pour le dimanche :

« Un ouvrier doit avoir quelque chose dans sa poche, disait-elle ; il ne doit pas être comme un enfant. Si l'occasion se présente d'accepter un verre de vin, il doit pouvoir le rendre. »

Je comprenais qu'elle avait raison, et je ne restais en arrière avec personne. Il m'arrivait même d'aller danser les dimanches hors de la ville, au *Panier-Fleuri*. Nous prenions du bon temps; les filles de Saint-Witt, de Dosenheim ou d'ailleurs, en rentrant des vêpres, ne manquaient jamais de s'arrêter là; quelques filles de Saverne y venaient aussi ; la clarinette, le trombone, le fifre, les éclats de rire et le bruit des canettes retentissaient sous les pommiers en fleurs.

Que voulez-vous? C'est la jeunesse! Ceux qui veulent qu'on ait toujours été majestueux, ne se souviennent de rien. Moi, j'aimais à danser, et puis, en rentrant le soir, à rêver tantôt à Marguerite, tantôt à Christine.

Une chose qui m'étonne, c'est que dans ce temps je ne songeais plus à la petite Annette ; nous étions devenus en quelque sorte étrangers l'un à l'autre ; je la regardais comme une demoiselle ; elle me regardait peut-être comme un simple ouvrier, je n'en sais rien. C'était une personne un peu fière, attachée à ses devoirs, et rieuse tout de même. De temps en temps, par exemple, le soir, en me voyant revenir du travail, elle me criait :

« Hé ! Jean-Pierre, arrive donc, nous avons des beignets... Arrive ! »

Elle m'en apportait de tout chauds, en disant d'un air joyeux :

« Ouvre la bouche. »

C'était comme au premier temps de la jeunesse. Mais les dimanches elle se mettait bien; elle ne faisait plus attention à Jean-Pierre en bras de chemise, et semblait se considérer comme au-dessus d'un menuisier, d'un charpentier ou de tous autres gens de métier. — Jamais elle ne venait au *Panier-Fleuri*.

Moi, je m'imaginais avoir de l'amour pour la fille du garde champêtre Passauf, la grande Lisa, que j'avais distinguée, Dieu sait pourquoi ! Je la promenais même autour du jardin après chaque valse, en me disant :

« C'est mon amoureuse ! »

Voilà pourtant comme on se forge des idées ! Et deux ou trois mois après, quand Lisa Passauf partit pour aller en condition à Paris avec sa sœur, je me regardai comme un être désespéré. Je m'écriais en moi-même :

« Jean-Pierre, tu ne connais pas ton désespoir, c'est le bonheur de ta vie qui vient de partir ! »

Mais huit jours après j'avais une autre danseuse, Charlotte Mériau, la fille du jardinier, et huit jours après encore une autre.

Au commencement de l'été suivant, mes années d'apprentissage étant finies, je reçus la journée entière de l'ouvrier; l'aisance entra dans notre petite chambre du troisième. La mère Balais disait que nous achèterions notre blé nous-mêmes à la halle, que nous ferions cuire notre pain chez le boulanger Chanoine, et que nous aurions une petite règle pour marquer les miches.

Elle voulait aussi faire ses provisions de légumes secs, avoir des pommes de terre à la cave et du bois au grenier ; car de tout acheter en détail, cela revient trop cher.

J'étais heureux de voir que, au lieu de rester à la charge de cette brave femme, ma seconde mère, j'allais enfin lui devenir utile et soutenir ses vieux jours. Oui, cette satisfaction dépassait toutes les autres.

Deux ans se passèrent de la sorte, sans rien amener de nouveau; mais en 1847, les changements, les grands changements arrivèrent. On rencontre des années pareilles dans la vie. Tout ce qu'on avait senti n'était rien. Cela ressemble à ces graines abandonnées sous la terre ; on ne les voit pas, elles sont comme mortes ; mais tout à coup le printemps arrive, et les voilà qui s'étendent vers le ciel.

Je me souviens que, juste au commencement du printemps, un matin que je travaillais avec le Picard en chantant et rabotant, nos trois fenêtres ouvertes sur la petite place de la Fontaine ; je me souviens que de temps en temps nous regardions les servantes arriver en petite jupe, la cruche ou le cuveau sous le bras, et se mettre à causer entre elles, en attendant leur tour. Le temps était très-beau, la fontaine brillait au soleil comme un miroir; des filles de vaches et de bœufs venaient s'abreuver, et puis levaient leurs mufles roses, d'où l'eau tombait goutte à goutte, comme de véritables diamants, ou bien ils se sauvaient en dansant et levant les jambes de derrière, ce qui faisait pousser des cris aux servantes. Des enfants venaient aussi faire boire des chevaux et galopaient au milieu de tout cela; les fouets claquaient, les filles caquetaient et le Picard disait de bonne humeur :

« Voici la grosse Rosalie, la servante du cafetier, avec sa cruche. Ha! ha! ha! la gaillarde! Regarde ces bras, Jean-Pierre; voilà ce qu'on peut appeler une belle femme! Et l'autre donc, la fille du cordonnier; celle-là connaît toutes les histoires de la ville, elle en a pour deux heures avant de remplir sa cruche. »

Ensuite, tout en chantant, nous nous remettions à travailler. Le spectacle, les coups de fouet, les beuglements, les éclats de rire et les cris allaient leur train.

Et dans un de ces moments où nous regardions en reprenant haleine, de bien loin, du côté de la halle, je vois venir une jeune fille que je ne connaissais pas; elle avait une robe lilas, elle était en cheveux, elle s'avançait d'un bon petit pas, et longtemps d'avance je me disais :

« Quelle jolie fille! quelle est bien mise, et comme elle est bien faite! comme elle marche bien! »

J'ouvrais les yeux, pensant: « Je ne l'ai jamais vue, elle n'est pas de Saverne; mais c'est pourtant une ouvrière. Ce n'est pas une dame. »

Plus je la regardais, moins je la reconnaissais, quand tout à coup je vis que c'était Annette. Elle portait de l'ouvrage dans notre rue, à la dame de M. le commandant Tardieu; et je m'aperçus alors pour la première fois qu'elle était belle, qu'elle avait de beaux yeux bleus, des cheveux noirs très-beaux, des joues fraîches et riantes, enfin qu'elle était tout ce que j'avais vu de plus agréable. Cela me surprit tellement, que je recommençai tout de suite à pousser le rabot, dans un grand trouble, pour n'avoir pas l'air de l'avoir vue.

Et comme j'étais là, penché sur mon ouvrage, Annette en passant,—ce qui n'était jamais arrivé,—regarda dans notre atelier, en criant d'une voix gaie :

« Hé! bonjour, monsieur Jean-Pierre! Vous travaillez donc toujours, monsieur Jean-Pierre? »

Elle disait cela par plaisanterie. J'aurais dû répondre : « Eh! oui, mademoiselle Annette. Vous allez porter de l'ouvrage quelque part ? » Nous aurions ri ensemble; mais alors je devins tout rouge et je me mis à bégayer je ne sais plus quoi, de sorte qu'Annette me regardait étonnée, et que le Picard se mit à dire :

« Il ne faut pas vous étonner, mademoiselle Dubourg, ce garçon est amoureux, mais tellement amoureux qu'il en perd la tête. »

Elle, alors, se dépêcha de partir en criant :

« Ah! pauvre Jean-Pierre! » et riant comme une folle.

J'étais presque tombé de mon haut, en entendant ce que disait le Picard; et quand elle fut partie, je criai :

« Picard, vous êtes une vraie bête de dire des choses pareilles; vous allez me rendre malheureux pour toute ma vie.

Et même je m'assis sur le banc, la tête entre les mains, avec des envies de pleurer. J'étais désolé, j'aurais voulu me sauver. Le Picard, après m'avoir regardé quelques instants, dit :

« Écoute, Jean-Pierre, je n'ai voulu faire qu'une plaisanterie; mais je vois maintenant que j'avais raison.

—Non, ce n'est pas vrai !
—Si ce n'est pas vrai, pourquoi donc te fâches-tu?
—C'est que je suis honteux de ta bêtise.
—Ah! fit-il, tu n'as pas besoin de te désoler pour moi; je serais dix fois plus bête, que je ne m'en porterais pas plus mal. »

Avec un imbécile pareil, on ne pouvait pas raisonner, et je me remis à l'ouvrage en pensant :

« Mon Dieu! maintenant je n'oserai jamais rentrer chez nous! »

Il me semblait que tout était peint sur ma figure, et que madame Madeleine, en me rencontrant par hasard dans l'allée, allait tout voir d'un coup d'œil. J'avais bien tort; le soir, Annette ne pensait plus à rien. Qu'est-ce que cela pouvait lui faire? Quelle fille n'a pas entendu dire : « Ce garçon est amoureux! »

Tout se passa comme à l'ordinaire. Je montai chez nous sans rencontrer personne. Vers huit heures, les Dubourg ouvrirent leur fenêtre en bas sur la rue, pour renouveler l'air. La mère Balais, après souper, descendit leur raconter les histoires du marché. Deux autres voisines vinrent s'asseoir sur le banc à notre porte, causant de la Pâques et de la Trinité, du tronc des pauvres, de la vieille Rosalie, qui recevait tant du bureau de bienfaisance, etc.

Madame Madeleine balaya la chambre, Annette monta travailler pour elle, et comme je descendais tout craintif, elle me cria :

« Bonsoir, Jean-Pierre! »

Je fus tranquillisé, je bénis le Seigneur de l'aveuglement des autres.

Mais le lendemain, le surlendemain et tout le reste de la semaine, voyant qu'Annette ne faisait pas attention à moi, qu'elle cousait, qu'elle allait et venait, montait et descendait sans tourner la tête lorsque je la regardais ; qu'elle me disait toujours : « Bonjour, Jean-Pierre ! »—« Bonsoir, Jean-Pierre ! » ni plus ni moins qu'avant, alors je m'écriai dans le fond de mon cœur :

« Qu'est-ce que ça signifie ? Elle ne m'aime pas du tout ! Elle me parle comme l'année dernière ! »

J'étais désolé, j'aurais voulu la voir changer. Heureusement l'idée me vint que six ou huit mois avant, je n'avais de plaisir qu'à manger des châtaignes avec la grosse Julie Kermann, en me figurant que j'étais amoureux d'elle.

« C'est justement comme Annette, me dis-je, elle ne sait rien, c'est encore une véritable enfant. Mais plus tard, dans six mois, un an, elle verra que je suis un bon ouvrier, que je mérite l'estime d'une honnête fille, et que nous serions heureux d'être mariés ensemble. Le père Antoine a toujours eu de la considération pour moi ; et qu'est-ce que madame Madeleine peut souhaiter de mieux que de m'avoir pour gendre ? Je ne suis pas riche, mais je gagne mes cinquante sous par jour. M. Nivoi m'estime de plus en plus ; il m'augmentera l'année prochaine, et qui sait ? le bonhomme se fait vieux ; il n'a plus la vivacité de sa jeunesse, il peut avoir besoin de quelqu'un qui le remplace pour aller acheter ses madriers dans les scieries, et pour ses autres affaires autour de la ville. Il lui faudra tôt ou tard un honnête ouvrier, un homme de confiance, capable de mesurer, de calculer, d'établir un devis et de conclure un marché. Si ce n'est pas maintenant, ce sera dans quelques années ; il pourra d'abord me donner un intérêt, ensuite m'associer à ses affaires ; c'est tout simple, c'est tout naturel. Alors, Jean-Pierre, avec ta petite femme, gentille, économe, ton vieux père Antoine, ta belle-mère, madame Madeleine, qui sera devenue raisonnable, et ta bonne vieille mère Balais, qui vous aimera tous et que vous respecterez de plus en plus, alors au milieu de cette famille, quel homme pourra se glorifier d'être plus heureux que toi sur la terre ? Sans parler des enfants, que nous élèverons dans le travail et le bon exemple, et qui feront la joie de tout le monde. »

Je me disais ces choses en rabotant, en sciant, en clouant. Je voyais tout d'avance sous mes yeux ; cela vivait, cela marchait comme sur des roulettes ; et, dans ma joie intérieure j'enlevais des étèles larges comme la main, je serrais les lèvres, je n'entendais plus seulement chanter le Picard, je ne rêvais qu'à mon idée durant des heures et des heures. La voix joyeuse du père Nivoi pouvait seule m'éveiller :

« Hé ! Jean-Pierre, s'écriait-il, halte !... halte !... Tu vas tout déraciner avec ton rabot ; le plancher et le toit en tremblent. En voilà un gaillard qui vous abat de la besogne !... C'est comme une scierie... ça ne s'arrête jamais. »

Alors je riais en m'essuyant le front, et je le regardais tout attendri.

« Oui, disait-il, en prenant une grosse prise selon son habitude, je suis content de toi, Jean-Pierre ; on trouve rarement un ouvrier aussi courageux. »

Ensuite il voyait le travail, et trouvait tout bien ; j'étais sûr d'avoir une augmentation à la fin de l'hiver, et je sentais aussi qu'elle serait méritée, ce qui doublait mon plaisir.

La mère Balais seule avait deviné quelque chose. Souvent, le matin, en me voyant devant mon petit miroir à m'arranger les cheveux, à me faire un joli nœud de cravate, à retrousser mes petites moustaches, à me brosser du haut en bas, plutôt deux fois qu'une,— ce que je n'avais jamais fait avant,—elle me regardait en clignant de l'œil d'un air malin, et disait :

« Tu deviens coquet, Jean-Pierre. Hé ! hé ! je voudrais bien savoir pourquoi ça t'a pris tout d'un coup. Oh ! tu es beau, va... Tu n'as pas besoin de tant te regarder... On te trouvera gentil... sois tranquille. »

Et comme je devenais rouge :

« Il n'y a pas de mal à ça, faisait-elle, au contraire ; il ne faut pas rougir... c'est naturel... ça montre que l'esprit vous vient et qu'on respecte les gens. Moi, j'ai toujours aimé les respects. Un jeune homme qui vous respecte, c'est bien, ça vous flatte ; on pense : « Il est timide, et il est tout à fait bien. »

Quand elle me disait des choses pareilles, j'aurais voulu sauter par la fenêtre ; je devinais sa malice, et ça me donnait des fourmis dans le dos.

Mais une seule chose m'inquiétait véritablement, c'était la conscription, qui devait venir un an après. Par bonheur, sous Louis-Philippe, en 1847, on avait la paix ; les remplaçants ne coûtaient pas plus de mille à douze cents francs en Alsace, et d'ailleurs un grand nombre de numéros étaient bons.

Je pouvais gagner, et même en perdant, avec l'aide du vieux maître, en m'engageant à rester, j'aurais trouvé du crédit. Cela pouvait retarder le mariage ; mais lorsqu'on a des chances de gagner, et que même en perdant il vous reste de l'espoir, lorsqu'on est amoureux et qu'on voit tout en beau, rien ne vous gêne, rien ne vous arrête; ce qui vous ennuie, on n'y pense pas, et ce qui pourrait tout renverser d'un coup, vous paraît contraire au bon sens.

X

Un soir, après le travail, je rentrais chez nous; il faisait encore un peu jour, le soleil s'étendait sur les toits; la ruelle des Deux-Clefs était sombre, et de loin nos petites fenêtres au rez-de-chaussée brillaient comme une lanterne. Il devait se passer quelque chose d'extraordinaire à la maison, car madame Madeleine n'avait pas l'habitude de brûler sa chandelle par les deux bouts.

Comme je m'approchais, me demandant: « Qu'est-ce que cela peut être? » la mère Balais sort de l'allée en criant d'un air joyeux:

« Dépêche-toi, Jean-Pierre, c'est grande fête ce soir. »

Et presque aussitôt, Annette, sur le pas de la porte, me dit:

« Ah! Jean-Pierre, si tu savais.... la tante Jacqueline vient de mourir. »

Alors j'entre tout surpris; des choses pareilles nous étonnent, on ne voit pas tout de suite les grands changements que cela fait. J'entre donc dans la petite chambre basse, et je vois à gauche le vieux métier, qu'on a reculé contre le mur, — les écheveaux, les pièces de toile, et même les perches à crochets par-dessus, pêle-mêle, pour faire la place;—et à droite, près du poêle, la table déjà mise, avec une belle nappe blanche, sept ou huit couverts autour, et trois chandelles qui brillent, garnies de fraises en papier dans la bobèche.

La cuisine était en feu. La mère Rivel, qui passait pour une bonne cuisinière, et qui même avait cuisiné douze ans chez Bischof, à l'hôtel de l'Aigle, avant son mariage, la mère Rivel aidait madame Madeleine. Elles avaient un grand plat de saucisses au bord de l'armoire, une dinde farcie à la broche, et quelques bouteilles de vin cacheté sur le buffet.

Enfin c'était une véritable noce, comme je n'en avais jamais vu. Le père Antoine, assis sur son banc, les jambes croisées, me tendait les bras en s'écriant:

« Jean-Pierre, cette pauvre vieille tante Jacqueline est partie; elle n'a pas eu le temps de rien donner à l'église. Quelle chance ! »

Voilà pourtant ce qu'un honnête homme, un homme de cœur, est capable de penser quand la richesse arrive.— Il m'embrassait, et quelques secondes après, il me dit:

« Va t'habiller! Je vais aussi mettre mon bel habit marron. Le capitaine Florentin et sa femme, madame Frentzel, la mère Balais, et mon vieux camarade Villon, l'armurier, sont invités ce soir. Si nous avions su, j'aurais fait aussi prévenir Nivoi, mais la nouvelle n'est arrivée que sur les trois heures. »

Alors il ne put s'empêcher de rire, en disant:

« Dieu merci, j'en ai tissé des aunes de toile, j'en ai fait ma bonne part, j'en avais assez! »

Il levait les mains. Annette, déjà tout habillée, disait:

« Ah! maintenant je puis dire aussi : J'avais assez de couture. »

Et madame Madeleine, de la cuisine criait:

« Oui, oui, il était temps! Mais nous allons pouvoir nous donner nos aises.— Madame Rivel, mettez du beurre dans la casserole. Voici le sel et le poivre. Il ne faut plus rien épargner. »

Je sortis au milieu de tous ces propos, bien content de savoir que la mère Balais était invitée. Je me réjouissais du bonheur des Dubourg, et je me fis la barbe, en rêvant à tout cela, me figurant bien que madame Madeleine allait devenir plus fière, mais sans voir jusqu'où pouvait s'étendre sa folie.

Enfin, après avoir mis une chemise blanche et mes beaux habits, je descendis. La chambre était déjà pleine d'invités. Le capitaine Florentin riait tout haut:

« Ha! ha! ha! disait-il, quelle bonne idée cette vieille tante a eue d'amasser pour vous! Vous méritiez bien ça, monsieur Dubourg. »

Et le père Antoine expliquait comment la chose s'était faite. Il avait mis sa grande capote marron, sa grosse cravate noire; le col de sa chemise lui remontait jusqu'au haut des oreilles, et de temps en temps il s'écriait, en prenant un air grave:

« C'était une bonne femme!... Oui, nous la plaignons bien... Mais voyez pourtant la justice, monsieur Florentin; elle en voulait à Madeleine à cause de son mariage avec un simple ouvrier; elle amassait pour l'Église, et, dans les plus mauvais jours, jamais l'idée ne lui serait venue de nous donner un liard. Mais il faut que tout finisse par être juste; maintenant tout va nous revenir. La justice dans ce monde est pourtant quelque chose d'admirable.

—Oh! oui, criait madame Madeleine de la cuisine, et nous ferons dire des messes. Le Seigneur est juste à la fin des fins. »

Annette avait pensé tout de suite qu'il faudrait des habits de deuil.

La mère Balais descendit dans sa belle robe à grandes fleurs vertes. Madame Frentzel, petite et ronde comme un œuf, était la plus maligne; elle faisait semblant de croire à la désolation de madame Madeleine, et disait:

« Il faut se consoler.... il faut se consoler... nous sommes tous mortels!... »

Le père Villon arriva le dernier. C'était un fin renard, et qui paraissait grave en entrant; mais quand il s'aperçut qu'on ne pleurait pas la tante, alors il rit et dit au père Antoine :

« Mon pauvre vieux Dubourg, je me souhaiterais un petit malheur comme le vôtre : un oncle ou bien une tante de quatre-vingt-dix-neuf ans et trois quarts, avec des arpents, des houblonnières, des vignes, n'importe! La plantation ne me ferait rien; j'accepterais tout en gros, les yeux fermés. »

Ils prirent ensemble une bonne prise, en souriant.

Madame Madeleine, étant allée s'habiller, revint au moment où la mère Rivel servait les saucisses, et l'on se mit à table.

Tout le monde avait bon appétit. Tantôt on parlait des vertus de la tante, tantôt des prés, des vergers, de la houblonnière. Et puis on plaignait le malheureux sort des gens, qui sont forcés de tout abandonner à la fin de leurs jours.

Le capitaine Florentin disait qu'on héritait aussi dans les régiments, après chaque bataille, et qu'on vendait les effets des morts à l'encan. Mais le principal, c'était toujours les prés, les vergers, et l'argent placé sur bonne hypothèque.

« Nous irons voir tout cela demain, disait le père Antoine. On aura posé les scellés.... mais nous sommes les plus proches parents.... Madeleine était la seule nièce.

—Oui, disait madame Madeleine, ma mère n'avait qu'une sœur, la pauvre tante Jacqueline de Saint-Witt; et moi je n'avais ni frère ni sœur, j'étais unique. »

Alors on admirait cela.

Moi j'écoutais. Jamais cette tante Jacqueline n'était venue voir les Dubourg, je ne la connaissais pas, je ne pouvais donc pas beaucoup la plaindre; et la suite de l'héritage ne me venait pas non plus à l'esprit, j'étais content.

Mais vers la fin du souper, quand madame Madeleine se mit à dire : — que maintenant, Dieu merci, la famille des Dubourg allait avoir son véritable rang; que mademoiselle Annette, leur fille unique, n'aurait plus besoin d'aller habiller des personnes qui valaient moins qu'elle; que plus d'un ingénieur, plus d'un avocat, plus d'un notaire serait heureux de l'obtenir en mariage; qu'elle serait une dame, aussi bien que madame une telle, qui n'avait pas le quart de leurs biens; que ça n'était pas difficile d'apprendre à porter chapeau, à mettre des châles et des dentelles; qu'Annette le saurait bien vite!...—quand j'entendis cela, et que je vis que c'était la pure vérité, tout à coup je regardai Annette, qui riait en entendant ces belles choses, et, malgré le vin que j'avais bu, je me sentis froid. Au même instant la mère Balais me jetait un coup d'œil si triste, que j'aurais voulu pousser un cri et me sauver de là.

Ce qui m'étonne, c'est d'avoir eu la force de cacher mon trouble. Mais on trinquait, on buvait à la santé des braves gens; on regardait le père Villon découper la dinde et sortir les châtaignes, de sorte que pour les autres ma pâleur et mon désespoir n'étaient rien. La mère Balais, seule, avait tout compris. Elle répondit qu'un mot à madame Madeleine en souriant :

« Oui, dit-elle, vous avez bien raison, madame Dubourg, il est mille fois plus facile d'apprendre à mettre des châles et des chapeaux, que d'apprendre à s'en passer, quand on en a porté longtemps. »

Les autres riaient.

Je buvais coup sur coup. J'avais besoin de cela pour me soutenir.

Ce souper dura jusque vers onze heures. Alors tout le monde partit. Le père Antoine, sur la porte, avec la chandelle allumée, criait :

« Bonne nuit! Bonne nuit! »

Et le capitaine Florentin, appuyé sur madame Frentzel, s'en allait dans la ruelle sombre, répondant par des éclats de rire et des : « Bonsoir, la compagnie!... Ha! ha! ha! ça va bien!... »

Moi, je montai dans ma chambre. La mère Balais me suivait sans dire un mot. Maintenant je voyais clair, je savais que toutes mes espérances étaient perdues.

En haut, je battis le briquet, j'allumai nos deux lampes et je dis :

« Bonsoir, mère Balais.

—Bonne nuit, mon enfant, répondit-elle.

J'entrai dans mon cabinet en refermant la porte. Ensuite, seul, assis sur mon lit, en face de ma lampe, je fis des réflexions terribles qui ne finissaient plus. Je me rappelai tout ce qui m'était arrivé depuis le commencement de ma vie... Je maudis mon sort !... Je me rappelai ce qu'avait dit la veuve Rochard : « qu'il aurait mieux valu pour moi suivre mon père ! » et je trouvai qu'elle avait raison.

Ce qui m'avait paru si heureux, lorsque la mère Balais était venue me prendre, me parut le plus grand malheur : « Elle n'avait qu'à me laisser, m'écriai-je en moi-même, je serais mort de faim... Tant mieux ! Ou, si j'avais résisté, je serais bûcheron, ségare, hardier, schlitteur ; je couperais des troncs, je mangerais de la viande une fois l'an, je serais à moitié nu, je souffrirais le froid, la neige, le vent, la pluie... qu'est-ce que cela fait ? Je ne connaîtrais rien d'autre ; je ne serais pas si misérable ! Maintenant tout est fini. J'étais bien fou de croire qu'Annette pourrait m'aimer ; elle ne pense qu'à devenir une dame ; madame Madeleine ne rêve que d'ingénieurs, d'avocats, de notaires ; M. Dubourg n'a pas de courage, il fait ce qu'on veut ! »

Toutes ces idées me passaient par la tête comme une rivière débordée. Les heures sonnaient, je ne bougeais pas ; j'aurais voulu pleurer, mais le temps des pleurs était passé ; je sentais un poids sur ma poitrine, qui m'écrasait le cœur ; c'était mille fois pire que de sangloter.

Au petit jour, je me levai pour sortir. En passant, la mère Balais, qui venait de mettre un jupon, me cria :

« Jean-Pierre, tu sors ?

—Oui, lui répondis-je, l'ouvrage est pressé ; M. Nivoi m'a dit de revenir aussitôt le jour.... Je déjeunerai là-bas.

—C'est bien, » fit-elle.

Je descendis et je me mis à courir la ville au hasard. Les portes et les volets étaient encore fermés ; les ouvriers des champs partaient, la pioche sur l'épaule.

« Bonjour, Jean-Pierre.

—Bonjour, » leur disais-je.

J'avais besoin de fraîcheur, cela me faisait du bien.

A six heures, j'allai comme à l'ordinaire me remettre à mon travail. M. Nivoi vint à l'atelier. Je lui racontai l'héritage des Dubourg. Il trouva que c'était heureux, et dit que ces braves gens méritaient un pareil bonheur, surtout le père Antoine. Je ne répondis pas, le chagrin m'accablait.

A midi, je sortis ; mais au lieu d'aller dîner à la maison, j'entrai dans le cabaret des *Trois-Rois*, boire une bouteille de vin, sans envie de manger. Je retournai prendre la scie et le rabot vers une heure ; la fièvre me consumait.

Le soir, il fallut pourtant aller souper. J'avais ramassé tout mon courage ; par bonheur, en arrivant devant chez nous, la mère Rivel me dit que les Dubourg étaient partis pour Saint-Witt, en voiture. Cela me soulagea ; j'aurais eu de la peine à voir ces gens !

XI

Je montai notre escalier marche par marche, appuyé sur la rampe, en pensant :

« Pourquoi n'es-tu pas seul au monde ? ce serait bientôt fini ! »

Et comme j'arrivais en haut lentement, j'entendis quelqu'un me dire :

« C'est toi, Jean-Pierre, je t'attends depuis une heure. »

Alors, levant les yeux, je vis la mère Balais, son vieux mouchoir jaune autour de la tête, et son grand bras maigre qui tenait la lampe pour m'éclairer.

« Tu ne montes pas vite, fit-elle.

—Non, lui dis-je, je suis bien las ! »

Nous étions entrés dans la mansarde, où quelques braises brillaient encore sous la cendre dans le poêle ; la petite table m'attendait aussi, la soupière au milieu, recouverte d'une assiette. La mère Balais m'avança sa chaise et s'assit sur le banc en face. Elle me regardait :

« Je n'ai pas faim, lui dis-je.

—C'est égal, mange un peu. »

Mais c'était au-dessus de mes forces. Je restais là, les bras pendants, sans avoir le courage de lever ma cuiller. Cela dura bien quelques minutes, et tout à coup la mère Balais me dit avec douceur :

« Tu l'aimes donc bien, mon pauvre enfant ? »

Ces paroles me déchirèrent le cœur. Je me penchai le front sur la table en sanglotant.

« Tu l'aimes depuis longtemps ? fit-elle.

—Depuis toujours, mère Balais, lui répondis-je, depuis toujours ; mais principalement depuis le commencement du printemps. »

Et je lui racontai ma surprise, le jour où le Picard et moi nous l'avions vue passer dans la rue de la Fontaine ; comme je l'avais trouvée belle d'un coup, tellement belle que ma vue en était éblouie, et que je frissonnais en moi-même sans oser lever les yeux ; comme elle s'était penchée à la fenêtre de l'atelier, en criant :

« Hé ! vous travaillez donc toujours, monsieur Jean-Pierre ? » et mon grand trouble, mes

Annette, l'amoureuse à Jean-Pierre.

craintes en rentrant le soir; puis mes espérances... l'idée qu'elle pourrait m'aimer un jour... que c'était presque sûr... et qu'alors j'enverrais la bonne mère Balais, un matin, faire ma déclaration, et que...

Mais je ne pus continuer. Ces pensées m'étouffaient, et je me remis à pleurer comme un enfant.

La mère Balais, pendant que je parlais, m'écoutait et disait tout bas :

« Oui... oui... c'est ça... c'est toujours comme ça!... Et l'on est heureux... bien heureux!.. Et tout serait arrivé comme tu dis, Jean-Pierre; Annette t'aurait aimé, elle aurait vu que tu méritais son amour, elle aurait vu que pas un autre, à Saverne, n'était un aussi brave garçon que toi... Je dis brave et beau ! car c'est la vérité ! Tout serait arrivé dans l'ordre, et nous aurions tous été réunis dans la joie; la vieille Balais aurait bercé les enfants, elle se serait promenée toute fière, le petit poupon sur le bras... Ah! quel malheur ! »

Et, m'entendant pleurer, elle s'écriait :

« Et c'est ce gueux d'argent qui fait tout le mal... Ah! gueux d'argent, quand tu viens par une porte, le bonheur s'en va par l'autre.— Ce matin, ils sont partis pour voir leur argent. Ils avaient avec eux ce grand pendard de Breslau, cette espèce d'avocat de deux liards, ses gros favoris bien peignés et sa moustache cirée comme un tambour-major. Ils l'emmènent pour estimer les biens; et lui, le gueux, il est déjà sur la piste de la dot!... Quels imbéciles, ces Dubourg! »

— Allons, Jean-Pierre, embrassons-nous. » (Page 37.)

En entendant cela, je regardais la mère Balais toute pâle ; mais elle ne faisait plus attention qu'à sa propre désolation, et s'écriait, ses deux grands bras maigres en l'air :

« Ah ! les imbéciles, ils se croient riches maintenant... Ils pensent qu'ils ne verront jamais le fond du sac ! Madeleine et la petite Annette m'ont aussi invitée ce matin... Elles voulaient me faire voir leur argenterie, leurs bijoux, mais je n'ai pas voulu... Tout cela n'est pas assez riche pour mes yeux... J'en ai vu bien d'autres !... Qu'est-ce que leur héritage ? De la misère auprès de ce que Marie-Anne Balais peut se vanter d'avoir eu dans son temps ! Ah !... nous en avons hérité en Espagne.... nous en avons hérité des colliers de perles et de diamants, des chapelets de sequins, des piastres doubles et quadruples, or fin, vert et rouge ; et des voitures de meubles, d'habits, de chasubles qui reluisaient comme le soleil, de saints ciboires, de vieux tableaux qui valaient des mille et des mille francs !... Et qu'est-ce que nous en avons fait ? Nous avons fait comme ces Dubourg ont l'air de vouloir faire : nous avons tout avalé, tout dépensé, tout jeté par les fenêtres... Oui !... Et la mère Balais que tu vois, Jean-Pierre, sans se glorifier, était encore une autre femme que mademoiselle Annette ; elle avait d'autres cheveux, d'autres yeux, d'autres dents ; elle était grande et belle ; Balais en était fier, il pouvait en être fier devant toute l'armée.—Eh bien ! de tout ça, qu'est-ce qui reste ? Excepté quelques vieux filous qui prêchaient la discipline et l'ordre, en emplissant les fourgons de leur corps d'armée, — et qui sont devenus plus tard des calotins, — excepté ceux-là, tous les autres, la belle Marie-Anne en tête, ont fini par scier du bois, rétamer des casseroles, récurer des chaudrons, ou vendre des pommes et des poires sous la halle, bien heureux encore d'avoir un peu de braise dans la chaufferette en hiver ! Et celui qui méprisait l'argent, qui ne voulait que des royaumes, des palais, des empires, a fini par avoir un rocher au milieu de la mer, et une baraque en papier goudronné ! Voilà, Jean-Pierre, ce qui montre qu'un sou gagné par le travail vaut mieux qu'un sac de louis trouvé dans la fosse d'un mort. Ça devrait faire ouvrir les yeux aux gens ; on devrait comprendre qu'un honnête ouvrier comme toi, un brave garçon, vaut bien un chenapan comme ce Breslau. »

Elle parlait bien, mais je savais ces choses. Combien de fois elle m'avait raconté ses malheurs, et puis le mal des autres ne guérit pas le nôtre.

L'idée de ce Breslau m'avait retourné le sang ; je restais la tête sur la table, songeant à ce que j'avais déjà souffert sans justice, et me disant :

« Pourquoi, malheureux, es-tu dans ce monde ? »

Elle avait aussi fini par se taire ; et le silence durait depuis quelque temps, quand je sentis qu'elle se penchait en me prenant la tête dans ses mains, et qu'elle m'embrassait.

« Tu ne parles pas, Jean-Pierre, disait-elle tout bas. Tu souffres trop, n'est-ce pas, mon pauvre enfant ? Il faut pourtant savoir à cette heure ce que nous allons faire.

—Il faut que je parte, lui dis-je sans bouger, il faut que je m'en aille.

—Que tu t'en ailles ! dit-elle tremblante ; où donc ?

—Loin... bien loin !...

—Oh ! non, s'écria la brave femme, tu ne peux pas t'en aller... c'est trop, Jean-Pierre... Et moi, je ne peux pourtant pas te suivre... je suis trop vieille maintenant. »

Alors je levai la tête en la regardant comme un désespéré. Les cheveux me dressaient sur le front, et je lui dis :

« Si vous voulez, je resterai... Mais s'il arrive, l'autre... si je le vois... malheur !... tout sera fini ! »

Et comme elle me regardait dans l'étonnement de l'épouvante, je lui tendis les bras en m'écriant :

« Oh ! mère Balais, pardonnez-moi... Je vous aime, je vous aime plus que ma vie !... Je vous dois tout. Je voulais rester... soutenir votre vieillesse.... C'était mon bonheur de penser à cela. Mais si je vois l'autre, je le tuerai !... »

Il faut que ma figure ait eu quelque chose de bien désolé, car cette pauvre vieille mère se mit à fondre en larmes. En même temps, elle criait :

« Tu as raison, Jean-Pierre, oui, tu as raison... Je te connais !... A quoi donc est-ce que je pensais ? mon Dieu ! Si ce n'était pas celui-là, ce serait un autre. Tu partiras... oui, Jean-Pierre, tu as raison ! Et ne crains rien, va, nous nous reverrons... je ne suis pas si vieille qu'on pense ; je conserve encore de la force pour dix, quinze ans... Nous serons encore une fois ensemble... plus tard... plus tard !... C'est moi qui veux te choisir une femme, une brave femme ; et les petits enfants nous les aurons tout de même... Seulement il faut du courage... il faut du temps ! »

Nous nous tenions embrassés, et nous sanglotions tous les deux.

« Vous êtes ma mère ! lui disais-je.

—Oui, je suis ta bonne vieille mère Balais, faisait-elle. Je n'ai plus que toi, toute ma joie est en toi. Tu vas partir... c'est dur !... Tu iras à Paris... tu deviendras un bon ouvrier ; et qui sait... j'irai peut-être... oui, j'irai si c'est possible... un jour !... Nivoi m'a déjà dit que tu devrais aller à Paris ; je ne voulais pas, j'avais d'autres idées ; maintenant je suis contente. J'irai voir Nivoi, tu n'as pas besoin de t'en mêler. »

D'entendre cette brave femme, si ferme, si courageuse, sangloter, cela m'arrachait le cœur. Jamais je n'aurais cru pouvoir supporter une chose pareille.

A la fin, elle ne disait plus rien ; et, ses deux longues mains sur la figure, les coudes sur la table, elle rêvait à ses misères depuis trente ans ; les larmes lui coulaient lentement sur les joues, sans un seul soupir.

Moi, voyant cela, j'aurais tout voulu détruire. Je prenais le genre humain en horreur, et moi-même, et tous ceux que je connaissais. Des mille et mille pensées me traversaient l'esprit ; je trouvais tout abominable.

Onze heures sonnèrent au milieu de ce grand silence ; alors la pauvre vieille fit un soupir, et sortit son mouchoir de sa poche pour s'essuyer la figure, en disant :

« Eh bien ! Jean-Pierre... bonsoir, mon enfant. »

Je ne pus retenir un cri, et je tombai de nouveau dans ses bras en répétant :

« Pardonnez-moi, mère Balais, pardonnez-moi !

—Mais tu n'as rien fait, disait-elle, tu n'es

cause de rien, mon pauvre enfant, je te pardonne de bon cœur. C'est le mauvais sort ! Si je pouvais t'en donner un meilleur que le mien, va, ça me serait bien égal de souffrir un peu plus... Mais il est temps d'aller nous coucher. Embrasse-moi encore une fois et allons nous coucher. »

Alors, l'ayant embrassée longtemps, je rentrai dans ma chambre et je m'étendis sur mon lit, dans la désolation. Quelques instants après, je vis aux fentes de la porte que la mère Balais venait de souffler la lampe.

Ces choses se passaient au mois de juin 1847 ; je ne les oublierai jamais !

XII

J'ai souvent pensé que les femmes ont plus de courage que nous, dans les grands chagrins de la vie ; au lieu de se laisser abattre, elles soutiennent encore nos forces et nous relèvent le cœur. Mais c'est égal, les femmes comme la mère Balais sont rares. Le lendemain, elle paraissait déjà plus ferme, et pendant le déjeuner elle me dit :

« Écoute, Jean-Pierre, j'ai beaucoup réfléchi cette nuit, et maintenant tout cela me paraît très bien. Dans le premier moment, l'idée de te voir partir m'a porté un coup ; mais tôt ou tard il aurait fallu prendre la même résolution. Qu'est-ce que tu peux apprendre ici ? Ce n'est pas à Saverne qu'on peut devenir un bon ouvrier ; il faut voir le monde, il faut regarder l'ouvrage des maîtres. Et puis la conscription nous aurait gênés ; c'était un moment bien difficile à passer. »

Elle parlait de la sorte d'un air tranquille, et moi je faisais semblant de la croire ; mais je voyais bien, à ses yeux pleins de larmes et à sa voix tremblante, qu'elle disait cela pour me consoler.

Enfin elle mit son châle et sortit en me disant :

« Je vais chez Nivoi. »

C'était un dimanche. Longtemps j'attendis son retour, songeant à nos misères. On sonnait à l'église pour la messe, et les souvenirs du bon temps, quand j'étais assis devant le chœur, à côté de la petite Annette, me revenaient : le chant des orgues, notre sortie au milieu de la foule, le contentement de la famille en rentrant pour dresser la table ; la mère Balais qui me disait dans l'allée : « Arrive, nous avons quelque chose de bon ! » et la petite Annette qui criait : « Nous avons aussi quelque chose de bon ! » Ah ! c'était encore la veille... Que le bonheur passe vite, mon Dieu ! qu'il passe vite et qu'on souffre en y pensant plus tard !

Vers onze heures, la mère Balais rentra.

« J'ai tout arrangé, dit-elle. Nivoi trouve tout bien. Il aurait voulu te garder jusqu'à la fin du mois, pour avoir le temps de chercher un autre ouvrier ; mais il est si content de te voir suivre ses conseils, que le reste ne lui fait rien. Voici ton arriéré, qu'il m'a remis tout de suite, ce sera pour la route ; et j'ai retenu ta place à la diligence en passant, pour demain soir à cinq heures ; voici le billet. Tout va bien. Maintenant je vais chercher ce qu'il te faut : des chemises neuves, deux bonnes paires de souliers, c'est le principal.

—Ah ! mère Balais, lui dis-je, quel courage vous avez !

—Bah ! fit-elle, quand on est décidé, Jean-Pierre, il vaut mieux aller vite. J'ai voyagé, Dieu merci ! je sais ce qu'il faut. »

Elle avait l'air de me sourire ; moi, tout ce que je pouvais faire, c'était de ne pas sangloter. Il fallut pourtant se mettre à table, et se donner l'air de dîner comme tous les jours. Nous n'osions pas nous regarder l'un l'autre, et pour chaque parole il fallait se raffermir d'avance, de peur d'éclater d'un coup.

A la fin elle me dit :

« Est-ce que tu n'iras pas voir M. Vassereau, Jean-Pierre ? Tu sais qu'il t'aime bien. »

Et je lui répondis tout de suite :

« J'y vais. Oui, mère Balais, j'aurais été capable de l'oublier. »

En même temps, je pris mon chapeau et je descendis. J'étais content de sortir, car de rester là, sans pouvoir crier, c'était trop terrible. A la porte des Dubourg, la mauvaise idée me vint de tout casser. Ce n'est pas seulement à cause de moi, c'est principalement à cause de cette bonne, de cette brave mère Balais, que je leur en voulais. Mais aussitôt, pensant qu'ils se moquaient bien à cette heure de leur vieille baraque, je sortis ; et me rappelant que j'allais voir M. Vassereau, un des hommes que je respectais le plus en ville, cela me rendit un peu de calme.

Il faisait très chaud. Dans la ruelle des Orties, derrière les jardins, tout bourdonnait le long des haies touffues. Ces choses sont encore sous mes yeux !

Quelques instants après j'arrivais dans la petite cour, et, en haut, sur le palier, je voyais au fond de la chambre à gauche,—par la porte ouverte au large,— mon vieux maître d'école encore à table, au milieu de sa famille. L'office divin, le temps d'ôter la robe de chantre et la toque, de les suspendre dans la sacristie et de revenir à la maison, avaient retardé son dîner, comme tous les jours de fête.

Il était là tout autre que dans la salle d'école, en bonnet de coton noir et bras de chemise, à cause de la grande chaleur; il tenait sa petite fille sur un de ses genoux, et lui pelait gravement une pomme.

« Eh! c'est Clavel, dit-il en m'apercevant au haut de l'escalier.

—Oui, monsieur Vassereau; je viens prendre congé de vous.

—Ah! tu t'en vas?

—Je vais à Paris, monsieur Vassereau; un ouvrier doit voir Paris au moins une fois. »

Il m'avait fait asseoir. La femme et les enfants écoutaient. Lui m'approuvait, disant qu'il avait toujours été content de moi, et que ma visite lui faisait plaisir.

« Conduis-toi bien, disait-il, conserve le respect de la religion, n'oublie pas tes devoirs de bon chrétien, et tu réussiras. »

Enfin, au bout d'une demi-heure, comme je me levais, il me conduisit jusqu'à la porte, en m'embrassant; ce qui me soulagea le cœur, car l'estime et l'amitié des honnêtes gens vous font toujours du bien.

« Bon voyage, Clavel! dit-il encore du haut de l'escalier; bon voyage et bonne santé!

—Merci, monsieur Vassereau. »

Et je remontai la ruelle, heureux d'avoir reçu les bons souhaits d'un si brave homme.

Il pouvait être alors deux heures. Je voulus profiter du restant de la journée pour aller voir aussi M. Nivoi. Je redescendis donc la ruelle jusqu'à la place de la Fontaine; et le vieux menuisier, qui se trouvait avec son ami Panard dans la chambre au-dessus de notre atelier, — pendant que les hussards, en bas, chantaient, riaient, buvaient, et jouaient aux quilles le long du magasin de bois, — le vieux menuisier, qui me voyait venir de loin, comme je passais sous sa fenêtre, me cria:

« Jean-Pierre, par ici! »

Je traversai l'atelier et je montai. La bouteille était là comme toujours, entre les deux verres à moitié pleins.

« Un verre, Marguerite! » criait M. Nivoi dans l'escalier.

Et, me voyant entrer:

« Eh bien! tu pars! s'écria-t-il; à la bonne heure! »

Je saluai M. Panard, qui me dit aussi que j'avais raison. Ensuite, madame Marguerite ayant apporté un verre, on le remplit et nous bûmes à notre santé.

« Vois-tu, Jean-Pierre, me disait M. Nivoi, c'est à Paris qu'un bon ouvrier doit aller; c'est là qu'il peut apprendre son état à fond. Les plus malins en province, ceux qui se croient uniques, sont étonnés, en arrivant là-bas, d'en trouver par douzaines de leur espèce, et beaucoup d'autres encore capables de leur en remontrer pour enfoncer les chevilles et détacher les étèles.

—Oui, disait M. Panard, c'est là qu'on peut s'élever. Les étrangers le savent bien, car la ville est pleine d'Allemands, d'Anglais, de Russes, d'Italiens et d'Espagnols qui s'en vont, au bout de quelques années, faire parade chez eux de ce qu'ils ont appris chez nous. »

C'étaient deux bons vieux camarades, qui s'entendaient sur tout; ce que l'un disait, l'autre l'approuvait tout de suite; et les dimanches ils avaient le nez tout rouge, à force de s'entendre.

Je restai là jusqu'à sept heures. Le père Nivoi voulait me retenir à souper. Quand il apprit que je partais le lendemain à cinq heures, il me promit d'arriver au bureau des messageries, avec une lettre de recommandation pour son ancien patron, M. Braconneau, rue de la Harpe, nº 70.

En me reconduisant, il me serra encore un écu de cinq francs dans la main; et comme je ne voulais pas le recevoir, ayant déjà mon compte:

« Ton compte, c'est bon, dit-il; mais cet écu, c'est pour mon plaisir à moi que tu vas le prendre; c'est pour boire un coup à la santé du père Nivoi sur la route. Tu ne peux pas me refuser ça. »

J'acceptai donc; puis, étant rentré chez nous, je racontai mes visites à la mère Balais, qui parut contente. Elle avait déjà vidé sa grande malle pour y mettre mes effets; et ceux qui nous auraient vus pendant le souper ne se seraient jamais figuré que le plus grand chagrin nous accablait tous les deux, parce que nous parlions de mon voyage comme d'une chose naturelle et qui devait arriver tôt ou tard; seulement, nous avions espéré le retarder, et le moment était venu plus tôt que nous ne pensions.

Oui, voilà ce que nous disions! Mais cette nuit-là, sachant qu'il faudrait partir le lendemain, que ma place était retenue, que je ne reverrais peut-être jamais Annette, ni celle qui m'avait recueilli, qui m'avait nourri de son travail, élevé, aimé comme son propre enfant, ni la vieille maison où j'avais passé mon enfance, ni la vieille ville, ni la côte, ni les bois, je versai des larmes bien amères; et j'entendais la brave femme, ma seconde mère, tousser de temps en temps tout bas, comme quand quelque chose vous étouffe, puis se lever doucement, aller à l'armoire, écouter du côté de ma chambre. J'aurais voulu lui faire croire que je dormais, mais ce n'était pas possible !

Le matin, au petit jour, lorsque j'ouvris ma porte, elle était déjà là devant ma malle, assise, les mains croisées sur ses genoux. Rien que de nous regarder, nous aurions voulu recommencer nos cris. Mais elle avait pourtant plus de courage que moi, car elle me souriait toujours.

« Tu ne m'oublieras pas, Jean-Pierre, » fit-elle.

Quand j'entendis cela, je me sauvai de nouveau dans ma chambre, éclatant en sanglots comme un malheureux. De se quitter quand on est riche, ce n'est rien ; mais pauvre, lorsqu'on ne sait pas ce qu'on deviendra, voilà ce qui vous déchire. Ah ! quelle mauvaise idée elle avait eue de me prendre à Saint-Jean-des-Choux, pour le bonheur qu'elle méritait ! Des gueux, en faisant leurs mauvais coups, ont quelquefois plus de chance que les honnêtes gens en faisant le bien, et c'est à cause de cela que, à moins d'être un véritable bandit, il faut absolument croire en Dieu. Où donc serait la consolation sans cela ? Les brigands auraient raison d'être des brigands, on ne pourrait rien leur répondre ; tous les honnêtes gens seraient des bêtes !

Enfin, ces retards ne peuvent pas toujours durer ; il faut pourtant que je raconte mon départ de Saverne, et c'est le plus pénible. Il faut tout dire, il faut se rappeler les grandes misères aussi bien que les bonheurs : c'est la vie.

A quatre heures, la mère Balais avait fait ma malle ; elle était fermée. Moi, je l'avais regardée en l'aidant. Elle m'expliquait tout et je l'écoutais : c'était comme la voix de ma propre mère. Elle devait aussi bien voir dans mes yeux ce que je pensais ; elle paraissait plus contente, de temps en temps elle disait :

« Sois tranquille, Jean-Pierre, sois tranquille, nous nous reverrons dans le bonheur. Tout cela n'a qu'un temps. »

Et je lui répondais « Oui ! » tout bas.

« Tout finit par bien aller, disait-elle, pourvu qu'on ait du courage. Maintenant, moi, je suis tout à fait remise. Mais le moment approche, Jean-Pierre, il ne faut pas être en retard. Tiens, mets ça dans ta poche, mon enfant ; prends garde de le perdre.

— Qu'est-ce que c'est ? lui demandai-je étonné.

— Tu n'auras pas de l'ouvrage tout de suite en arrivant à Paris, fit-elle ; il te faut un peu d'argent pour attendre. J'avais mis ça de côté, dans la crainte d'une maladie... et puis l'idée de la conscription... C'est soixante francs.

— Et vous ?

— Oh ! moi, tiens, regarde... l'argent ne me manque pas. »

Elle me montrait notre petite boîte, avec cinq ou six pièces de cinq francs.

« Oh ! je ne m'oublie pas ! » fit-elle.

J'étais comme étourdi. Je l'embrassai, et puis j'enlevai la malle sur mon épaule, et nous sortîmes. Dans la rue nous marchions l'un près de l'autre sans rien nous dire.

En arrivant près des messageries, nous vîmes de loin le père Nivoi, qui nous attendait sous la porte cochère. Il fit quelques pas à notre rencontre, en s'écriant :

« Vous arrivez juste, ça ne peut plus tarder. »

Il me remit en même temps la lettre pour M. Braconneau, et je la serrai dans la poche de ma veste.

Un grand trouble me possédait : je voyais ma malle sur cinq ou six autres ; les gens entrer et sortir ; j'entendais le père Nivoi répéter que c'était bien, que tout irait bien, que je montrais du caractère ; mais, comme la voiture ne venait pas, la mère Balais et moi nous étions là tous les deux à demi morts.

De temps en temps, en nous regardant, nous nous faisions de la peine l'un à l'autre, à cause de notre épouvante. Elle ne pouvait plus rien dire. Et comme nous étions ainsi, voilà qu'on entend tout au loin la trompette du conducteur, et que la grosse voiture, avec ses paquets, sa large bâche, ses quatre chevaux gris-pommelés, et ses conscrits à calotte rouge sur l'impériale, paraît au haut de la grande rue. Tout le monde crie :

« La voilà !

— Allons, Jean-Pierre, embrassons-nous, » me dit le père Nivoi.

Moi, je jetai les yeux sur la mère Balais ; elle me tendait les bras et voulait parler, mais elle ne disait rien. Alors je la pris, je la serrai... c'était comme un étranglement.

Le bruit sourd de la diligence approchait, ensuite il se tut ; les grelots des chevaux tintaient à la porte. J'entendais les cris des voyageurs, je sentais la main du père Nivoi sur mon épaule, qui me tirait en parlant ; mais je ne comprenais rien, je ne pensais plus à rien, je serrais toujours ma pauvre vieille mère Balais.

A la fin, je ne sais pas comment nous nous étions séparés, et moi dans la diligence, avec six ou sept conscrits qui chantaient en buvant de l'eau-de-vie. Je me retournai en criant :

« Mère Balais ! »

Elle était appuyée contre la porte. Nivoi essayait de l'entraîner, mais elle ne voulait pas. Moi, je rouvrais pour descendre, quand tout à coup la grosse voiture se balança lourdement et partit avec un bruit terrible : le conducteur sonnait de la trompette, les toits en équerre défilaient, quelques passants se retournaient, en se serrant contre les murs ; puis le ciel parut, le bouquet de vieux sapins verts se montra sur notre droite, avec un petit carré de vigne ; nous étions hors de Saverne, nous grimpions la côte, la voiture se ralentissait ; et bien loin par-dessus les forêts, je voyais Saint-Jean-des-Choux, mon premier nid abandonné. Le souvenir de mon père, le pauvre bûcheron, me revint, et malgré les conscrits qui riaient et chantaient, je courbai la tête sur les genoux et je pleurai.

Ah ! que de choses me revenaient !...

Plus haut, à mi-côte, près de la belle fontaine, où descend le sentier de Saint-Jean-des-Choux, la petite porte derrière s'ouvrit, et le conducteur s'écria :

« Ceux qui veulent monter avec moi par la traverse, pour se dégourdir les jambes ? »

Les conscrits descendirent ; je restai seul dans la diligence, montant au pas la grande route tournante. Les chevaux soufflaient. Quelques voyageurs traversaient les bruyères à droite, avec le conducteur ; moi, penché sur le bord de la petite lucarne, je regardais à gauche le beau vallon de la Schlittenbach, la maison de M. Leclerc au fond, son pavillon sur le rocher, les grands bois, les ruines du Haut-Barr et du Géroldseck dans les nuages ; et puis au loin l'immense plaine d'Alsace, toute bleue, et le vieux Saverne au pied de la côte, ce vieux Saverne où j'avais passé tant de beaux jours !

Je me disais :

« Te voilà donc encore une fois seul au monde. Les autres penseront encore à toi dans un mois, dans six mois, dans un an peut-être ; ensuite ils auront leurs affaires ; ils se souviendront de Jean-Pierre par hasard, et puis ce sera fini... La mère Balais seule ne t'oubliera pas ! Et les arbres, les rochers, les vieilles maisons, la côte, les ruines que tu regardes depuis ton enfance, qui te faisaient rêver et que tu vois encore en ce moment, seront toujours les mêmes ; d'autres les verront, d'autres penseront ce que tu as pensé, et tu ne seras plus là pour les voir ! Annette sera riche... elle sera mariée... Mon Dieu !... mon Dieu ! qu'est-ce que la vie ? »

Ces pensées et mille autres pareilles traversaient mon esprit, et m'accablaient de tristesse.

On était arrivé devant le bouchon du père Faller, les conscrits étaient remontés dans la voiture, et le conducteur, sur son siége, sonnait de la trompette. Les chevaux galopaient en cadence, la poussière s'élevait, couvrant les peupliers de la route, les broussailles, les herbes ; la forêt passait, on était sur le plateau.

Au bout d'une heure, le fond du Holderloch et le village des Quatre-Vents avaient défilé. Puis, après avoir changé de chevaux à la grande poste de Guise, on était arrivé à Phalsbourg, avec ses avancées, ses ponts, ses portes sombres garnies de herses, sa grande place d'armes, et l'on avait traversé tout au galop.

Quel rêve et quelle tristesse ! Plus loin, lorsque les bois étaient finis, quand on ne voyait plus que ce grand pays plat au-dessus de Mittelbronn, et de loin en loin les Vosges bleues, qui s'effaçaient dans le ciel déjà gris, quelle tristesse de se dire :

« Maintenant, tu ne verras plus les vieilles montagnes, tu ne verras plus que des carrés de blé ou d'avoine, de chanvre ou de navette, de petits arbres fruitiers, des bouts de haie ; Seigneur Dieu ! »

Et plus tard la nuit qui vient, les grandes lignes d'or qui s'effilent sur cette plaine nue, les fermes, les petits villages à droite et à gauche ; et finalement l'obscurité, les conscrits qui chantent, qui mangent, qui boivent, la voiture qui roule toujours, et les pieds des chevaux qui vont comme une horloge : à chaque pas on est plus loin, toujours plus loin !

Je m'étais mis dans un coin, le coude dans la bretelle ; mes yeux cuisaient à force d'avoir regardé. J'aurais voulu dormir et je ne pouvais pas. A chaque relais les conscrits allaient remplir leur gourde. Ils parlaient et riaient de leurs amoureuses qu'ils abandonnaient. L'un avait reçu douze cents francs du juif, l'autre quatorze cents, l'autre plus. Ils allaient à Lille en Flandre pour la révision.

Voilà ce qu'ils disaient ! Pas un n'avait de chagrin de quitter le pays, la maison, le vieux père, la vieille mère... Et qu'est-ce que leur faisait de voir d'autres arbres ? Les hommes ne sont pourtant pas tous les mêmes. C'est un grand malheur quelquefois de ne pas ressembler à des bûches qui ne sentent rien ; oui, c'est un grand malheur.

Je songeais à ces choses le cœur gonflé. Les relais n'en finissaient plus ; les étoiles et la lune brillaient dehors ; ensuite des nuages couvrirent le ciel. Les conscrits ronflaient, moi je regardais la terre sombre courir. Cela dura bien longtemps.

Nous arrivâmes à Lunéville, où des dragons se promenaient sous les lanternes, devant un corps de garde. Un gendarme, avec son grand chapeau, vint regarder dans la voiture pour remplir sa consigne, mais il n'éveilla personne. Le conducteur lui dit :

« Ce sont des vendus. »

Ensuite nous repartîmes; et, sur les trois heures du matin, nous arrivâmes dans une grande ville, les rues larges bien pavées, les maisons superbes : c'était Nancy.

La voiture s'arrêta devant une cour entourée de hangars, à l'*Hôtel de l'Europe*, comme on le voyait écrit en grosses lettres sur la façade. Le conducteur vint nous ouvrir, et dit que nous avions une demi-heure. Tout le monde sortit. Qu'est-ce que je pouvais faire au milieu de la nuit, dans cette ville que je ne connaissais pas ? Un monsieur, avec une serviette sur le bras, demanda si l'on voulait prendre quelque chose; deux ou trois le suivirent dans le grand hôtel, les autres se dispersèrent à droite et à gauche. Moi j'allai m'asseoir dehors sur un banc, au clair de lune. Je voyais une grande rue qui descendait, au bout de la rue une grille magnifique en fer massif et doré, plus loin une place; et devant une sorte de palais, une sentinelle qui se promenait sur le trottoir.

Je n'avais jamais rien vu d'aussi beau, d'aussi grand que cette rue, cette grille et cette place. Je descendis jusqu'à la grille et je regardai. Tout dormait; on entendait, bien loin derrière, les gens de notre diligence parler, les domestiques emmener les chevaux; et devant le palais, où la lune brillait sur les grandes vitres, les pas de la sentinelle. On trouve pourtant du monde bien riche sur la terre !

J'aurais voulu voir plus loin à gauche deux fontaines couvertes d'arbres, dont l'eau tombait dans l'ombre, et une statue très-grande au milieu de la place, mais j'avais peur de revenir trop tard, et je vins me rasseoir sur mon banc, pour être là quand notre voiture repartirait.

Un petit cabaretier avait ouvert sa porte en face, pour attirer les voyageurs, mais les conscrits étaient seuls entrés; ils chantaient des airs du pays.

Toutes ces choses me reviennent, parce que j'étais pour la première fois dans une grande ville. Je pensais : « Puisque Nancy n'est qu'une ville ordinaire, qu'est-ce que doit donc être Paris ? Comment se reconnaître au milieu de toutes ces rues ? » Je me représentais Paris tantôt magnifique et tantôt terrible.

À trois heures et demie, le conducteur et les domestiques revinrent avec d'autres chevaux; des quantités de mendiants, hommes et femmes, arrivèrent aussi, demandant la charité.

Il faisait alors petit jour. Comme nous allions remonter en voiture, le conducteur, un bon gros homme, les joues pleines, le nez rouge, une petite casquette en peau de lièvre liée sous le menton, et de grosses bottes en peau de mouton remontant jusqu'aux genoux, me demanda :

« Vous êtes à la rotonde avec les vendus ?
—Oui, monsieur, lui dis-je.
—Eh bien, si vous voulez monter à l'impériale, vous serez mieux. »

Je profitai de la permission et je m'assis à côté de lui, dans un large fauteuil en cuir. La moitié des conscrits restaient à Nancy, de sorte que nous étions seuls, le postillon devant nous.

C'est ainsi que nous repartîmes. Et comme ma figure plaisait à ce conducteur, tout en serrant et lâchant sa manivelle, il me demanda pourquoi j'avais l'air malheureux... si j'étais tombé au sort ? Je lui dis que non, mais que j'avais du chagrin de quitter mon pays, que j'étais un simple ouvrier menuisier, et que je ne connaissais pas la ville de Paris, où j'allais essayer de gagner ma vie.

Alors cet homme, plein de bon sens, me dit que j'avais tort de me chagriner, que tôt ou tard il fallait quitter son village, à moins de vouloir s'encroûter dans les vieilles idées, manger des pommes de terre toute sa vie, et tomber au-dessous de rien.

Il me raconta l'histoire de trois ou quatre ouvriers de sa connaissance, qui par le travail avaient fait fortune à Paris; il les nommait, disant : « Dans telle rue, à tel numéro. » Je m'étonnais de sa mémoire, et je prenais confiance dans ses paroles.

Nous traversâmes ainsi la ville de Toul, qui possède une belle église.

Le grand air de l'impériale, la vue de ces gros chevaux qui galopaient, la tête sous le poitrail; le passage des champs, des prés, des vignes; les rivières, les bouquets d'arbres, les pauvres masures, comme il s'en trouve en Champagne, toutes ces choses nouvelles, et surtout l'idée que nous approchions de Paris, m'empêchaient de songer toujours à mes chagrins.

Le conducteur avait dans le banc une grosse bouteille de vin; il en buvait et me la repassait chaque fois, en s'écriant :

« Allons, jeune homme ! »

Après Toul, nous avions dépassé Commercy, Bar-le-Duc et Vitry-le-François. À Vitry, les

Les ruines du Haut-Baar et du Géroldseck. (Page 38.)

voyageurs étaient descendus pour dîner. Moi, j'avais tiré de ma poche une grosse pomme de la mère Balais, un morceau de saucisson et du pain.

Tout ce qui me revient, c'est que, après avoir roulé tout le jour, il fallut encore passer la nuit en voiture. Mais la fatigue d'être assis depuis si longtemps, et de n'avoir pas fermé l'œil la nuit précédente, m'endormit profondément. Lorsque je m'éveillai, j'avais une peau de mouton sur les jambes, la rosée coulait sur le tablier de l'impériale, tout le pays était couvert de brouillard blanc, le conducteur dormait aussi dans son coin; le cocher seul, devant, avec son chapeau de toile cirée et son manteau à triple collet, était droit, le fouet dans la main; et dessous, les gros chevaux fumants galopaient la croupe en l'air.

Il pouvait être trois heures. J'ai su par la suite que nous avions dépassé Coulommiers. Alors, à moitié dormant, à moitié éveillé, je vis passer de petits villages, des toits de chaume et d'autres. De deux heures en deux heures on faisait halte : le postillon criait, les chevaux hennissaient, le conducteur s'éveillait et descendait. La voiture dormait bien fermée, des gouttes d'eau sur les vitres. Tout cela, je le voyais comme en rêve. Une fois seulement je descendis; et ce n'est qu'au grand jour, en sentant le conducteur me secouer par le bras et me dire : « Nous n'avons donc pas envie de vider la bouteille ? » que je m'éveillai tout à fait et que je bus un bon coup.

Le soleil était déjà haut, il pouvait être sept

Je m'assis sur le lit, la tête entre les mains. (Page 46.)

neures. Nous traversâmes un grand bois sur une route magnifique ; je me rappelle que mon étonnement était grand de voir tous les arbres numérotés le long de cette route. Le conducteur me dit :

« Nous approchons de Paris, nous sommes dans la forêt de Vincennes ; dans une heure nous ferons notre entrée dans la capitale. »

Ces paroles me rendirent grave et même craintif, car les joyeux propos d'un conducteur ne vous empêchent pas de réfléchir, lorsqu'on arrive pour gagner son pain dans une ville où des milliers d'autres entrent tous les jours avec la même idée.

XIII

A mesure que nous approchions de Paris, tout changeait, tout prenait un autre air : les villages devenaient plus grands, les maisons plus hautes, les fenêtres plus serrées, les enseignes, — qu'on ne met jamais chez nous que sur la porte, — montaient au premier, au second, au troisième étage, rouges, bleues, jaunes, de toutes les couleurs, jusque sous les toits. Au-dessous, les cafés, les auberges, les boutiques se rapprochaient ; devant les maisons s'avançaient des espèces de toits en toile, pour abriter le monde de la pluie et du soleil. Une foule de gens en blouse, en habit, en veste, en casquette, en chapeau, allaient et venaient, couraient, se dépêchaient comme de véritables fourmilières.

A droite et à gauche, de hautes cheminées en briques, carrées ou rondes, lançaient leur fumée jusque dans le ciel. On sentait venir quelque chose de grand, d'extraordinaire, de magnifique et de terrible. Et derrière nous, à gauche, s'éloignait déjà une haute fortification carrée; le conducteur m'avait dit en passant :

« C'est Vincennes. »

Moi, j'ouvrais les yeux, je ne respirais plus, je pensais :

« Me voilà donc près de Paris; je vais entrer dans cette grande ville dont j'entends parler depuis que je suis au monde, d'où reviennent tous les bons ouvriers, tous les gros bourgeois, tous les gens riches, disant : « Ah ! ce n'est pas comme à Paris ! »

Et ce mouvement du monde, ces voitures toujours plus nombreuses, me faisaient dire en moi-même :

« Oui, ils avaient raison, Paris est quelque chose de nouveau pour les hommes. Bienheureux ceux qui peuvent vivre de leur travail à Paris, où les ouvriers ne sont que des apprentis, et les maîtres des ouvriers ! »

La grande route était devenue beaucoup plus large; elle était bien arrondie, pavée au milieu. On voyait de loin, bien loin, tout au bout, deux hauts échafaudages qui s'élevaient jusqu'aux nues.

En ce moment le conducteur donnait un pourboire au postillon, la voiture roulait comme le tonnerre. Bien d'autres voitures passaient près de nous toutes pleines de monde, des espèces de diligences ouvertes derrière, avec deux marches pour monter et descendre. Le conducteur me dit :

« Voilà les omnibus... Nous approchons, jeune homme, nous approchons. Voyez ces deux hauts échafaudages et les grilles en travers, c'est la barrière du Trône, rappelez-vous ça. Plus loin arrive le faubourg Saint-Antoine. Cette grande voûte bleue à gauche, c'est le Panthéon, et ces deux hautes tours, c'est Notre-Dame. Ça, c'est Saint-Sulpice... ça, la tour Saint-Jacques, et tout là-bas, ce carré gris-clair, c'est l'Arc de triomphe. »

Plus il parlait, plus on en voyait; et de tous les côtés, dans les champs, des centaines de maisons s'avançaient et se répandaient à plus de deux lieues. Nous n'étions pourtant pas encore à Paris : les deux grands échafaudages, à force d'être loin, n'avaient pas l'air de se rapprocher, et seulement vers neuf heures, je vis les grilles que le conducteur appelait la barrière du Trône.

Alors les voitures de toute sorte, grandes, petites, carrées, rondes, étaient si nombreuses qu'elles arrivaient par files de sept, huit, dix, en suivant le revers de la route pour nous laisser passer, car nous arrivions ventre à terre, brûlant le pavé; les chevaux sautaient, le cou et les jambes arrondis; c'était un bruit terrible et grandiose. Le conducteur commençait à plier ses habits, à boucler son manteau; il disait :

« Nous y voilà ! »

Et nous entrions entre les grilles. On s'arrêtait une seconde pour laisser monter le douanier avec son habit vert; et, pendant qu'il se glissait derrière, grimpant sous la bâche et regardant les paquets, nous entrions enfin dans la grande ville, dans ce faubourg Saint-Antoine, que le Picard m'avait représenté comme un véritable paradis : — nous étions à Paris!

Ah ! ceux qui n'arrivent pas de la province, ne se figureront jamais ce que c'est de voir Paris pour la première fois; non, ils ne peuvent se le figurer : ces grandes lignes de maisons hautes de six et sept étages, avec leurs fenêtres innombrables, leurs cheminées qui se dressent par milliers au-dessus des vieux quartiers, leurs trottoirs, et la foule qui passe, qui passe toujours, comme la navette du père Antoine; ces voitures aussi, ces pavés gras, cet air sombre; ces odeurs de toute sorte qu'on n'a jamais senties : les fritures, les épices, la marée, la boucherie; les gros camions pleins de balayures; le *hou-hou*, les cris des marchands, les coups de fouet, le grincement des roues.... enfin, qu'est-ce que je peux dire?

J'étais comme abasourdi, comme confondu d'entendre tout cela, et de voir notre grosse voiture s'enfoncer, s'enfoncer toujours en ville; et le même spectacle continuer, s'étendre à droite et à gauche dans des rues innombrables, — longues, droites, obliques, — avec le même fourmillement.

A travers cette confusion, nous arrivâmes sur une grande place; au milieu de la place s'élançait à la cime des airs une colonne en bronze; et dans le roulement j'entendis le conducteur me crier :

« Place de la Bastille ! »

Cela ne dura qu'une seconde : la grande colonne, toute couverte de lettres d'or, un ange au haut qui se jette dans le ciel, la colonne était passée! et des milliers d'hommes allaient et venaient; j'en voyais de toutes sortes : des marchandes de fleurs en chapeau de paille, avec des vannes pleines de roses; des hommes avec de petites fontaines à clochettes sur le dos, — les robinets sous le coude, — qui versaient à boire aux passants. Je voyais tant de choses que les trois quarts me sont sorties de l'esprit.

Au moment où nous traversions la place, le conducteur, après avoir arrangé tous ses paquets, venait de se rassoir; il me cria :

« Les boulevards ! »

Ah ! je suis revenu depuis à Paris, mais jamais je n'ai senti mon admiration et mon étonnement comme alors. Qu'on se figure une rue quatre ou cinq fois plus large que les autres, bordée de maisons magnifiques, avec des rangées de balcons qui n'en finissent plus, une rue tellement grande qu'on n'en voyait pas le bout ; et, à mesure qu'on avançait, — comme les boulevards tournent, — de nouvelles maisons, de nouveaux balcons, de nouvelles enseignes à perte de vue ! Le conducteur criait :

« Boulevard Beaumarchais !... Boulevard du Calvaire !... Boulevard du Temple !... Place du Château-d'Eau !... Boulevard Saint-Martin ! »

Il me montrait aussi, à droite, des théâtres, des baraques, des affiches, et me disait :

« La Gaîté !... L'Ambigu !... La Porte-Saint-Martin ! »

Enfin, je n'avais pas le temps de regarder ; tout passait comme un éclair. C'est ce que j'ai vu de plus étonnant. Et toujours ce monde innombrable qui courait, toujours ces voitures, ces dames, ces messieurs, cette presse de gens, ces cris des marchands et le reste.

Tout à coup la diligence tourna et descendit ventre à terre une rue plus étroite.

« La rue Saint-Martin ! me cria le conducteur ; apprêtez-vous, nous approchons des messageries. »

Nous filions dans la rue. Les maisons, hautes et sombres, sales et grises, avec leurs milliers d'enseignes de toutes les couleurs, avaient l'air de se pencher. La diligence faisait un bruit terrible, les gens se serraient sur le trottoir, en continuant de courir. Ensuite la voiture prit à droite une autre rue un peu plus large.

En ce moment toutes les lucarnes de notre diligence étaient pleines de calottes rouges, qui se penchaient dehors pour voir.

« Voici la halle au blé ! » me dit encore le conducteur.

Quelques instants après nous entrions au pas, sous une voûte, dans la grande cour des messageries de la rue Saint-Honoré, et des centaines de gens entouraient notre diligence.

Dans cette cour, un grand nombre d'autres diligences se trouvaient en ligne. A chaque instant il en arrivait.

A mesure que nous sortions de la voiture, ou que nous descendions de l'impériale, des gens de toute espèce nous criaient :

« A l'hôtel d'Allemagne ! »

« A l'hôtel de Normandie ! »

Ils nous présentaient des cartes. D'autres, en blouse, avec de petites hottes, nous demandaient :

« Où allez-vous ? »

Je ne savais plus de quel côté me tourner. Je regardais mon conducteur, il entrait dans le bureau et s'arrêtait devant le trou d'un grillage, son portefeuille de cuir sous le bras. Il se mit à compter avec l'homme du bureau.

Derrière nous les parents : femmes, hommes, enfants, tous en chapeaux, venaient recevoir leurs frères, leurs sœurs, leurs cousins. On s'embrassait, on envoyait quelqu'un chercher une voiture, on riait.

Moi, j'étais seul, on voyait bien que je ne devais pas être riche, on allait d'abord aider les autres. Je regardais descendre les paquets et les malles de la voiture ; au milieu de tous ces gens, dont plusieurs avaient de mauvaises figures, j'étais bouleversé : si l'on m'avait pris ma malle, qu'est-ce que je serais devenu ?

Et comme je restais là, dans un grand trouble, — parmi ce monde qui s'en allait et venait, entrait et sortait, réglait ses comptes, — ne sachant où descendre, enfin comme tombé du ciel, voilà qu'une figure s'approche et me dit :

« Hé ! c'est toi, Jean-Pierre ? »

Alors je regarde, et je reconnais le fils Montborne, un de mes anciens camarades chez le père Vassereau ; il était en petite blouse serrée aux reins, et tenait sous le bras une de ces hottes à deux branches que j'avais déjà vues. En reconnaissant Montborne, un vieux camarade d'école, je ne pus m'empêcher de lui sauter au cou et de crier :

« C'est toi, Michel ?

—Oui, dit-il de bonne humeur.

—Et qu'est-ce que tu fais donc ici ?

—Hé ! je porte des paquets ; je suis porteur depuis deux ans. »

Il était petit et maigre, il louchait ; mais cela ne l'empêchait pas d'être fort. Je crus que le bon Dieu me l'envoyait. Après nous être embrassés bien contents, il me demanda :

« Et toi, Jean-Pierre, tu viens du pays... qu'est-ce que tu veux faire ?

—Je viens travailler en menuiserie ; j'ai une lettre de M. Nivoi.

—Et où est-ce que tu descends ?

—Rue de la Harpe.

—Ah ! fit-il, c'est loin, mais, attends, j'ai quelque chose à porter près d'ici ; je vais revenir et je te porterai ta malle. Seulement, ça coûtera trente-deux sous... Je suis marié, vois-tu... un autre te ferait payer plus cher.

—C'est bien, lui dis-je, va, dépêche-toi, je t'attends. »

Il partit. J'avais un grand poids de moins sur le cœur. Je restai près de ma malle, qu'on avait mise avec beaucoup d'autres dans le bureau. Je la voyais et je ne m'en écartais pas.

Tout continuait à s'agiter dans la cour, sous la voûte et dans la rue. En écoutant ce grand bruit, je ne pouvais pas me figurer que cela durait toujours, et j'ai pourtant vu depuis que le mouvement ne cessait ni jour ni nuit dans cette ville.

Ce n'est qu'au bout d'une heure, et quand l'inquiétude commençait à me gagner, que Montborne revint.

« Eh bien ! dit-il, c'est fini, montre-moi ta malle.

—La voici.

—Et le billet?

— Le voilà.

—C'est bien. »

En même temps il tira ma malle de dessous les autres, il la posa d'abord debout sur sa petite hotte, passa la corde autour et l'enleva d'un coup d'épaule.

« En route, fit-il, suis-moi. »

Nous sortîmes. Je le suivais pas à pas. Nous passions dans la foule comme à travers une procession. Tout en marchant, il me demanda :

« Ta lettre est pour un maître menuisier, rue de la Harpe.

—Oui.

—Mais tu n'es pas encore embauché?

—Non.

—Tu ne vas pas demeurer dans sa maison?

—Non.

—Eh bien ! il faut aller te loger aux environs, dit-il ; laisse-moi faire, je connais rue des Mathurins-Saint-Jacques un endroit où l'on passe la nuit à dix sous. Ceux qui louent au mois payent sept, huit, dix francs ; ça dépend de la chambre. Tu verras. Mais on paye d'avance.

—C'est bien, lui répondis-je, conduis-moi dans cette auberge, et si tu connais un endroit où l'on mange à bon marché, tu me le montreras avant de partir.

—Justement, fit-il, à côté se trouve le restaurant de Flicoteau, un des bons endroits de Paris.

—Mais ça coûte cher, peut-être?

—Non, pas trop... ça dépend des plats et du vin. En mangeant du bœuf et buvant de l'eau, on paye de huit à dix sous. Mais si l'on demande du poulet et du vin, ça monte tout de suite à seize ou dix-huit sous, et même plus. »

Je pensai naturellement qu'avec un bon morceau de bœuf, du pain et de bonne eau, je n'aurais pas besoin de vin ni de poulet.

Nous passions alors auprès d'une grande bâtisse entourée de grilles et toute couverte de sculptures. Notre rue donnait sous la voûte de cette bâtisse magnifique, mais nous prîmes à gauche pour en faire le tour. Montborne me dit que c'était le Louvre. Comme nous tournions au coin de la grille à droite, je vis pour la première fois les quais qui suivent la Seine, le Pont-Neuf qui la traverse, et la statue de Henri IV, à cheval, au milieu du pont.

C'est là qu'on peut voir la grandeur de Paris, principalement sur le Pont-Neuf, lorsqu'on regarde à droite, le Louvre, qui s'étend aussi loin qu'il est possible de regarder, l'Arc de triomphe, à plus d'une lieue, au bout d'une grande avenue d'arbres ; et, de l'autre côté, le Palais-de-Justice, la cathédrale de Notre-Dame, et l'île de la Cité pleine de vieilles maisons qui se regardent dans l'eau.

Ces choses, je ne les ai connues que plus tard; alors j'en étais ébloui d'admiration. Les files de ponts toujours couverts de monde, qui s'étendent sur le fleuve, n'étaient pas une des choses qui m'étonnaient le moins. Cela me paraissait aussi grand que toute l'Alsace, et si je n'avais pas été forcé de suivre Montborne, qui marchait toujours, je me serais arrêté là quelques instants.

Le Pont-Neuf était bordé de baraques où l'on faisait de la friture, mais je me suis laissé dire qu'on les a toutes abattues depuis.

Après avoir traversé ce pont et regardé la statue en courant, nous tournâmes sur l'autre côté du quai, bordé de rampes en pierre, et plus loin nous arrivâmes à droite, dans la vieille rue de la Harpe. Cette rue avait l'air de descendre sous terre, et s'étendait en remontant plus loin, jusqu'à la vieille place Saint-Michel. J'avais vu tant de palais, tant de cathédrales, tant d'arcs de triomphe, tant de maisons magnifiques, tant de richards roulant en voiture; j'étais tellement ébloui de ces choses, qu'en remontant la vieille rue de la Harpe, toute grise, toute décrépite, pleine de gens en manches de chemise, en veste, en petite robe, en camisole, qui couraient d'une porte à l'autre, qui fumaient des pipes aux fenêtres, qui portaient de l'eau sur les épaules, qui faisaient de la friture à leur porte, et qui semblaient vivre là chez eux de père en fils, que j'en eus le cœur soulagé.

Je trouvai même à cette rue un air de vieux

Saverne; c'était vieux... vieux ! On y voyait des marchands de ferraille, comme chez nous, et de vieilles portes rondes toutes noires, où se tenaient des marchands de livres, de bretelles et de savates. Enfin je pensai :

« Maintenant, nous ne sommes plus avec des millionnaires. »

Je m'attendrissais de voir des gens de la même espèce que moi, qui vendaient, achetaient et travaillaient pour vivre. Montborne me dit que cela s'appelait le quartier Latin. Il prit ensuite une autre rue à gauche, et finit par s'arrêter devant une maison étroite, haute de six étages au moins, et me dit :

« Nous y sommes, Jean-Pierre. »

C'était près d'une vieille bâtisse en arrière de l'alignement; un mur assez bas suivait la rue, et par-dessus ce mur on voyait le toit de ce vieux nid, et ses petites fenêtres comme au couvent de Marmoutier. J'ai su plus tard que cela s'appelait l'hôtel de Cluny, et qu'on y mettait toutes les vieilleries de la France.

Mon auberge se dressait un peu plus loin. Je crois encore la voir avec son pignon décrépit, où s'avançaient des pierres d'attente jusque dans le ciel. Montborne était entré dans l'allée, tellement étroite que sa hotte râclait les murs des deux côtés, et tellement noire qu'on n'y voyait plus au bout, de quatre pas. En même temps, une odeur de cuir, et d'une quantité d'autres choses, vous remplissait le nez; des bruits de toutes sortes vous faisaient tinter les oreilles : un marteau toquait, un tour bourdonnait, quelqu'un chantait, pendant que dehors tout continuait à rouler, à crier, à passer.

Nous arrivâmes enfin dans une cour d'environ six à sept pieds; et, voyant le ciel tout en haut, je crus être au fond d'un puits. Comme je regardais, quelqu'un ouvrit le châssis d'une croisée au rez-de-chaussée, en criant :

« Qu'est-ce que c'est ?

—Un voyageur, » répondit Montborne.

Aussitôt la porte au fond de l'allée s'ouvrit, et un homme trapu, les joues grasses et jaunes, un bonnet de coton crasseux sur la tête, les manches de chemise retroussées, un tire-pied dans la main, sortit et me regardant.

Derrière cet homme, que je reconnus pour être un cordonnier, s'avançait une petite femme sèche, déjà grise, le nez pointu, qui me regardait d'un œil de pie.

« Vous voulez passer la nuit? me demanda le cordonnier.

—Non, monsieur, je voudrais louer une chambre au mois.

—Ah! bon, fit-il; Jacqueline va vous montrer les chambres.

—C'est un ouvrier menuisier, » dit Montborne.

Et la femme, qui m'avait bien regardé, prit un air riant.

« Il arrive du pays? dit-elle. Venez, monsieur. »

Elle avait décroché des clefs dans leur cassine et grimpait devant moi. Montborne suivait lentement.

« Vous serez bien, » disait-elle.

Nous montions, nous montions; les fenêtres s'élevaient, la cour descendait. A la fin, je n'osais plus regarder par ces fenêtres, je croyais tomber la tête en avant.

« Nous avons des chambres à tout prix, disait la vieille; mais la jeunesse aime le bon marché.

—Oui, si vous pouviez m'avoir une chambre à six ou sept francs, » lui dis-je.

A peine avais-je dit cela, qu'elle se retourna comme indignée, en s'écriant :

« A six francs? Ce n'est pas la peine de monter. »

Nous étions tout au haut de l'escalier, presque sous les tuiles, et cette vieille, dont la figure était devenue de bois, me voyant étonné, dit :

« Redescendons ; notre meilleur marché c'est huit francs... payés d'avance. »

Alors, me remettant un peu, je répondis :

« Eh bien ! madame, montrez-moi la chambre à huit francs. »

Elle grimpa les dernières marches, et poussa dans les combles une petite porte coupée en équerre. Je regardai, c'était un coin du toit. Dans ce coin, sur un petit bois de lit vermoulu, s'étendaient un matelas et sa couverture, minces comme une galette. Tout contre se trouvaient la table de nuit, la cruche à eau; et dans le toit s'ouvrait une fenêtre à quatre vitres, en tabatière.

Cela me parut bien triste de loger là.

« Décidez-vous, » me disait la vieille.

Et moi, songeant que je n'étais pas sûr de trouver tout de suite de l'ouvrage, que je n'avais personne pour me prêter de l'argent, et que, dans cette ville où tout le monde ne songe qu'à soi, ma seule ressource était de ménager, je lui répondis :

« Eh bien ! puisque c'est le meilleur marché, je prends cette chambre.

— Vous faites bien, dit-elle, car les locataires ne manquent pas. »

En descendant, elle me montra dans un coin une espèce de fontaine, en me disant :

« Voici l'eau. »

Montborne montait encore, je revins avec lui. Il trouva ma chambre très-belle, d'autant plus qu'il restait de la place pour la malle. Ensuite, comme il était pressé, je lui payai ses trente-deux sous ; il me dit que deux maisons plus haut, à droite, près de l'hôtel de Cluny, je verrais le restaurant, et puis il s'en alla.

Je refermai la porte et je m'assis sur le lit, la tête entre les mains, tellement accablé d'être seul, au milieu d'une ville pareille, loin de tout secours, de toute connaissance, que pour la première fois de ma vie j'eus l'idée de m'engager.

« Qu'est-ce que je fais au monde, me disais-je. Les autres sont heureux, les autres ont leur maison, leur femme, leurs enfants, ou bien ils ont leurs père et mère, leurs frères et sœurs... Moi, je n'ai rien que ma pauvre vieille mère Balais. Eh bien ! si je m'engage, je ferai l'exercice, j'aurai la nourriture, le logement, l'habillement, et rien à soigner. Je défendrai l'ordre. Si les ouvriers se remuent, s'ils se révoltent, je ferai comme le régiment. Le père Nivoi m'en voudra, mais je ne puis pas vivre tout seul... Non, c'est trop terrible d'être seul, avec des gens qui ne pensent qu'à vous tirer de l'argent, qui vous sourient pour avoir votre bourse, et qui vous tournent le dos quand vous n'avez plus rien. »

J'étais découragé. Je n'avais personne pour me relever le cœur ; l'idée du pays me faisait mal.

Pendant que ces idées tournaient dans ma tête, je me rappelai que le père d'Emmanuel m'avait dit d'aller voir son fils, mon ancien camarade, qui faisait son droit au quartier Latin. Ah ! si j'avais pu le voir seulement une heure, comme cela m'aurait fait du bien ! J'y songeais en me rappelant qu'il demeurait dans la rue des Grès, numéro 7. Mais allez donc trouver la rue des Grès en arrivant à Paris ? Malgré cela, je voulus essayer.

Quelques instants après, la vieille revint ; elle mit une serviette sur la cruche en disant :

« On vous changera de draps tous les mois. Vous savez, c'est huit francs par mois, payés d'avance. »

Alors je compris pourquoi la serviette était venue si vite. L'ayant donc payée, je demandai si par hasard la rue des Grès ne se trouvait pas aux environs.

« Ce n'est pas loin, répondit-elle ; est-ce que vous connaissez quelqu'un à la rue des Grès ?

—Oui, un étudiant en droit... un camarade d'enfance.

—Ah ! fit-elle d'un air de considération, mon mari vous dira mieux où c'est. Si vous avez besoin d'autre chose, il ne faut pas vous gêner.

—Je n'ai besoin maintenant que d'être seul, » lui répondis-je.

Elle sortit. J'allai remplir ma cruche ; j'ouvris ma malle, je me lavai, je changeai de chemise et d'habits. Le grand bruit du dehors m'arrivait jusque par-dessus les toits. Le soleil brillait sur mes vitres.

Après avoir bien refermé ma malle et la porte, je descendis en suppliant le Seigneur de me faire la grâce, dans cette extrémité, de trouver Emmanuel, qui seul pouvait me donner de bons conseils et raffermir mon courage.

XIV

C'est en descendant que je vis encore mieux l'air misérable de la maison : l'escalier plein de boue, la corde qui servait de rampe en haut, toute luisante de graisse ; les petites portes numérotées, avec de vieux paillassons à droite et à gauche ; les malheureux pots de fleurs tout moisis, au bord des six étages de fenêtres, dans l'ombre de la cour ; les corps pendants et les chéneaux rouillés qui descendaient au fond du gouffre, en laissant couler l'eau comme des écumoires ; les tailleurs, les ferblantiers, les tourneurs, les couturières, toutes ces familles qui vivotaient là-dedans, qui tapaient, qui chantaient, qui sifflaient, qui faisaient aller leur roue, et qui tiraient leur aiguille sans se regarder les uns les autres... Oui, c'est encore là que je me fis une idée de Paris et que je pensai : « S'il existe dans cette ville des palais, des hôtels magnifiques et des balcons dorés d'une lieue, on trouve aussi des endroits où le soleil ne luit jamais, où l'on travaille des années et des années sans espérer que cela finisse. » Je ne croyais plus, comme le Picard, que la capitale était un paradis terrestre. Plus je descendais, plus l'escalier devenait obscur ; en bas, il était noir ; je m'avançais à tâtons pour retrouver l'allée, quand le portier me cria :

« Hé ! jeune homme ? »

Je me retournai.

« Vous allez rue des Grès, numéro 7 ?

—Oui, monsieur.

—Eh bien ! prenez notre rue à droite, ensuite la première à gauche. Vous trouverez la place de la Sorbonne, et plus loin, la rue des Grès. Vous avez un ami étudiant ?

—Oui, un ancien camarade d'école.

—Ah ! » fit-il en regardant sa femme.

J'avais fini par les voir dans leur petite chambre, au fond de l'allée, mais il m'avait fallu du temps.

« Eh bien! n'oubliez pas de prendre à droite, ensuite à gauche, et puis de traverser la place de la Sorbonne, » dit-il en se remettant à l'ouvrage.

Alors je ressortis, au milieu de la foule innombrable des marchands d'habits, des porteurs d'eau, des charbonniers auvergnats et des voitures, qui passaient toujours comme un torrent. Je n'oubliai pas ce que le portier m'avait dit, et malgré le vacarme des gros camions chargés de pavés, malgré les cris des cochers : « Gare ! » et mille autres cris que je n'avais jamais entendus, je trouvai bientôt la rue des Grès, à droite de la rue Saint-Jacques. Elle descendait jusqu'au coin de l'ancienne fontaine Saint-Michel, et l'on ne voyait tout du long que des magasins de livres, le café des étudiants en haut, et le corps de garde des municipaux vers le milieu. Tout cela, je l'ai devant les yeux.

Je descendais lentement, cherchant le numéro 7 ; je le vis enfin au-dessus d'une enseigne : « Froment Pernett, libraire. »

En ce moment j'eus presque des battements de cœur. « Comment Emmanuel va-t-il me recevoir ? — voilà l'idée qui me venait, — lui, il sera juge un jour, procureur du roi, quelque chose de grand ; moi je ne suis et je ne serai jamais qu'un simple ouvrier. »

En pensant à cela, j'entrai dans l'allée. Il me semble voir encore au bout une statue en plâtre, qui représentait un jeune homme avec des fleurs sur la tête, et tenant dans la main une boule de verre. Auprès de cette statue, dans l'ombre, était une porte vitrée ; je n'osais pour ainsi dire pas l'ouvrir, lorsqu'une grosse femme, la figure bourgeonnée, sortit en me demandant :

« Vous voulez voir quelqu'un ?
—Oui, madame, je voudrais voir M. Emmanuel Dolomieu.
—Au deuxième, numéro 11, à droite, » dit-elle en rentrant.

Je montai l'escalier bien propre, et je vis au deuxième le numéro 11. La clef était sur la porte. On chantait dans cet hôtel, on riait, on se faisait du bon temps ; ce n'était pas comme à la rue des Mathurins-Saint-Jacques, où l'on travaillait sans reprendre haleine.

Après avoir écouté quelques instants des femmes qui riaient, je frappai doucement ; la voix d'Emmanuel cria :

« Entrez ! »

Alors j'ouvris. Emmanuel était assis, dans une belle robe bleu de ciel, entre deux hautes fenêtres bien claires ; il écrivait au milieu d'un tas de vieux livres ; à gauche étaient son lit, entouré de rideaux blancs, et sa cheminée en marbre noir, une belle horloge dessus et un miroir derrière.

Il avait tourné la tête, et se mit à crier, les bras étendus :

« C'est toi, Jean-Pierre ! »

Rien que de l'entendre, je fus soulagé. Nous nous embrassions comme en sortant de la rivière, dans le vallon de la Roche-Plate.

« Comment, c'est toi ! dit-il ; ah ! tant mieux, tu me rapportes un bon air du pays... Nous allons dîner ensemble. »

Il riait, et je sentais que j'étais tout pâle.

« Qu'est-ce que tu as, Jean-Pierre ? me dit-il.
—Je n'ai rien. C'est le contentement de te voir et d'être si bien reçu.
—Si bien reçu ! s'écria-t-il ; est-ce que je ne serais pas un gueux de te recevoir autrement ? Allons... allons... assieds-toi là, dans le fauteuil. Tiens, j'ai reçu hier cette lettre de mon père ; il m'annonce le grand héritage de M. Dubourg. — Et d'ailleurs rien de neuf ! »

Je voyais sa joie, son contentement, cela me faisait du bien. Pendant qu'il ôtait sa belle robe, qu'il se lavait les mains et la figure, qu'il se passait le peigne dans les cheveux et dans sa petite barbe blonde, pendant qu'il allait et venait, qu'il me regardait et criait de temps en temps :

« Quelle chance ! Je viens de finir mon travail. Nous allons courir, Jean-Pierre ; sois tranquille, tu vas voir Paris. »

Pendant qu'il parlait de la sorte, moi je lui racontai l'héritage en détail, sans pourtant rien lui dire de mon amour pour Annette. Il m'approuvait de vouloir me perfectionner dans mon état ; et comme je ne pouvais lui cacher ma crainte de ne pas trouver tout de suite de l'ouvrage :

« Bah ! bah ! dit-il en mettant sa redingote et son chapeau gris, un brave ouvrier comme toi ne reste pas sur le pavé. Ne t'inquiète de rien ; et puisque M. Nivoi t'a remis une lettre de recommandation, commençons par tirer la chose au clair. »

Il regarda l'adresse et s'écria :

« C'est à quatre pas... Arrive... nous allons voir ! »

Toutes mes craintes étaient passées. Emmanuel, avec sa redingote, sa cravate de soie bleue, son large chapeau, sa petite barbe pointue, ses paroles claires et son bon cœur, me paraissait comme un dieu. Voilà pourtant la différence de faire des études, ou de travailler pour gagner sa vie ! Enfin, quand l'instruction est bien placée, tout le monde doit s'en réjouir.

Nous étions sortis, et nous descendions la rue des Grès, bras dessus, bras dessous, en nous balançant comme les autres, et regardant

Nous descendîmes la rue, bras dessus bras dessous. (Page 48.)

en l'air les filles qui fumaient aux fenêtres de petits cigares; car dans cette rue vivaient les étudiants : — ils avaient de gros bonnets rouges ou bleus sur l'oreille, et la plupart avaient aussi des femmes, qui venaient les voir, sans respect d'elles-mêmes, en considération de leur jeunesse. J'aime autant vous dire cela tout de suite; c'est la vérité. — Ces femmes donc allaient avec eux comme en état de mariage légitime; elles les suivaient à la danse, et même j'en ai vu qui fumaient pour leur faire plaisir.

J'aurais encore bien des choses à vous dire; mais si je voulais seulement vous donner une idée de la vieille rue en pente, des vieux livres dressés contre les vitres; des devantures en dehors remplies de bouquins que les étudiants ouvrent et lisent; des femmes et des filles qui se promènent sans gêne, le nez en l'air, en riant et saluant de loin leurs camarades, comme de véritables garçons : « Hé! Jacques! Hé! Jules! ça va bien... Je monte... » ainsi de suite. Si je voulais vous représenter la vieille fontaine Saint-Michel au bas, avec son auge ronde, sa niche, ses deux goulots en fer, entourée des ménagères du quartier, les bras nus, de marchands d'eau avec leurs tonnes sur des voitures; et cette vieille place Saint-Michel, que j'ai vue tant de fois, — qui s'étendait, humide et grise, au milieu de bâtisses décrépites, — toujours pleine de gens criards, de voitures innombrables; si je voulais vous les peindre, il me faudrait des semaines et des mois : la vieille place Saint-Michel, la rue des

Jean-Pierre et son ami Emmanuel. (Page 49.)

Grès, la place de la Sorbonne, la rue de l'École-de-Médecine, la rue des Mathurins-Saint-Jacques, la rue du Foin, la rue Serpente, tout cela se ressemblait pour la vieillesse, et descendait dans la rue de la Harpe, où les boutiques, les marchands de vin, les petits hôtels, les garnis, les brasseries se touchaient jusqu'au vieux pont, en face de la Cité.

Au milieu de toute cette confusion, se dressaient dans l'ombre, entre les toits, les cheminées et les vieux pignons, la Sorbonne, l'hôtel de Cluny, les Thermes de Julien, — qui sont des ruines encore pires que le Géroldseck, — l'École de médecine, etc., etc. Que peut-on raconter? J'ai vu ces choses, et c'est fini!

C'est à travers tout cela que nous descendions. Emmanuel, à force d'en avoir vu, ne faisait plus attention à rien; moi, je m'écriais dans mon cœur:

« Maintenant, si je trouve de l'ouvrage, tout sera bien. Quelle différence pourtant d'être à Paris, ou dans un endroit comme Saverne, où le sergent de ville passe en quelque sorte pour un maréchal de France, et le sous-préfet pour le roi. Oui, cela change terriblement les idées! »

Et, songeant à cela, nous descendions la rue de la Harpe, lorsque Emmanuel s'arrêta devant une porte cochère en regardant, et dit:

« Numéro 70, Braconneau, menuisier entrepreneur. C'est ici, Jean-Pierre. »

La peur me revint aussitôt.

D'un côté de la porte montait un large escalier, de l'autre s'étendait un mur couvert d'affiches ; plus loin venait une cour bien éclairée, et au fond de la cour, une sorte de halle soutenue par des piliers. J'entendais déjà le bruit du marteau, de la scie et du rabot ; les grandes idées s'envolaient.

Emmanuel marchait devant moi, aussi tranquille que dans sa chambre. En traversant la cour, nous vîmes trois ou quatre ouvriers en train de clouer des caisses. A droite se trouvait un petit bureau ; une jeune fille écrivait près de la fenêtre.

C'est tout ce que je vis, car alors Emmanuel ayant demandé M. Braconneau, un vieux menuisier, grand, maigre, la tête grise, les yeux encore vifs, en veste, tablier et bras de chemise, sortit de la halle au même instant et répondit :

« C'est moi, monsieur.

—Eh bien ! monsieur Braconneau, dit Emmanuel sans gêne, je vous présente un brave garçon, un honnête ouvrier, qui voudrait travailler chez vous, si c'est possible. Il arrive de la province, et vous savez, dans les premiers jours, l'assurance vous manque ; on se fait recommander par le premier venu.

—Vous êtes étudiant ? dit le vieux menuisier, qui souriait de bonne humeur.

—Etudiant en droit, répondit Emmanuel. C'est un ancien camarade d'école que je vous recommande. »

Les ouvriers continuaient de travailler, mais la jeune personne regardait par la fenêtre du bureau. Elle était brune, un peu pâle, avec de grands yeux noirs.

« Vous avez votre livret en règle ? me demanda M. Braconneau.

—Oui, monsieur, et j'ai une lettre de M. Nivoi pour vous.

—Ah ! c'est vous que Nivoi m'annonce, s'écria-t-il. Nous n'avons guère d'ouvrage en ce moment, mais c'est égal, nous allons voir. Et ce bon Nivoi, il est toujours solide... ses affaires vont bien ?

—Oui, monsieur.

—Allons, tant mieux. »

Il avait ouvert la lettre, en entrant dans le petit bureau. Nous le suivîmes.

« Asseyez-vous, dit-il. — Tiens, Claudine, regarde cela. »

C'était sa fille. J'ai su plus tard que bien souvent M. Nivoi l'avait fait sauter dans ses mains. Elle lut la lettre, et le vieux maître répétait :

« Les affaires vont tout doucement... J'ai les ouvriers qu'il me faut.... Malgré cela, nous ne pouvons pas laisser la lettre d'un vieil ami en souffrance. N'est-ce pas, Claudine ?

—Non, dit-elle. Les ouvriers, en arrivant à Paris, sont toujours embarrassés ; au bout de quelques semaines, ils se retournent, ils apprennent à connaître la place.

—Eh bien ! dit M. Braconneau, coupons court. Je ne vous donnerai pas journée entière ; vous aurez trois francs en attendant, et, si l'un ou l'autre de mes ouvriers me quitte, vous prendrez sa place. Cela vous convient-il ? »

J'acceptai bien vite, comme on pense, en le remerciant ; j'aurais pris la moitié moins dans les premiers temps.

« Eh bien ! vous viendrez demain lundi à six heures, » dit-il, en ressortant pour aller se remettre au travail.

C'était un homme rond, simple, naturel, plein de bon sens. Emmanuel voulut aussi le remercier, ainsi que mademoiselle Claudine, qui rougissait. Ensuite nous ressortîmes heureux comme des rois. Moi, j'aurais voulu danser et crier victoire. Emmanuel me disait :

« Sais-tu que mademoiselle Claudine est une jolie brune ? »

Mais je ne pensais pas à cela ; j'étais comme un conscrit qui vient de tirer un bon numéro, je ne voyais plus clair.

Une fois dehors, Emmanuel me dit :

« Tu dois être content ?

—Si je suis content ? m'écriai-je, tu m'as sauvé la vie ! »

Il rinit.

Nous étions revenus sur la place de la Sorbonne, et nous descendions la petite rue qui longe les vieilles bâtisses et les hautes fenêtres grillées. En passant à côté de deux grandes portes en voûte, Emmanuel me fit entrer dans une vieille cour pavée, entourée de bâtiments comme une caserne, la grande ruche de la Sorbonne au-dessus, à droite dans le ciel.

« Tiens, regarde ces deux portes en face, me dit-il ; c'est-là que du matin au soir des professeurs parlent sur le grec, le latin, l'histoire, les mathématiques et tout ce qu'il est possible de se figurer. Ce sont les premiers de France, et chacun peut aller les écouter. Dans une autre bâtisse, derrière nous, rue de l'École-de-Médecine, on ne parle que de médecine ; dans une autre, place du Panthéon, on ne parle que de droit ; dans une autre, rue Saint-Jacques, on parle d'histoire et de politique. Enfin ceux qui veulent s'instruire n'ont qu'à vouloir. »

J'étais dans l'admiration, d'autant plus qu'il me disait que cela ne coûtait rien, qu'on entretenait partout un bon feu l'hiver, et que notre pays payait ces savants pour l'instruction de la jeunesse.

Un grand nombre d'étudiants sortaient, avec des portefeuilles remplis de cahiers sous le bras. Ceux-là n'avaient pas de bonnets rouges, mais de vieux chapeaux râpés et des redingotes noires usées aux coudes. Ils étaient pâles, et s'en allaient en arrondissant le dos, sans rien voir.

« Ces pauvres diables seront peut-être un jour les premiers hommes de la France, me dit Emmanuel, et les autres, si magnifiques, avec leurs femmes, leurs bonnets, leurs grands pantalons à carreaux et leurs pipes longues, viendront leur demander audience, le chapeau bas, pour avoir une place de contrôleur ou de juge de paix dans un village. »

Moi je pensais :

« C'est bien possible ! — Quel bonheur d'avoir cent francs par mois de ses père et mère, pour profiter de l'instruction. Malheureusement, la bonne volonté ne sert à rien ; d'abord il faut les cent francs ! »

La vieille Sorbonne sonnait alors cinq heures ; comme je restais là tout pensif, Emmanuel me dit :

« Allons, Jean-Pierre, voici l'heure de dîner. Après cela nous ferons un tour. Pendant la semaine, nous n'aurons pas beaucoup le temps de nous voir ; profitons au moins du premier jour. »

Il m'avait repris le bras. Quelques pas plus loin nous entrions dans une allée étroite, moisie, vieille comme les rues, qui filait derrière d'anciennes masures et menait au cloître Saint-Benoît. C'est un des endroits de Paris qui ressemblent le plus à la cour de la vieille synagogue de Saverne. De mon temps, on n'y voyait que des lucarnes, des fenêtres longues, étroites, où pendait du vieux linge, des toits à perte de vue avec des tuyaux de poêle innombrables, de grands pans de murs, des enfoncements, des recoins gris, humides et pleins de balayures.

Rien n'était pavé dans ce trou, qui s'ouvrait sur la rue Saint-Jacques, par une espèce de poterne, — un poteau de bois au milieu, pour empêcher les voitures d'entrer dans le cul-de-sac, — et par une ruelle, sur la rue des Mathurins-Saint-Jacques.

Combien de fois je suis venu déjeuner et dîner avec Emmanuel chez M. Ober, au cloître Saint-Benoît !

Le restaurant Ober était la seule maison propre et peinte, en face de la vieille poterne. Elle avait une rangée de fenêtres au rez-de-chaussée, un petit toit en gouttière au-dessus, et trois salles bien aérées de plain-pied. Dans la petite salle du milieu, à gauche de la porte vitrée, M. Ober, un Alsacien, le nez long et pointu, les yeux vifs, en petite casquette plate, cravate noire et collet droit, était assis derrière son comptoir. Dans le moment où nous entrions, comme il était encore de bonne heure, M. Ober dit :

« Vous êtes un des premiers aujourd'hui, monsieur Emmanuel. »

En même temps il lui tendait sa tabatière.

Les trois salles qui s'ouvraient l'une dans l'autre, par deux portes carrées, étaient encore presque vides. On voyait seulement à droite et à gauche, devant les petites tables, quelques jeunes gens en train de manger, et là, pour la première fois, je vis des gens lire en mangeant.

Une bonne odeur de cuisine arrivait par la salle à gauche, et tout de suite je sentis que l'appétit me venait.

« Allons, une prise, répétait M. Ober.

— Merci, répondit Emmanuel, je n'en use pas.

— Oui, vous êtes un garçon rangé, » dit M. Ober.

Il me regardait.

« C'est un camarade de Saverne, dit Emmanuel.

— Ah ! tant mieux, j'aime toujours à voir des pays. »

Après cela nous entrâmes dans la salle à droite. Emmanuel accrocha ma casquette et son chapeau à la muraille, et me fit asseoir en face de lui, près d'une fenêtre ouverte, en me disant :

« Qu'est-ce que nous allons prendre ? D'abord une bonne bouteille de vin, avec de l'eau de Seltz, car il fait chaud ; ensuite deux juliennes, deux biftecks, et puis nous verrons, n'est-ce pas ?

— Écoute, Emmanuel, lui dis-je, il ne faut pas faire de dépense à cause de moi. Du pain, un morceau de bœuf et de l'eau, c'est tout ce que je demande.

Mais il se fâcha presque en entendant cela.

« De l'eau, du bœuf, quand j'invite un vieux camarade ! dit-il, est-ce que tu me prends pour un avare ? »

Et sans m'écouter il cria :

« Garçon, deux juliennes, du vin, de l'eau de Seltz. »

Je vis bien alors qu'il ne fallait plus rien dire. Un garçon bien frisé, qui s'appelait Jean, nous apporta deux bonnes soupes aux carottes, la bouteille de vin et l'eau de Seltz, et nous commençâmes à dîner de bon cœur.

C'est le premier dîner que j'ai fait à Paris, et je m'en souviendrai toujours, non-seulement à cause du vin, des viandes et de la salade, mais principalement à cause de l'amitié que me fit voir Emmanuel; et même d'autres jeunes gens qui vinrent ensuite s'asseoir à notre table, et qui me traitaient tous comme un camarade, lorsqu'il leur eut dit que nous avions été à l'école ensemble. — Oui, je n'oublierai jamais cela; c'étaient des hommes d'esprit, qui parlaient de tout entre eux : de droit, de justice, de médecine, d'histoire, de gouvernement, enfin de tout sans se gêner.

Moi, je ne comprenais rien, je ne savais rien, et j'avais aussi le bon sens de me taire.

Un grand sec et maigre, qui s'appelait Sillery, disputait contre un autre qui s'appelait Coquille. Deux ou trois amis d'Emmanuel se mêlaient de la dispute, ils riaient, ils criaient. — A chaque seconde, il en arrivait par bandes de trois, quatre, cinq; au bout d'une heure, les trois salles étaient pleines; autour de chaque table on entendait des disputes pareilles.

L'air bourdonnait, les assiettes, les bouteilles tintaient, les domestiques, en manches de chemise, couraient. Ils criaient aussi à la porte de la cuisine :

« Un bœuf !
—Deux asperges !
—Un rognon sauté !
—Un bifteck !
—Une bouteille à seize ! » etc.

Ils tenaient dans leurs mains, en courant, trois, quatre, cinq assiettes à la fois, des bouteilles sous les coudes, et rien ne tombait. Chacun recevait ce qu'il venait de demander. Je n'avais jamais rien vu de pareil. Ces domestiques avec leurs cris, leur mémoire et leur adresse extraordinaire, m'étonnaient encore plus que les disputes sur le gouvernement, parce que je reconnaissais mieux la rareté de leur talent, et que je commençais à comprendre les paroles de M. Nivoi, lorsqu'il me disait qu'à Paris les gens travaillaient et se remuaient plus dans une heure, que chez nous pendant une journée.

C'est aussi là, pour la première fois, que j'ai vu le gaz; car, le soir étant venu, tout à coup de belles lumières blanches et bleu de ciel en forme de tulipe, se mirent à briller au-dessus des tables. Les garçons couraient à tous les quinquets avec un bout de cire allumée, comme les bedeaux à l'église, et le gaz prenait feu tout de suite.

Depuis, je me suis souvent étonné qu'on n'ait pas encore de ces lumières dans les cathédrales; elles sont bien plus belles que la lumière jaune des cierges, et seraient plus agréables au Seigneur.

Enfin, ce dîner, ce bon vin, ces disputes continuèrent de la sorte jusqu'à la nuit close. Alors on se leva. Tous les étudiants assis à notre table se serrèrent la main. Emmanuel paya trois francs au comptoir, et nous sortîmes dans la joie et le contentement de notre âme.

Nous avions aussi mangé des choux-fleurs à l'huile, et le vin nous avait mis de bonne humeur.

C'est après être sortis du vieux cloître Saint-Benoît, par la rue des Mathurins-Saint-Jacques, en voyant les rues qui descendent sur les quais encore plus encombrées de monde qu'en plein jour, que je fus émerveillé de ce spectacle.

Tous ces gens pendant la journée travaillent chez un maître ou chez eux; à la nuit ils descendent de leurs six étages et vont respirer l'air. Voilà ce que j'ai compris plus tard; mais alors ce mouvement m'étonnait.

Deux ou trois fois des femmes nous arrêtèrent dans les petites ruelles; quand j'appris ce que c'était, une grande tristesse me serra le cœur. Je regardais Emmanuel, ne pouvant presque pas croire à d'aussi grands malheurs; et seulement plus loin, à la vue du vieux pont Saint-Michel et de tous ces milliers de lumières le long du fleuve, qui tremblotent dans l'eau sous les arches noires, et de toutes ces façades sombres des quais, qui se découpent sur le ciel, seulement à cette vue j'oubliai mes pensées terribles, et je m'écriai :

« Mon Dieu ! que c'est beau ! Mon Dieu ! que Paris est grand ! »

Nous suivions les quais sur les trottoirs. Ces longues files de voitures alignées, qui toujours attendent qu'on les prenne; ces livres rangés sur les rampes dans de petites caisses, où chacun peut chercher ce qui lui plaît; ces grandes maisons dans le fleuve couvertes de toile, où l'on peut se baigner; ces bateaux de charbon qui ressemblent à des carrières, enfin tous ces mille et mille spectacles qui montrent l'esprit des hommes, leur sagesse, leur bon sens, leur idée de s'enrichir, m'étonnaient, et je criais toujours :

« C'est plus beau qu'on ne peut le penser ! »

Emmanuel me répondait :

« Oui, mais tu vas voir, tu vas voir ! »

Il m'avait déjà conduit plus loin, à travers le Pont-Neuf et cette cour du Louvre sombre, —où se dressait la statue du duc d'Orléans;— à travers la rue Saint-Honoré, à travers dix autres rues, et je ne sentais pas la fatigue, je me disais :

« Il faut pourtant que cela finisse, ces choses nouvelles doivent avoir une fin. »

Et songeant à cela, nous traversions une belle cour entourée de colonnes, fermée devant par une grille, et gardée par des municipaux, lorsque tout à coup nous arrivâmes sous une voûte de glaces, large comme une rue, éclairée intérieurement comme par le soleil, et bordée de magasins où l'or, l'argent, le cristal, les diamants, la soie, enfin tout se trouvait réuni.

C'était la galerie d'Orléans.

Quand on n'a pas vu cette galerie, on ne connaît ni les richesses, ni les magnificences de la terre.

Mais c'est plus loin, en arrivant dans le jardin du Palais-Royal, entouré d'arcades innombrables,—éclairées au gaz,—où sont abrités de la pluie, du vent, du soleil, des centaines de magasins tous plus beaux les uns que les autres, c'est en arrivant dans cette cour, sans cesse arrosée dans son intérieur par des jets d'eau, qui rafraîchissent la foule des enfants et des richards assis autour des petits prés de verdure, c'est en arrivant là que les bras m'en tombèrent.

Emmanuel me parlait, il me montrait tout en détail; mais je ne l'écoutais plus, j'avais tant de choses à voir que la tête m'en tournait.

Je me rappelle pourtant qu'au bout d'une de ces galeries pleines de lumières et bordées de magasins qui se ferment avec des devantures d'une seule glace, — tellement claires qu'on croirait toucher les montres d'or, les chapelets de perles, les bagues de diamants, les horloges en bronze et en marbre, représentant des fleurs, des figures, des chevaux, des cerfs, tous finement travaillés dans la dernière perfection, et qu'on devrait regarder des semaines pour en voir toutes les beautés, — je me rappelle qu'au bout d'une de ces galeries, il me dit :

« Tiens, regarde, c'est ici Véfour! »

Alors, regardant, je vis derrière la glace un petit bassin de marbre blanc, plein de tortues, où tombait un jet d'eau, et, tout autour de ce bassin, des poires, des pommes et d'autres fruits rouges, verts, jaunes, avec leurs grandes feuilles, que mon camarade m'expliquait être des ananas, des grenades, des amandes vertes et d'autres raretés venues des cinq parties du monde. Plus loin, derrière une autre glace, se trouvait du poisson et du gibier de toutes sortes, tellement frais, tellement beau, qu'on aurait cru qu'il venait d'être tué au bois, ou tiré de la rivière.

Emmanuel me dit que les petites tortues étaient pour faire de la soupe, et que le moindre dîner en cet endroit coûtait vingt francs.

J'étais dans l'étonnement. J'aurais pu là manger mes soixante francs dans un jour. Qu'on juge de ce que cela pouvait être!

A l'un des autres bouts de la galerie, nous vîmes un théâtre, le théâtre du Palais-Royal. Les gens attendaient à la file pour entrer, un municipal en grande tenue surveillait le bon ordre.

Enfin ce Palais-Royal était ce que j'avais admiré le plus, pour ses grandes richesses, ses arcades, son jardin, ses jets d'eau, et généralement pour tout.

Durant plus de deux heures, nous ne fîmes que d'aller et venir. L'ébénisterie était sous une voûte, au bout de la galerie d'Orléans. Longtemps je regardai ces objets, les admirant et n'espérant jamais pouvoir rien faire d'aussi beau; cela me paraissait au-dessus de mes moyens, et je reconnaissais que M. Nivoi avait eu raison de me dire qu'à Paris seul se trouvaient les premiers ouvriers du monde.

Nous montâmes ensuite sur les boulevards, dont le spectacle, avec son église de la Madeleine, ses promeneurs innombrables, et ses deux arcs de triomphe, est encore plus magnifique la nuit que le jour. Les lignes de gaz ne finissent plus; personne ne peut vous donner une idée de cette grandeur.

En face d'une rue très-large, Emmanuel me dit en m'arrêtant :

« La colonne Vendôme! »

Je vis au loin, sur une place profonde, cette colonne sombre, Napoléon au haut. Il était au moins onze heures, nous avions du chemin à faire pour rentrer chez nous, et nous repartîmes enfin d'un bon pas.

Emmanuel connaissait les passages aussi bien qu'à Saverne. Nous traversâmes bien d'autres arcades, bien d'autres ruelles, nous vîmes bien d'autres magasins : mais j'en avais tant et tant vu, que rien ne pouvait plus me toucher.

Vers minuit, je fus heureux d'arriver à ma porte. Au-dessus pendait une pauvre lanterne, à sa tringle de fer. Emmanuel me montra la manière de sonner, et quand le portier eut tiré son cordon :

« Allons, bonne nuit, Jean-Pierre, dit-il en me serrant la main. Au premier dimanche !

—Oui, » lui répondis-je, j'attendrai.

Il monta la rue Sorbonne, moi j'entrai dans la petite allée sombre. Le portier regarda par son châssis sans rien dire, et je grimpai l'escalier, bien content d'avoir trouvé de l'ouvrage le premier jour.

En ouvrant ma porte, je vis la lune briller sur ma petite fenêtre en tabatière. Je me déshabillai, rêvant à tout ce que je venais de voir, et puis, m'étant couché, je m'endormis aussitôt

XV

Le lendemain, à cinq heures et demie, je descendais déjà l'escalier, et j'entendais crier en bas :

« Cordon, s'il vous plaît ! »

D'autres ouvriers de la maison se rendaient au travail. Le portier tira son cordon, et nous sortîmes tous ensemble sans nous regarder.

On se lève tard à Paris ; excepté les ouvriers et les petits marchands, qui donnent de l'air à leurs boutiques, qui balayent, qui regardent en bras de chemise, ou qui versent sur le comptoir de zinc un petit verre aux vieux ivrognes, les plus matineux des gens, tout dort encore à cinq heures.

Les laitières arrivent ensuite, leurs grandes cruches de fer-blanc sous le bras, et s'asseyent sous les portes cochères ; les ménagères et les bonnes descendent, et les balayeurs de la ville rentrent chez eux par bandes, leur balai sur l'épaule.

Je voyais ces choses en passant. Les rues étaient grises, humides ; mais en haut le soleil, ce beau soleil d'été qui dore les champs, les prés, les arbres couverts de fleurs et de fruits, ce beau soleil-là brillait sur les cheminées décrépites et les grands toits moisis ; il descendait tout doucement le long des murs.

Combien de fois, en le voyant ainsi venir, je me le suis représenté là-bas, sur les herbes blanches de rosée, parmi les villages, les vergers et les bois ! Combien de fois ne m'a-t-il pas fait songer à Saverne, à Annette, à la mère Balais !

« Maintenant, ils sortent aussi, me disais-je, ils regardent et pensent : — Voilà du beau temps ! »

Oui, du beau temps pour ceux qui ne sont pas dans les rues de Paris, profondes comme des cheminées ! Enfin, que voulez-vous ? à chacun son sort ; on doit être encore bien content d'avoir de l'ouvrage.

J'arrivai sur le coup de six heures dans notre cour ; deux ou trois camarades étaient déjà sous la halle, en train d'ôter leur veste, et de prendre leur rabot. On avait un quart d'heure de grâce le matin Ils me regardaient sans rien dire ; comme je les saluais, un vieux de quarante-cinq à cinquante ans, la longue barbe rousse grisonnante, le front haut, les yeux petits, la peau brune et le nez un peu camard, — un vrai maître, — le père Perrignon, s'écria d'un air joyeux

« On se lève de bonne heure, Alsacien, dans ton pays ?

— Oui, maître, lui répondis-je, on fait son devoir.

— Son devoir ! son devoir ! dit-il, on tâche de gagner ses cinquante sous et d'avoir à dîner ; c'est tout simple. »

Alors les autres se mirent à rire, et moi je devins tout rouge ; j'aurais voulu répondre, mais je ne savais pas quoi.

Le père Perrignon, qui dirigeait l'ouvrage, trouvait à redire sur tout ; les ouvriers l'écoutaient et lui donnaient toujours raison. J'ai su par la suite qu'il avait été dans les prisons, pour ses idées sur la politique, et qu'il avait même frisé les galères. C'est à cause de cela qu'il jouissait d'une grande considération dans le quartier.

Enfin, on se mit au travail.

Les caisses que j'avais vu clouer la veille étaient pour enfermer des consoles, des commodes, des buffets déjà prêts au fond du magasin. Il restait encore plusieurs caisses à clouer, et c'est par là que je commençai.

M. Braconneau descendit une demi-heure après. Il fallut enfermer les meubles dans les caisses avec de la paille, ensuite les charger sur trois voitures. Cet ouvrage aurait pris un jour chez nous. A neuf heures, c'était fini, les voitures étaient en route.

On sortit pour aller déjeuner. J'avais fait connaissance avec deux camarades : un nommé Valsy, grand, pâle, très-bon ouvrier, mais presque toujours malade, et un autre qui s'appelait Quentin, la casquette sur l'oreille, la bouche bien fendue, et que le père Perrignon seul forçait à se taire en lui disant :

« Tu nous étourdis les oreilles ! »

Enfin, toute la bande, en veste, descendit la rue lentement. Le père Perrignon venait le dernier. Dehors, on l'appelait monsieur Perrignon. Il avait une grande capote brune et portait un chapeau ; sa grande barbe grisonnante lui donnait un air respectable.

On s'arrêta chez le premier boulanger à droite. Chacun acheta son pain, et plus bas, au coin de la rue Serpente, nous entrâmes dans une espèce de gargote, qu'on appelait le *caboulot*.

Mais il faut que je vous donne une idée de cette gargote, car il n'en manque pas de semblables à Paris ; on en trouve dans toutes les rues, et c'est là que les ouvriers de tous états : charpentiers, menuisiers, bijoutiers, maçons, enfin tous, vont faire leurs repas.

Notre *caboulot*, de plain-pied avec la rue Serpente, avait deux chambres séparées par une cloison vitrée garnie de petits rideaux. D'un côté se trouvait la table des peintres, des graveurs, des journalistes, — qui sont les états distingués, où l'on gagne des sept, huit, et même dix francs par jour, — de l'autre côté, celle des maçons, des boulangers, des menuisiers, etc.

Naturellement, à gauche, on payait tout le double plus cher qu'à droite, parce que les tables avaient des nappes, et qu'il faut proportionner le prix à la bourse de chacun.

Voilà pourquoi nous n'allions jamais avec les peintres et les journalistes. Nous avions notre bouillon, notre tranche de bœuf, notre plat de légumes, notre demi-setier de vin pour quinze sous, et les autres pour trente.

Il faut dire aussi que leur chambre était peinte en vert, et que la nôtre n'avait pas de peinture; mais cela nous était bien égal.

La cuisine, au fond, toute noire, sans autre lumière qu'une chandelle en plein jour, donnait de notre côté, juste en face de la porte, et le tout ensemble ne mesurait pas plus de vingt pieds carrés. C'est là que nous mangions, coude à coude, pendant que madame Graindorge, une bonne grosse mère des Vosges, les joues pleines, les yeux petits et vifs, les dents blanches, le menton rond, allait et venait, versait le bouillon sur notre pain, riait tantôt avec l'un, tantôt avec l'autre, et jetait de temps en temps un coup d'œil dans la chambre des journalistes, en levant un coin des rideaux.

Madame Graindorge avait une servante pour l'aider. Un brave garçon, ciseleur de son état, nommé Armand, trapu, carré, la barbe brune, le nez un peu rouge, rude dans ses manières, mais plein de cœur tout de même, lui donnait aussi parfois un coup de main.

Nous mangions en silence, pendant que les peintres, les journalistes et les autres se disputaient et criaient comme des geais pris à la glu. Nous entendions toutes leurs paroles, sur le roi, sur les ministres, sur les Chambres, sur les gueux de toute espèce, — comme ils appelaient le gouvernement, — depuis le garde-champêtre jusqu'à M. Guizot.

C'était principalement à M. Guizot qu'ils en voulaient. Cela nous instruisait touchant la politique, nous n'avions pas besoin de lire le journal, nous savions tout d'avance; et quelquefois, quand un journaliste criait qu'on avait enlevé la caisse, ou qu'on avait insulté la nation, le père Perrignon clignait de l'œil et disait tout bas :

« Écoutez! celui-là raisonne bien... il voit clair... c'est le plus fort .. il a du bon sens. »

Nous aurions voulu rester jusqu'au soir, pour les entendre se chamailler entre eux. Mais à dix heures moins un quart il fallait retourner à l'ouvrage. Heureusement, en revenant dîner, nous en retrouvions presque toujours quelques-uns, tellement enroués, que madame Graindorge avait soin de laisser leur porte entr'ouverte; sans cela, nous n'aurions plus rien entendu.

J'ai souvent pensé qu'avec des députés pareils les affaires auraient marché bien autrement.

Pour en revenir à ce jour, comme nous finissions de déjeuner, le père Perrignon, qui me regardait, dit tout à coup :

« Alsacien, qu'est-ce que tu payes?

— Tout ce qu'il vous plaira, monsieur Perrignon, » lui répondis-je un peu surpris.

Alors il sourit et dit :

« Ce n'est pas seulement à moi, c'est à tous les camarades qu'il faut payer la bienvenue.

— Et c'est aussi comme cela que je le comprends, monsieur Perrignon, selon mes moyens, bien entendu, car je ne suis pas riche.

— On est toujours assez riche quand on a de la bonne volonté, » dit-il.

Et se tournant vers les autres :

« Eh bien! qu'est-ce qu'on demande? Il ne faut pas écorcher le petit, c'est un bon garçon, vous voyez. »

L'un voulait de l'eau-de-vie, l'autre du curaçao; mais le vieux Perrignon dit :

« Non, il faut trinquer ensemble. Madame Graindorge, deux bouteilles à seize! »

On apporta deux bouteilles et je remplis les verres. Les camarades burent tous à ma santé, je bus à la santé de tous; puis, ayant payé, nous sortîmes.

M. Perrignon paraissait content. Au lieu de m'appeler l'Alsacien, il ne m'appelait plus que le petit.

Les autres me traitaient tous depuis en bons camarades, mais cela ne les empêchait pas d'en savoir plus que moi sur le métier, parce qu'ils avaient travaillé deux, trois ou quatre ans à Paris, et que j'arrivais de Saverne. C'était même un de mes grands chagrins, non par envie, Dieu m'en préserve, mais parce que je me disais :

« Est-ce que tu gagnes trois francs par jour? Est-ce que ton maître peut te garder? »

Et j'étais bien forcé de répondre non! j'avais beau suer, me donner de la peine, je restais toujours en retard sur les camarades. J'en étais désolé, la nuit je ne dormais pas, ou je m'éveillais en pensant :

Monsieur Perrignon. (Page 54.)

« Mon Dieu! si le patron te donne congé, ce sera tout naturel; mais qu'est-ce que tu pourras faire? »

J'avais peur de voir arriver le jour de la paye, car c'est ce jour-là qu'on remercie ceux dont on ne veut plus. Oui, j'en avais peur, et pourtant mon argent diminuait vite; j'aurais eu bien besoin de remonter un peu ma bourse.

Enfin le samedi soir de la quinzaine arriva. C'est le père Perrignon que M. Braconneau consultait. Je les regardais plein de soucis. Quand ce fut mon tour, le patron me compta les vingt-sept francs sans aucune observation, et malgré cela je sortis avec une crainte de m'entendre rappeler et dire : « Écoutez, le travail diminue, » etc., etc. Ce n'est qu'après avoir traversé la cour que je me dis en respirant : « On ne t'a pas remercié, quel bonheur! »

J'étais déjà loin dans la rue, quand j'entendis derrière moi le père Perrignon crier :

« Hé! petit, ne cours pas si vite. »

Je me retournai inquiet. Le bonhomme arrivait avec sa grande capote brune, en souriant :

« Tu vas... tu vas... dit-il; on croirait que tu te sauves. »

Son air joyeux me rassura, je me mis à rire.

« Tu n'as pas l'air de mauvaise humeur, ce soir, fit-il en me prenant le bras.

—Jamais, monsieur Perrignon, jamais.

—Ah! jamais! Quand tu rabotes comme un

Nous fumions comme des propriétaires. (Page 60.)

dératé pour rattraper les autres, quand la sueur te coule dans la raie du dos et que tu serres les dents... »

Alors je fus honteux : on avait vu ma peine.

« Oui, dit-il, c'est comme cela, petit; quand on n'a pas de confiance dans les anciens, quand on veut tout savoir, sans rien apprendre de personne, quand on est trop fier pour demander un conseil, il faut s'échiner du matin au soir. C'est beau, cette fierté... ça montre du caractère... mais ce n'est pas malin tout de même.

—Oh! lui dis-je, monsieur Perrignon, si j'avais osé vous consulter...

—Comment, tu n'osais pas! Est-ce que j'ai la figure d'un loup? »

Il paraissait un peu fâché; mais, se remettant aussitôt :

« Tu m'as offert une bouteille l'autre jour, dit-il, eh bien! tu vas en accepter une de moi ce soir. J'avais l'idée d'aller souper avec ma femme et mes enfants, rue Clovis, comme à l'ordinaire; mais j'ai de petits comptes à régler dans le quartier, et puis il faut que nous causions ?

—Si vous voulez que je fasse vos commissions?

—Non, je les ferai moi-même. Je tiens à te donner quelques bons avis, dont tu puisses profiter tout de suite. »

J'étais attendri de cette marque d'amitié. Quand on est seul, loin du pays, on aime bien vite ceux qui vous tendent la main.

Nous arrivions alors devant la porte du *caboulot* et nous entrâmes. Il pouvait être sept heures et demie. M. Armand, debout sur une chaise, nettoyait le quinquet, des garçons boulangers soupaient, avant d'aller brasser la pâte jusqu'à deux heures après minuit.

M. Perrignon et moi nous nous assîmes près du vitrage, après avoir demandé une bouteille, et là, le coude allongé sur la petite table, il me parla longuement de notre état, me représentant d'abord que chaque ville, chaque village a sa manière de travailler.

« A Paris, dit-il, tout marche, tout change, tout avance. Je veux bien croire que, dans son temps, le père Nivoi était un maître ouvrier ; mais depuis quinze ans le travail s'est bien simplifié, bien perfectionné. Tous les jours cette masse d'ouvriers trouvent, tantôt l'un, tantôt l'autre, quelque chose pour arriver à faire plus vite ou mieux, et chacun profite de l'invention. Toi, naturellement, tu suis la routine de Saverne ; ainsi, tu mesures à la ficelle au lieu du compas ; ça marche tout de même, mais il faut regarder à deux fois au lieu d'une, et chaque fois tu perds quelques instants ; à la fin de la journée cela fait des heures, sans parler de la peine, des soucis et du chagrin de voir qu'on reste en retard.

—Ah ! que vous avez raison ; voilà le pire, » lui dis-je.

Il rit.

« Eh bien ! petit, tout cela n'est qu'une habitude. Commence par abandonner la ficelle, et, si quelque chose t'embarrasse, fais-moi signe.

—Oh ! monsieur Perrignon ! m'écriai-je, si je pouvais seulement aussi vous rendre un service !

—On ne peut pas savoir, dit-il, nous sommes ici pour nous aider. Cela viendra peut-être. Mais, dans tous les cas, fais pour les autres, plus tard, ce que je fais pour toi maintenant ; nous serons quittes. »

Là-dessus, ce brave homme se leva, décrocha son chapeau, et nous sortîmes. La nuit était venue, nous nous serrâmes la main ; il prit la rue Serpente et moi la rue de la Harpe. Rien que pour ce service, je n'oublierai jamais M. Perrignon. Les hommes de ce caractère ne se rencontrent pas souvent, ils regardent leurs semblables comme des frères ; et leur seul défaut, c'est de vouloir forcer les autres d'être justes comme eux. Voilà pourquoi les gueux sans cœur les appellent des fous.

Mais une grande joie m'attendait encore ce samedi soir. On pense bien qu'à mon premier jour de travail je m'étais dépêché d'acheter de l'encre, des plumes et du papier pour annoncer à la mère Balais que tout allait bien, que la lettre du père Nivoi m'avait joliment servi, qu'Emmanuel s'était montré pour moi le même bon camarade qu'à Saverne, et que maintenant je serais tout à fait heureux si je recevais de ses bonnes nouvelles.

Eh bien ! en arrivant au bout de notre petite allée sombre, comme j'allais monter, j'entendis le portier ouvrir son châssis et me crier :

« Monsieur Jean-Pierre Clavel ?
—Qu'est-ce que c'est ? monsieur Trubère.
—Une lettre pour vous. »

Je reçus cette lettre dans un grand trouble ; mais, en passant près de la vieille lanterne crasseuse, ayant reconnu d'abord l'écriture de la mère Balais, cela me fit déjà du bien, et je montai tellement vite, que deux minutes après j'étais assis sur ma paillasse, à côté de la veilleuse, pleurant à chaudes larmes de tout ce que cette brave femme me disait de sa santé ; sur le courage qu'elle avait pris de surmonter ses chagrins après mon départ ; sur la satisfaction qu'elle avait d'apprendre que j'étais en place, et sur l'espérance qu'elle conservait encore de nous voir réunis plus tard.

Elle me disait aussi que les Dubourg étaient revenus avec l'argenterie et les bijoux de la tante Jacqueline, et que leur héritage dépassait même ce qu'on avait raconté d'abord. Mais ces choses me devenaient égales, j'en détournais mon esprit et je pensais :

« Tu ne dois rien qu'à la mère Balais, c'est elle qui t'a nourri, c'est elle qui t'a soutenu toujours, c'est elle seule qui t'aime et qu'il faut aimer. Qu'est-ce que te font ces Dubourg ? Quand ils seraient deux fois plus riches, ce serait une raison de plus qui ferait oublier leurs anciens amis. Mais ceux qui t'ont fait du bien, Jean-Pierre, à ceux-là tu dois ton travail et ta vie. Tâche de t'élever, de faire venir ta vieille mère Balais, et de lui rendre autant que possible tout le bien qu'elle t'a fait. Voilà ton devoir et ton bonheur. Le reste... il faut l'oublier !... »

Dans ces pensées attendrissantes, m'étant couché, je m'endormis à la grâce de Dieu.

XV

Depuis mon arrivée à Paris, je n'avais pas eu le temps de revoir Emmanuel ; l'ouvrage était pressé dans cette quinzaine, il avait fallu travailler le premier dimanche et le lundi jusqu'au soir. Mais, le samedi suivant, en nous faisant la paye, M. Braconneau nous ayant prévenus que le lendemain on serait libre, je m'habillai de bonne heure et je courus à l'hôtel de la rue des Grès.

Cela tombait bien, car en me voyant Emmanuel s'écria :

« Je pensais à toi, Jean-Pierre : voici les vacances, les examens sont commencés ; je passe à la fin de cette semaine et je m'en retourne deux mois au pays. J'aurais eu de la peine à partir sans t'embrasser. »

Il me serrait la main. Pendant qu'il ôtait sa belle robe de chambre, je lui racontai ce qui m'avait empêché de venir.

« Eh bien ! nous allons faire un tour, dit-il, nous déjeunerons au Palais-Royal. »

En l'entendant dire que nous allions déjeuner au Palais-Royal, je crus qu'il plaisantait ; il vit ce que je pensais, et s'écria :

« Pas chez Véfour, bien entendu ! Il faut attendre d'avoir notre part dans la pension de Louis-Philippe. Nous irons chez Tavernier, tu verras. »

Il riait, et nous sortîmes, comme la première fois, en descendant la rue de la Harpe. Mais il voulut me faire voir alors le Palais-de-Justice, fermé devant par une grille très-belle. Derrière cette grille se trouve une cour, et au bout de la cour, un escalier qui monte dans le vestibule, où les avocats accrochent leurs robes entre des colonnes. Sur la droite, un autre escalier mène dans une grande salle, la plus grande salle de France, et qu'on appelle la salle des Pas-Perdus.

Tout autour de cette salle, très-haute, très-large, et dallée comme une cathédrale, s'en ouvrent d'autres où sont les tribunaux de toute sorte pour juger les voleurs, les filous, les banqueroutiers, les incendiaires, les assassins, et les amateurs de politique qui trouvent que tout n'est pas bien dans ce monde, et qui voudraient essayer de changer quelque chose.

C'est ce que m'expliquait Emmanuel, et je pensais que l'idée d'entrer dans la politique ne me viendrait jamais.

Après cela, nous descendîmes derrière, par un petit escalier qui mène sur une place ouverte à l'autre bout, au milieu du Pont-Neuf. Quand nous eûmes traversé cette place, assez sombre, nous vîmes à la sortie la statue de Henri IV tout près de nous, et, plus loin, cette magnifique vue du Louvre que j'avais tant admirée la première fois. Elle me parut encore plus belle, et même aujourd'hui je me figure que rien ne peut être plus beau sur la terre : cette file de ponts, ces palais du Louvre et des Tuileries, ces grilles, ces jardins, à gauche ; ces autres palais, et tout au fond l'Arc-de-Triomphe ! Non, rien ne peut vous donner une idée plus grande des hommes !

Je le disais à Emmanuel, qui me prévint que le plus beau n'était pas encore ce que nous voyions, mais l'intérieur des palais, où sont réunies toutes les richesses du monde. Cela me paraissait impossible.

Comme nous continuions de marcher, étant arrivés dans la cour du Louvre, ce fut une véritable satisfaction pour moi de contempler ces magnifiques statues dans les airs, autour de l'horloge, représentant des femmes accomplies en beauté, qui se tiennent toutes droites, deux à deux, les bras entrelacés comme des sœurs, et qui doivent avoir au moins trente pieds de haut.

Rien ne manque à ce spectacle. Seulement, plus loin, après avoir passé la voûte du côté des Tuileries, nous arrivâmes sur une vieille place encombrée de baraques, dans le genre du cloître Saint-Benoît, ce qui ne me réjouit pas la vue. Elle était pleine de marchands d'images, de guenilles, de ferrailles, et d'autres gens de cette espèce. Deux ou trois vendaient même des perroquets, des pigeons, des singes, et de petites fouines, qui ne faisaient que crier, siffler, en répandant la mauvaise odeur.

On ne pouvait pas comprendre de pareilles ordures entre deux si magnifiques palais. Emmanuel me dit que ces gens ne voulaient pas vendre leurs baraques à la ville, et que chacun est libre de vivre dans la crasse, si c'est son plaisir.

Naturellement, je trouvai que c'était juste, mais tout de même honteux.

Ayant donc regardé cette place, qui ressemblait aux foires de village, Emmanuel me prit par le bras, en disant :

« Arrive ! »

En dehors de la cour du Louvre, à gauche, s'étendait la continuation de la bâtisse, et dans la cour se trouvait une porte assez haute, où des gens bien mis entraient.

« Avant d'aller déjeuner, il faut que tu voies le musée de peinture, me dit-il ; nous en avons pour une heure. »

J'étais bien content de voir un musée ; j'avais seulement entendu parler de musée, sans savoir ce que cela pouvait être.

Dans le vestibule commençait une voûte, qui se partageait en plusieurs autres, fermées par de grandes portes en châssis tendues de drap vert. Contre une de ces portes, à gauche, était assis un suisse, que je pris d'abord pour quelque chose de considérable dans le gouvernement, à cause de son magnifique chapeau à cornes, de son habit carré, de sa culotte de velours rouge, de ses bas blancs et de son air grave; mais c'était un suisse! J'en ai vu d'autres habillés de la même façon. Ils restent assis, ou se promènent de long en large pour se dégourdir les jambes : — c'est leur état.

Une dame recevait les cannes et les parapluies dans un coin, moyennant deux sous.

A droite, s'élevait un escalier, large d'au moins cinq mètres, avec des peintures dans les voûtes. On avait du respect pour soi-même en montant un escalier pareil); on pensait : « Je monte... personne n'a rien à me dire!... »

Mais tout cela n'était rien encore. C'est en haut qu'il fallait voir! D'abord, ce grand salon éclairé par un vitrage blanc comme la neige, d'où descendait la lumière sur des peintures innombrables, tellement belles, tellement naturelles, qu'en les regardant vous auriez cru que c'étaient les choses elles-mêmes : les arbres, la terre, les hommes, au printemps, en automne, en hiver, dans toutes les saisons, selon ce que le peintre avait voulu représenter.

Voilà ce qui s'appelle une véritable magnificence! Oui, quand on pense qu'avec de la toile et de la couleur, les hommes sont arrivés à vous figurer tous les temps, tous les pays, tous les êtres, au lever et au coucher du soleil, à la lune, sur terre et sur mer, dans les moindres détails, c'est alors qu'on reconnaît le génie de notre espèce et qu'on s'écrie : « Heureux ceux qui reçoivent de l'instruction, pour laisser de pareilles œuvres après leur mort, et nous enorgueillir tous!... »

Nous nous promenions dans ce grand salon, en silence comme dans une église; nous entendions nos pas sur les parquets, qui sont de vieux chêne. Emmanuel m'expliquait tout bas ce que nous voyions; il me disait le nom des peintres, et je pensais : « Quels génies!... quelles idées grandioses ils avaient, et comme ils les peignaient vivantes!... »

Je me rappelle que, dans ce salon, l'empereur Napoléon, à cheval, en hiver, au milieu de la neige, du sang et des morts, levait les yeux au ciel. Rien que de le voir, on avait froid.

C'est une des choses qui me sont restées. Mais ces terribles tableaux, qui sont faits pour donner aux hommes l'épouvante de la guerre, me plaisaient beaucoup moins que les champs, les prés, les bœufs, les petites maisons où l'on buvait à l'ombre devant la porte. On voyait que c'étaient tous d'honnêtes gens, et cela vous réjouissait le cœur; on aurait voulu se mettre avec eux.

La représentation de Notre-Seigneur Jésus-Christ, de la sainte Vierge, des apôtres, des saintes femmes et des anges, avec tous les chagrins qu'ils ont eus, les injustices d'Hérode et de Ponce-Pilate, vous rendaient trop triste. Enfin chacun trouve là ce qui lui plaît; chacun peut se rendre triste ou joyeux, selon ce qu'il regarde.

Après le grand salon carré, nous entrâmes dans une autre salle, longue d'au moins un quart de lieue, et puis encore dans une autre; cela n'en finissait plus. Emmanuel me parlait, mais tant de choses me troublaient l'esprit! Et comme il venait toujours plus de monde, tout à coup il me dit :

« Écoute, Jean-Pierre, c'est l'heure du déjeuner. »

Nous eûmes encore un bon quart d'heure pour remonter les salles, et, si vous voulez savoir la vérité, je fus bien content d'être dehors, au grand air. C'était trop à la fois. Et puis j'avais faim, j'étais pressé de m'asseoir devant autre chose que devant des peintures.

Nous n'étions pas loin du Palais-Royal, où nous arrivâmes en gagnant la rue Saint-Honoré. Nous revîmes, en passant, la galerie d'Orléans, le jardin, les jets d'eau, les arcades; mais ce qui me réjouit le plus, ce fut d'apercevoir l'écriteau de Tavernier, qu'Emmanuel me montra dans l'intérieur d'une de ces arcades.

Nous montâmes, et, malgré le bon dîner que nous avions fait chez Ober, je reconnus pourtant une grande différence. C'était là véritablement un restaurant parisien, bien éclairé, riche en dorures; les petites tables couvertes de nappes blanches à la file entre les hautes fenêtres, les carafes, les verres étincelants, enfin, tout vous annonçait la manière agréable de vivre en cette ville, quand on a de l'argent.

Nous étions donc assis, les domestiques arrivèrent. Emmanuel voulut avoir de l'eau de Seltz, du vin, du melon, des viandes, du dessert; et, si je n'avais pas lu les prix à mesure sur la carte, j'aurais cru que nous étions ruinés de fond en comble. Eh bien! tout cela ne montait pas à plus de trois ou quatre francs pour nous deux. C'est quelque chose d'étonnant!

Après le déjeuner, nous descendîmes prendre le café sur une petite table de tôle, au milieu du monde, dans le jardin. Emmanuel avait acheté des cigares, et nous fumions comme des propriétaires, en regardant à droite et à gauche les jolies femmes qui passaient. C'était bon pour un étudiant en droit; mais moi, j'avais tout de même un peu de honte de jouer un si grand rôle. Enfin voilà l'existence de Paris. Peut-être, dans le nombre de ces messieurs et de ces dames qui m'entouraient, appelant les garçons et se faisant servir, s'en trouvait-il qui ne me valaient pas.

Il faisait très-chaud, tout était blanc de poussière, même les arbres. Vers deux heures, quelques gouttes de pluie s'étant mises à tomber, tout le monde se sauva sous les arcades. Il fallut aussi nous retirer ; mais Emmanuel me dit que cela ne durerait pas, et que nous allions monter en omnibus pour nous rendre à l'Arc-de-Triomphe.

C'est ce que nous fîmes dans la rue Saint-Honoré, au coin de la place du Château-d'Eau, où se trouvait un corps de garde.

Les omnibus traversent tout Paris par centaines, et l'on peut aller d'un bout à l'autre de la ville pour six sous. Au milieu de la rue, vous n'avez qu'à faire signe, la voiture s'arrête ; le conducteur vous donne la main, vous montez, et vous êtes assis sur un banc rembourré de crin, à côté de messieurs et de dames, pendant que la pluie coule sur les vitres et que les chevaux galopent.

De pareilles inventions montrent que rien ne manque dans notre pays.

Nous courions depuis dix minutes, et le soleil commençait à revenir, lorsque Emmanuel leva la main pour dire : « Halte ! » Nous descendîmes sur une place grande comme deux fois Saverne, entourée de palais, de jardins et de promenades : la place de la Concorde. Je voudrais bien vous la peindre, avec ses deux fontaines en bronze, son obélisque, — une pierre en forme d'aiguille, d'au moins cent pieds, revenue d'Égypte, et couverte de sculptures, — et ses statues rangées tout autour représentant les villes principales de la France, sous la figure de femmes assises sur des canons, des boulets, des vaisseaux... Oui, je voudrais vous peindre tout cela : — le jardin des Tuileries d'un côté, les Champs-Élysées et l'Arc-de-Triomphe de l'autre, l'église de la Madeleine à droite, la Seine couverte de bateaux et la Chambre des députés à gauche ; mais aucune parole ne peut vous donner l'idée de cette place immense. Autant dire tout de suite que c'est une merveille du monde, et que, dans cette merveille, tout ce qu'il y a de riche en voitures, en cavaliers, en dames, vont, viennent, se promènent et se regardent pour voir lesquels ont les plus beaux chevaux, les plus beaux plumets et les plus belles robes.

Le long de l'avenue des Champs-Élysées vous découvrez, à travers le feuillage, des centaines de maisons où les millionnaires demeurent, et plus loin, sur l'autre rive du fleuve, à gauche, l'hôtel des Invalides, son dôme dans les nues.

Sous les arbres, on voit aussi de petits théâtres pour les enfants, des chevaux de bois, des jeux de toutes sortes, des hercules, des ménageries ; enfin c'est une fête depuis le premier de l'an jusqu'à la Saint-Sylvestre.

Nous allions à travers tout cela. Nous voyions des statues en marbre de tous les côtés, dont je me rappelle principalement deux à l'entrée de la grande avenue, représentant deux hommes superbes et nus, qui tiennent par la bride des chevaux sauvages dressés sur les pieds de derrière, les jarrets pliés, la crinière droite, prêts à s'échapper.

Emmanuel me prévint que c'étaient des chefs-d'œuvre, et je n'eus pas de peine à le croire.

Mais le plus beau, c'est l'Arc-de-Triomphe qui s'élève au bout de l'avenue, tout gris à force d'être loin, et pourtant superbe, avec ses lignes pâles dans le ciel, et ses voûtes, où des maisons pourraient pousser.

Tout est beau, tout est grand dans cet Arc-de-Triomphe : nos victoires, qui y sont écrites partout, et qui font des listes de cinquante mètres ; la beauté de l'idée, la beauté des pierres, la beauté du travail, la beauté de la grandeur et la beauté des sculptures. Quatre de ces sculptures sont en dehors, sur des socles, appuyées contre les arches, et, d'après ce qu'Emmanuel me dit, elles représentent, du côté de Paris, la Guerre, sous la figure d'une femme que les soldats français portent dans leurs bras, et qui crie : « Aux armes ! » Cela vous fait dresser les cheveux sur la tête. En regardant cette femme, on l'entend, on croit que les Russes et les Prussiens arrivent ; on voudrait courir dessus et tout massacrer.

Cette femme, je la vois toujours ; elle ressemble à celles du Dagsberg, qui vont aider leurs hommes à déraciner des tocs. C'est terrible !

Contre l'autre arche, et séparée par la voûte, c'est la Gloire. L'empereur Napoléon figure la Gloire. Un ange lui met des couronnes sur la tête pour le bénir. C'est aussi très-beau.

Sur l'autre face, c'est l'Horreur de l'invasion, représentée par un cavalier qui écrase tout, et la Joie de la paix, représentée par des gens heureux qui rentrent leurs récoltes.

Voilà ce qu'Emmanuel m'expliqua, car je n'avais pas assez d'instruction pour deviner tout seul.

Le bœuf, le cheval et les gens sont tout ce qu'il est possible de voir d'admirable.

Je pourrais en dire beaucoup plus, mais ces

choses resteront là pendant des siècles ; et je pense, comme M. Nivoi, qu'il faut voir Paris pour connaître la grandeur de notre nation, sa gloire et sa force.

Ayant repris le chemin de notre quartier vers cinq heures, nous repassâmes dans le jardin des Tuileries, où les plus belles statues en marbre blanc se trouvent. Quant à vous dire les personnes qu'elles représentent, j'en serais bien embarrassé. Mais c'est achevé dans toutes ses parties, c'est entouré d'arbres et de petites allées bien unies. Les enfants jouent dans ces allées, les dames s'y promènent, et, malgré la foule, des ramiers volent aux environs ; ils descendent même sur le gazon, pour manger les mies de pain qu'on leur jette.

Ces ramiers vous rappellent le pays, les grands bois, les champs, et l'on pense : « Ah ! si nous pouvions vivre comme vous de quelques petites graines, et si nous avions vos ailes, malgré les marbres, les palais et les colonnes, ce n'est pas ici que nous resterions. »

Je ne pouvais m'empêcher de le dire à mon camarade Emmanuel, lui rappelant comment le soir, au vallon, sous la Roche-Plate, en sortant de la rivière, — lorsque l'ombre des forêts s'allongeait dans les prairies, — on entendait les ramiers roucouler sous bois. Ils étaient par couples ; mais en ce temps nous ne savions pas ce qu'ils se racontaient entre eux ; je le savais maintenant, et je les trouvais bien heureux de pouvoir roucouler par couples, en se sauvant dans les ombres.

Emmanuel m'écoutait la tête penchée. J'aurais bien voulu lui parler un peu d'Annette ; mais je n'osais pas... J'avais tant... tant de choses sur le cœur !

Nous étions sortis du jardin ; il me conduisait à travers une grande place, où se dressait une haute maison en forme de tour, couverte d'affiches, et de loin je reconnaissais le Louvre.

Alors tout me paraissait sombre, j'avais toujours le nom d'Annette sur la langue ; je regardais mon camarade, qui semblait rêver, et nous marchions dans de petites ruelles sales. Les marchands d'eau passaient ; les marchands d'habits, la bouche tordue, criaient, regardant aux fenêtres. Le vrai Paris des rues revenait.

Tout à coup Emmanuel, levant les yeux, dit :

« Voici le Rosbif ! entrons, Jean-Pierre, et dînons. »

Nous entrâmes ; tout était plein de monde, et nous ne trouvâmes de place qu'au fond, sous une espèce de toit en vitrage.

Nous fîmes encore un bon repas, mais je ne sais pas pourquoi la tristesse était venue. Emmanuel pensait peut-être à son examen, et moi, mon esprit était à Saverne. Je voulus payer, cela le mit de mauvaise humeur :

« Quand j'invite mon meilleur camarade, dit-il, je ne supporte pas qu'il paye. C'est presque une injure que tu me fais. »

Je lui répondis que ce n'était pas mon intention ; mais que j'avais du travail, et que c'était juste de payer chacun son tour.

Il ne voulut pas y consentir, et je crus même qu'il était fâché. Mais, quelques instants après, étant sortis, il me serra la main en s'écriant :

« Jean-Pierre, je n'ai pas de meilleur ami que toi ! Veux-tu venir au théâtre du Palais-Royal ? »

J'étais fatigué. Je lui dis que ce serait pour une autre fois, et nous remontâmes lentement la rue Saint-Honoré.

Une chose me revient encore, c'est que le même soir, en passant sur le Pont-au-Change, Emmanuel me montra la place du Châtelet, avec sa petite colonne et sa fontaine, et plus loin le bal du Prado. Mais cette place et ce pont sont des choses qui me rappellent bien d'autres souvenirs. Il faudra que j'en parle plus tard. Tout ce que j'ai besoin de dire maintenant, c'est que, étant arrivés devant ma porte, nous nous embrassâmes comme de véritables frères. Je ne pouvais pas espérer le conduire à la diligence pendant la semaine, et je lui souhaitai bon voyage.

XVII

Je ne pensais plus revoir Emmanuel avant son retour des vacances ; mais, à la fin de cette semaine, une après-midi, vers deux heures, il entra tout à coup dans notre atelier en s'écriant :

« Je viens t'embrasser, Jean-Pierre, je suis reçu et je pars ! »

Il était en petit frac d'été blanc et chapeau de paille, ses yeux brillaient. Tous mes camarades le regardaient, pendant que nous nous embrassions. Je le reconduisis jusque dans la cour.

« Tu n'as pas de commissions pour Saverne ? » me demanda-t-il.

Alors je pris le courage de lui dire :

« Embrasse pour moi la mère Balais, dis-lui que je vais bien, que l'ouvrage continue et que je pense à elle tous les jours. Embrasse aussi le père Antoine, madame Madeleine et Annette.

Si tu passes près de la fontaine, n'oublie pas non plus M. Nivoi. Tu lui diras que je le remercie de ses bons conseils et de sa recommandation. M. Braconneau s'est souvenu de lui. »

Nous nous serrions les mains. Il partit en criant :

« A bientôt!... dans deux mois!... »

Puis il monta dans une voiture qui l'attendait à la porte, et descendit la rue au galop. Comme je rentrais, le père Perrignon me demanda :

« C'est un de tes camarades d'enfance?

— Oui, monsieur Perrignon, le fils de notre juge de paix, un camarade d'école. Il fait son droit.

— Quel brave garçon, dit-il, quelle honnête figure! »

Il n'en dit pas plus alors; mais, à trois heures, en allant dîner, il se mit à parler d'Emmanuel, disant que les bourgeois et le peuple ne font qu'un, qu'ils ont les mêmes intérêts; mais que malheureusement on rencontre trop de ces fainéants qui viennent à Paris, soi-disant pour faire leurs études, et qui dépensent l'argent de leurs parents à courir les filles de mauvaise vie. Il les traitait de canailles. Quentin et les autres l'approuvaient.

En parlant d'Emmanuel et de ceux qui lui ressemblaient, M. Perrignon disait que la place de ces jeunes gens était à la tête du peuple; que leurs pères avaient fait la Révolution de 89, et que les fils marcheraient sur leurs traces, qu'ils ne se laisseraient pas abrutir par les mauvais exemples, et que le peuple comptait sur eux.

On se figure quel plaisir j'avais d'entendre un homme aussi respectable que M. Perrignon, un maître ouvrier, parler ainsi de mon camarade.

Je me rappelle que dans ce temps les disputes des journalistes, des graveurs et des peintres redoublaient dans notre *caboulot*; qu'on disait que les cours de Michelet et de Quinet étaient suspendus et qu'ils ne recommenceraient pas après les vacances; que la grève des charpentiers devenait plus forte; que les banquets allaient leur train; qu'Odilon Barrot et Lamartine ne laisseraient pas tomber les droits du peuple; et qu'on répétait mille fois les mots de paix à tout prix, de mariages espagnols et autres choses que je ne comprenais pas.

Quand les disputes grandissaient, notre *cabouot* ressemblait à un tambour, les vitres frissonnaient, on tapait des pieds, on aurait cru qu'on allait se prendre au collet; et chaque fois que l'un de nous avait envie de tousser ou d'éternuer, le père Perrignon levait la main en disant :

« Chut! écoutez... C'est Coubé qui parle; » ou bien, « c'est Montgaillard. »

De temps en temps, l'un ou l'autre de ces journalistes et de ces peintres sortait tout pâle, sans avoir l'air de nous voir, et rentrait ensuite pour se remettre dans la bataille.

Celui qui s'appelait Coubé était petit, sec; il avait les yeux vifs, le nez crochu, la barbe grise, et parlait très-bien.

Montgaillard était grand, osseux, roux; il avait les épaules larges, le dos rond, la barbe courte, serrée, remontant jusqu'aux yeux, le front large et plat, le nez et le menton allongés, la voix rude : il ressemblait à un sanglier.

D'autres aussi criaient, piaillaient, quelques-uns riaient, mais tous étaient habillés comme des gens qui ne pensent qu'à leurs idées, le chapeau de travers, la cravate défaite, le col de la chemise dehors d'un côté, rentrant de l'autre. Ils ne faisaient attention à rien, et seulement quelquefois par hasard en passant, voyant M. Perrignon, ils lui serraient la main en s'écriant :

« Bonjour, Perrignon, bonjour! »

Puis ils rentraient et se remettaient à parler, sans écouter ce qu'on disait ni savoir ce qu'on avait dit.

Montgaillard et Coubé avaient la voix tellement forte, qu'on entendait leurs discours malgré les cris, les éclats de rire et le frémissement des vitres.

Dans les premiers temps, quand ils parlaient de grève, de réforme, de banquets, de paix à tout prix, de Pritchard, tout pêle-mêle, je ne comprenais pas un mot. Mais un samedi soir que nous étions libres à quatre heures, et que Valsy, Quentin, M. Perrignon et moi nous prenions encore un verre de vin après le départ des camarades, je leur demandai ce que cela signifiait, car à Saverne je n'avais rien entendu de pareil; c'étaient des choses inconnues, et même celui qui s'en serait occupé aurait passé pour un fou.

« Vous ne lisiez donc pas les journaux? me demanda le père Perrignon.

— Non, jamais.

— Alors, que faisiez-vous donc le soir après l'ouvrage?

— Moi, j'allais me promener aux environs de la ville, et les autres s'asseyaient tranquillement dans les brasseries; ils buvaient des chopes et fumaient des pipes jusqu'à dix heures. Quelquefois ils jouaient aux cartes et se trompaient entre eux tant qu'ils pouvaient.

— C'est donc un pays de crétins, dit le père

— Chut! Écoutez, c'est Goubé qui parle. (Page 69.)

Perrignon? Si tu m'avais raconté cela le premier jour, sais-tu que je t'aurais mis hors de l'atelier? Heureusement je te connais maintenant et je te considère comme un brave garçon. Mais il faut lire les journaux. Madame Graindorge te laissera prendre la *Réforme*; n'est-ce pas, madame Graindorge?

— Oh! bien sûr... qu'il la prenne... que voulez-vous que j'en fasse? »

C'était un vieux journal graisseux, que les journalistes jetaient en sortant sur notre table. Depuis ce jour, je le pris tous les soirs et je le lus, parce que j'étais honteux de vivre comme un imbécile, avec des camarades qui s'intéressaient aux affaires du pays, autant et plus que les riches bourgeois de chez nous.

Ce même soir, le père Perrignon me dit qu'on appelait Grève la place devant l'Hôtel de ville, sans doute parce qu'autrefois elle était couverte de sable; que les ouvriers sans travail se réunissaient sur cette place, où l'on allait les retenir; mais que souvent, quand il s'élevait une discussion entre les patrons et les ouvriers, les ouvriers en masse se retiraient sur la place, et qu'on disait alors que les charpentiers, les maçons, etc., se mettaient en grève. Cela signifiait qu'ils voulaient une augmentation de prix, ou une diminution de travail.

« Les tailleurs de pierre, les maçons, les couvreurs, me dit-il, se mettent toujours en grève sur la place de l'Hôtel de ville; mais les peintres en bâtiment vont sur la place du Châtelet, les ramoneurs à la Porte-Saint-Denis, les serruriers sur le marché Saint-Martin, les pa-

— Lis-moi cela... c'est le livre du peuple français. » (Page 68.)

veurs au coin du boulevard Montmartre, ainsi pour tous les corps d'état. »

Il me dit ensuite que la réforme, dont tout le monde parlait, et que les bourgeois voulaient comme nous, était un changement dans la manière de nommer les députés du pays ; que jusqu'alors il fallait, pour avoir le droit de nommer un député, payer deux cents francs de contribution, et que les gens riches seuls payaient deux cents francs de contribution, de sorte que les gens instruits et honnêtes, mais sans fortune, ne pouvaient ni nommer les députés, ni être nommés députés ; — ce que lui, Perrignon, considérait comme une chose abominable, contre nature.

« Car, disait-il, les riches ne voient que la richesse, et s'inquiètent peu du sort des pauvres. Leur richesse montre très-souvent leur égoïsme ; chacun sait que la générosité, la noblesse de cœur, l'amour de la patrie, le sacrifice de ses propres intérêts à la justice, ne sont pas des moyens de s'enrichir. De cette façon, les égoïstes sont seuls chargés de faire les lois pour un peuple fier et généreux. »

Il disait aussi que la suite de tout cela, c'était l'abaissement de la France, parce que ces égoïstes, nommés par d'autres égoïstes, ne songeaient qu'à remplir toutes les bonnes places, et à se les donner entre eux en famille ; qu'ils ne s'inquiétaient pas de savoir si leurs fils, leurs neveux, leurs cousins étaient capables de les remplir, mais seulement de les avoir ; que les imbéciles et les gueux par ce moyen avaient tout, les hommes de cœur et les savants rien ; ce qui n'était pas un grand encouragement pour s'instruire, et se sacrifier à la patrie. Qu'en outre, ces égoïstes, n'ayant en vue que de garder leurs biens, sacrifiaient notre honneur pour conserver la paix ; que leur chef, M. Guizot, n'avait qu'à les prévenir qu'ils risquaient leur fortune dans la guerre, pour les faire voter la paix à tout prix ; et que même ils venaient de voter des centaines de mille francs pour un apothicaire anglais nommé Pritchard, malgré l'indignation de toute la France ; que les Anglais nous menaçaient toujours. voyant que cela leur réussissait si bien; enfin, que les bourgeois honnêtes étaient las de ces abominations, et qu'ils demandaient la réforme, qu'on appelait adjonction des capacités ; mais que le roi Louis-Philippe tenait à M. Guizot, et que M. Guizot ne voulait pas la réforme, parce qu'il ne serait plus aussi sûr de faire peur aux députés, si dans le nombre il s'en trouvait de pauvres, décidés à soutenir l'honneur du pays, au lieu de tout sacrifier aux écus.

Voilà ce que le père Perrignon nous dit à tous, car les camarades l'écoutaient aussi, et comprenaient encore mieux la beauté de cette réforme. Il nous dit que les professeurs Michelet, Quinet, et généralement tous les gens honnêtes, bourgeois ou non, reconnaissaient la justice de ce changement ; qu'ils le voulaient, que l'armée le soutenait, et que M. Guizot seul s'obstinait contre tout le monde, pour rester ministre dans les siècles des siècles.

Rien que de parler du ministre Guizot, le père Perrignon devenait tout pâle d'indignation, et naturellement sa colère me gagnait.

Depuis ce moment, toutes mes idées sur la politique étaient plus claires. Quand on parlait de grève, de paix à tout prix, je comprenais ce qu'on voulait dire ; je m'indignais avec les journalistes contre la corruption, et je regardais M. Guizot comme un être sans justice, qui ne pouvait plaire qu'aux Anglais.

Les choses continuèrent de la sorte : le travail, les disputes, de temps en temps un lundi, mes journaux le soir, et puis les souvenirs du pays : « Voici l'automne... voici que les feuilles tombent.... On va se promener au Haut-Barr, on prend des chopes au petit bouchon de Faller, et puis on redescend la côte ; on est heureux.... et moi je suis ici tout seul !.... »

Je revoyais la petite ruelle des Deux-Clefs :

« Depuis que les Dubourg sont partis, que fait-on là-bas ? quelles gens demeurent aujourd'hui dans la vieille maison ? Est-ce un charpentier, est-ce un serrurier, un tourneur ? On n'entend plus le vieux métier du père Antoine. La famille Rivel loge sans doute encore au second ; ils descendent et remontent toujours le vieil escalier... Oui, ils ne sont pas devenus riches, eux... ils n'ont pas abandonné le vieux nid ! »

Et songeant à cela durant de longues heures, je me figurais Annette devenue demoiselle :

« Elle ne te reconnaîtrait plus, me disais-je ; tu ne serais plus pour elle Jean-Pierre. »

Cette pensée m'accablait.

Ah ! je sentais que j'aimais Annette de plus en plus ! et ce M. Breslau, qu'ils avaient pris pour conseil, je pâlissais en pensant à lui.

Enfin, que faire ? le travail de tous les jours, la confiance du père Perrignon, la satisfaction de se dire : « Je gagne ma vie ! » et ces grandes disputes sur les droits du peuple, sur l'honneur de la France, sur la réforme, sur la Révolution, tout cela me faisait oublier un peu mes chagrins, tout cela me montrait un nouveau monde, et souvent je m'écriais en moi-même :

« Nous ne sommes pas seulement ici pour nous seuls, nous sommes ici pour la patrie ! Ceux qui n'ont pas de famille, pas de richesses, pas d'amour... eh bien ! ils ont la patrie ; ils ont quelque chose de plus grand, de plus beau, de plus éternel : ils ont la France ! Qu'elle prenne seule notre vie. Et puisque nous sommes pauvres, qu'elle soit pour nous l'amour, les richesses et la famille ! »

Ces pensées, le soir, seul dans ma chambre, me venaient en foule, et je me faisais à moi-même de semblables discours. Et puis je lisais le journal, je m'indignais de plus en plus contre les égoïstes, qui se figurent que la patrie doit leur combler d'honneurs. Ah ! j'ai souvent pensé depuis que ceux-là ressemblent aux avares, aux usuriers, qui n'aiment qu'en proportion des écus qu'on leur apporte, et qui n'ont jamais connu le véritable amour !

Je me rappelle aussi qu'à la fin de septembre le quartier était devenu bien triste. Tous les étudiants étaient partis, il ne restait plus que les filles, qui maigrissaient, et dont les chapeaux, les petites robes d'indienne, les petits souliers pour la danse, s'en allaient brin à brin, comme les chandelles des prés quand souffle le vent. Elles entraient quelquefois au *caboulot*, bien tristes, bien pâles, et s'asseyaient au bout de la table, en demandant deux sous de bouillon. Elles cassaient leur croûte de pain en silence, les yeux baissés, et mangeaient cela pour se soutenir. Personne d'entre nous ne leur disait rien ; chacun se faisait ses réflexions à lui-même, pensant : « Est-ce la fille d'un ouvrier? Est-ce la fille d'un soldat? Comment devient-on si misérable? Et comment peut-on être assez lâche, assez éhonté, assez scélérat pour entraîner une pauvre fille, quelquefois une enfant à sa perte, et l'abandonner ensuite pour courir les champs et se réjouir avec père et mère, avant de recommencer? Est-ce que cela ne crie pas vengeance? Est-ce que de pareilles choses devraient être permises dans un pays chrétien ? »

Des centaines d'idées pareilles vous passaient par la tête. Devant Dieu, je le dis, les plus grands scélérats ne sont pas ceux qui tuent leur père, car la guillotine est près d'eux, mais ce sont ceux qui séduisent les filles et les abandonnent. Ce ne sont pas seulement des scélérats, ce sont aussi des lâches. S'ils voyaient derrière eux la main du père ou du frère, ils frémiraient. Et je leur dis :

« Vous deviendrez vieux, vous vous confesserez, mais toutes les absolutions du monde ne vous serviront à rien : celles que vous avez assassinées vous attendent ! »

En ce temps, le père Perrignon trouvait plaisir à se trouver avec moi; il me donnait des conseils pour l'ouvrage, il s'inquiétait de tout ce que je faisais, mes idées lui paraissaient justes; et bien souvent je l'accompagnais après le travail jusque dans son quartier, rue Clovis, derrière le Panthéon, pour causer des journaux, des affaires du pays et de tout ce qui nous intéressait. Nous restions là souvent un quart d'heure à sa porte avant de nous séparer. Un soir même que je l'avais reconduit de la sorte, voyant que bien des choses ne pouvaient m'entrer dans la tête, parce que je n'avais jamais lu que le catéchisme et l'histoire sainte, il me dit :

« Écoute, petit, tu vas très-bien, mais il faut absolument que je te prête l'histoire de notre Révolution. C'est là que tu verras d'où viennent nos droits, ce que nous étions avant 89, et ce que les anciens ont fait de nous. Seulement, aie bien soin du livre.

—Soyez tranquille, monsieur Perrignon, lui dis-je, j'ai l'habitude de veiller à ce qu'on me prête. »

Alors nous montâmes ensemble. Il avait deux chambres assez grandes au cinquième sur la rue, une cuisine et un cabinet derrière. En entrant, je vis sa femme et trois enfants : une petite fille de dix à douze ans, un garçon de huit à neuf, et un autre tout petit encore au berceau. Les chambres étaient propres, bien éclairées ; la femme était grande, brune, elle pouvait avoir de trente-cinq à quarante ans; elle avait le nez droit, le front haut, le menton allongé. Cela paraissait une maîtresse femme, pleine de courage et de résolution. Rien qu'à voir la manière dont elle sourit à son mari, je reconnus qu'elle l'aimait bien, et qu'elle le considérait comme le premier homme de France. Elle lavait justement du linge dans un cuveau sur la table, les bras en manches de chemise, nus jusqu'aux coudes. La petite fille, qui ressemblait à sa mère, cousait près d'une fenêtre ; le petit garçon, en veste, et qui ressemblait tellement à Perrignon qu'on l'aurait reconnu dans la rue, écrivait gravement à l'autre bout de la table. L'enfant dans son berceau était rouge et frais; il avait les yeux ouverts et ne criait pas.

M. Perrignon, sans rien dire, commença par ôter son chapeau, et par accrocher sa grande capote brune dans un coin. Ensuite il mit une blouse, et comme sa femme m'avançait une chaise en disant :

« Asseyez-vous, monsieur. »

Il dit :

« C'est un de mes compagnons, Marianne, un brave garçon que j'aime... dans le genre de Roger, tu sais... c'est le même caractère. »

Aussitôt la femme me regarda d'un air curieux et répondit :

« Oui, il lui ressemble. »

Après avoir dit cela, le père Perrignon embrassa sa fille, qui s'était levée et s'appuyait contre lui. Il embrassa le petit garçon, et prit son cahier en me le montrant.

« Regarde ça, Jean-Pierre, fit-il, pendant que ses joues s'animaient, qu'en penses-tu?

—Il écrit déjà bien, monsieur Perrignon.

—Oui, c'est une écriture ferme, c'est net, c'est bien posé, dit-il. Je suis content de toi, Julien. »

J'embrassai le petit, qui paraissait tout fier; et Perrignon, s'avançant vers le berceau, prit son dernier en le levant et l'embrassant, ouvrant la bouche et riant comme un bienheureux.

La mère, qui s'était remise au cuveau, riait de bon cœur, et le petit enfant, tout réjoui, étendant ses petites mains, finit aussi par rire, ce qui mit toute la famille de bonne humeur.

« Tout le monde se porte bien ici, dit alors le père en prenant l'enfant sur son bras. Donne-moi la clef de l'armoire aux livres, Marianne, il faut que je prête à mon compagnon l'*Histoire de la Révolution*. Il aime à lire, c'est ce qu'il faut dans notre temps. Il faut que chacun comprenne ses droits et ses devoirs. »

La femme lui donna la clef; il ouvrit une

armoire remplie de livres de haut en bas, il en prit un et me le remit en disant :

« Lis-moi cela... c'est le livre du peuple français. Tu verras le commencement de la Révolution ; le commencement, car elle n'est pas finie, elle continuera jusqu'à ce que nous ayons la liberté, l'égalité et la fraternité. Beaucoup de chapitres manquent, mais, si nous ne pouvons pas les écrire, ces gaillards-là viendront après nous. »

Il montrait son garçon à table, et lui passait la main dans les cheveux.

« N'est-ce pas, Julien ?
— Oui, mon père, dit l'enfant.
— A la bonne heure ! »

Et, riant tout haut en me regardant :

« Ceux qui veulent arrêter la justice, dit-il, ne sont pas au bout de leurs peines ; s'ils pouvaient nous donner des enfants, cela pourrait réussir, mais nous les faisons nous-mêmes et nous les élevons dans nos idées. Regarde ! tout cela, c'est pour aider la Révolution ; c'est du bon grain, cela pousse pour réclamer des droits et remplir des devoirs. Nous sommes des milliers comme cela. Tout marche, tout grandit ; ce qu'on fauche ne vaut pas la peine d'en parler. On nous avait abrutis pour nous conduire et nous opposer les uns aux autres ; mais ces temps-là sont passés, la lumière descend partout. Quoi qu'on fasse, l'avenir est aux peuples. On met l'éteignoir sur une chandelle, on ne peut pas le mettre sur le soleil. »

Voilà ce qu'il me dit. Sa femme et ses enfants l'écoutaient d'un air de vénération. Je dis alors que j'étais pressé de lire le livre.

« Ne te dépêche pas trop de me le rendre, fit-il, je n'en ai pas besoin, je le sais par cœur. Seulement, crains de le perdre. »

Il me reconduisit sur l'escalier ; je saluai sa femme, et nous descendîmes encore ensemble trois ou quatre marches. Ensuite, m'ayant serré la main, il rentra dans la chambre, et je descendis, pensant que j'avais vu l'homme le plus heureux du monde, et me figurant que j'aurais été comme lui, sans l'héritage des Dubourg.

Cette nuit-là jusque passé minuit, je lus le livre que m'avait prêté M. Perrignon. Je ne savais pour ainsi dire rien de notre Révolution, j'avais seulement entendu maudire Robespierre à Saverne, et dire qu'il guillotinait les gens comme des mouches.

Mais toutes les grandes actions, toutes les belles lois, toutes les victoires de ces temps, personne ne m'en avait parlé. Je ne savais pas seulement que mon grand-père et tous ceux dont je venais avaient appartenu à des seigneurs qui les traitaient comme des bêtes, et non-seulement eux, mais toute la France.

J'ignorais ces choses ! Je ne savais pas non plus que la Révolution nous avait délivrés d'un coup, en chassant les autres, qui même étaient allés se mettre avec les Autrichiens, les Anglais et les Russes, pour attaquer la patrie ; de sorte que si nos anciens n'avaient pas montré plus de courage et plus de génie qu'eux, s'ils ne les avaient pas battus pendant vingt ans, nous serions encore les animaux de ces gens-là.

Non ! de tout cela je ne savais pas un mot, et de temps en temps je m'écriais en moi-même :

« Comment ne nous a-t-on jamais rien appris de notre propre histoire ? Qu'est-ce que me faisait le roi David, ou le prophète Jonas, à côté de cette histoire ? »

J'étais indigné de voir qu'on m'avait tenu dans une pareille ignorance. Je me disais : « Il est clair qu'on veut tous nous abrutir, en nous faisant croire que nous sommes responsables de ce qu'Adam a mangé des pommes, au lieu de nous parler de nos droits et de nous apprendre à aimer et à respecter nos anciens, qui ont fait toutes ces grandes choses dont nous jouissons maintenant : — oui, c'est clair, et c'est abominable !

XVII

C'est pendant ce mois de septembre, cinq semaines après le départ d'Emmanuel, que j'eus le mal du pays. Je me sentais dépérir. La nuit et le jour je ne revoyais plus Saverne, la côte, les bois de sapins, la rivière, les ombres du soir ; je sentais l'odeur des forêts, j'entendais les hautes grives s'appeler, puis le métier du père Antoine, les sabots de la mère Balais, les éclats de rire d'Annette ; tout, tout me paraissait beau, tout m'attendrissait :

« Ah ! mon Dieu ! si je pouvais seulement un peu respirer là-bas !... Ah ! si je pouvais seulement embrasser la mère Balais et boire une bonne gorgée d'eau de la fontaine. Comme elle serait fraîche... comme je reviendrais ! Ah ! je ne reverrai plus le bon temps ! je ne chanterai plus en rabotant avec le Picard, je ne reverrai plus le père Nivoi, je n'entendrai plus les servantes crier autour des auges, et les vaches galoper la queue toute droite, les jambes en l'air... C'est fini... c'est ici qu'il faut que je laisse mes os. »

Voilà cette maladie terrible. Je tombais ensemble, et le père Perrignon avait beau me crier :

« Allons, courage, Jean-Pierre. Que diable ! nous sommes à Paris, nous sommes dans les idées jusqu'au cou... Qu'est-ce que nous fait le reste ? J'ai connu ça dans le temps... Oui, c'est dur... mais avec du courage on surmonte le chagrin. »

Il avait beau me prendre la main, le bourdonnement de la rivière sous les vieux saules m'appelait... J'aurais voulu partir. Et dans ces temps, en le reconduisant jusqu'à sa porte, rue Clovis, quand il montait et que je restais seul, au lieu de retourner au quartier Latin, je suivais ma route, j'arrivais à la rue Contrescarpe, tout au haut de la butte : une rue déserte, abandonnée, avec quelques vieilles enseignes, de l'herbe entre les pavés et le gros dôme du Panthéon derrière, tout gris.

Je regardais en passant ces gens minables, les souliers éculés, assis sur les marches; ces femmes jaunes, ces enfants maigres, tous ces êtres sales, déguenillés; leurs petites vitres raccommodées avec du papier, et derrière les vitres des images du temps de la République ou de Louis XVI. Dieu sait qui les avait collées là, ces images; les années avaient passé dessus. On y voyait les chapeaux à cornes, les perruques, les habits vert perroquet, les gilets à fleurs tombant sur les cuisses, les cravates montant jusque sous le nez. C'était vieux, vieux ! et tout restait dans le même état.

Je regardais cela, comme Joseph d'Arimathie regardait au fond du sépulcre vide.

Au bas de la vieille rue en pente, où pas une voiture ne passait, à droite d'une mairie, à gauche d'une fontaine toute neuve et blanche, la fontaine Cuvier, avec le lion où s'appuie une femme nue, l'aigle en l'air qui s'envole un mouton dans les griffes, et au-dessous tous les animaux de la création; entre ces deux bâtisses, je voyais un mur couvert de lierre.... Oh ! le beau lierre.... comme il vivait et s'étendait ! — C'était le Jardin des Plantes.

Un peu sur la gauche du mur s'ouvrait une belle porte grillée, une sentinelle auprès. Là commençait l'allée en escargot bien sablée, tournant entre les plantes rares, les tulipes roses, — une fontaine en bénitier, pleine d'eau tranquille, à l'entrée ; — et sur la butte, en l'air, par-dessus le vieux cèdre du Liban, large, plat et fort comme un chêne, se dressait le pavillon, parmi de vieilles roches représentant des bois pourris, des coquillages, des plantes, que l'invalide vous expliquait venir du déluge.

Bien souvent, de loin, avant d'oser entrer, j'avais examiné ces choses, pensant que c'était le jardin de quelque richard ou d'un prince; mais le passage continuel des vieilles femmes, leur cabas sous le coude, des ouvriers, des enfants, des soldats, m'avait enfin appris qu'on pouvait passer, et j'étais entré comme tout le monde.

Voilà l'un de mes plus beaux moments à Paris. Au moins là tout n'était pas des pierres, au moins ces plantes vivaient. Ah ! c'est quelque chose de voir la vie ! Oui, j'en étais content, tellement content, que l'attendrissement me gagnait, et que je m'assis sur un banc à l'intérieur pour regarder, respirer et presque fondre en larmes. Depuis trois mois je n'avais pas vu d'autre verdure que les grandes allées en murailles des Tuileries, je ne savais pas ce qui me manquait, alors je le compris et je me promis bien de revenir. Ah ! s'il était tombé seulement un peu de rosée, cela m'aurait fait encore plus de bien; mais il ne tombe pas de rosée à Paris; tout est sec en été, tout est boueux en hiver.

La cage des serpents, derrière une file de vitres grises; le vieil éléphant, derrière ses hautes palissades; la girafe avec sa tête de cheval au bout d'un cou de cigogne, et qui broute les feuilles sur des arbres de vingt pieds; les bâtisses rondes en briques rouges; les oiseaux de la Chine et d'ailleurs qui ressemblent à nos poules, à nos oies, à nos canards; les aigles qui crient, en regardant à travers leurs barreaux les pigeons dans les nues, et qui veulent tout à coup s'envoler; les vautours qui perdent leurs plumes et laissent pendre la tête au bout de leur long cou, nu comme un ver; les singes qui sautent et font des grimaces; les ours dans leurs fosses, qui se roulent sur le pavé brûlant et regardent en louchant ceux qui leur jettent du pain; les tigres, les lions qui bâillent; les hyènes, des espèces de cochons avec des têtes de chauves-souris, qui répandent une odeur très-mauvaise, tout cela, pour moi, c'était de la vieillerie, comme ces carcasses de baleines et d'animaux d'avant le déluge, qui sont enfermées, avec des étiquettes, dans une grande bâtisse bien propre, et qui ressemblent à des poutres vermoulues. Je les regardais bien, mais j'aimais mieux la verdure, et rien qu'un épervier dans la montagne, quand il passe d'une roche à l'autre en jetant son cri sauvage, rien qu'un bœuf qui fume à la charrue, ou un chien de berger qui rassemble le troupeau, me paraissait mille fois plus beau que ces aigles, ces hyènes et ces lions décrépits.

C'est après avoir traversé la grande allée de tilleuls et de hêtres au milieu, — près des magnifiques baraques en verre où les plantes d'Amérique collent leurs grandes feuilles desséchées aux vitres, — c'est de l'autre côté, sur les quais, en suivant ces immenses entrepôts où les tonnes de vin et d'eau-de-vie, les ballots et les caisses sont entassés jusqu'aux toits pendant une lieue ; où les bateaux descendent la Seine et déchargent leurs marchandises et leurs provisions de toutes sortes sur les pavés en pente, derrière les tours de Notre-Dame, près de l'Hôtel-de-Ville, c'est là que la vie me revenait avec ces grandes histoires de la Révolution, où les gens, au lieu de croupir et de moisir comme ces animaux d'Asie et d'Afrique dans des cages, voulaient être libres et faire de grandes choses. Oui, c'est en face de l'Hôtel-de-Ville, cette large et sombre bâtisse couverte d'ardoises, ses deux pavillons sur les côtés, sa haute porte en voûte, au milieu, où monte le grand escalier jusqu'à l'intérieur, ses grandes fenêtres et ses niches, où les vieux juges, tous les braves gens des anciens temps, ont leur statue, c'est là que je me rappelais la terrible Commune : ces hommes de la Révolution, avec leurs habits à larges parements, leurs perruques, leurs tricornes, qui balayaient le pays avec leurs décrets, qui déclaraient qu'on gagnerait tant de victoires en Hollande, tant en Prusse, tant en Italie, ainsi de suite, — ce qui ne manquait pas d'arriver, — et qui se soutenaient avec vingt départements contre tout le reste de la France et de l'Europe, en nommant des soldats généraux et des généraux soldats, pour le service de la patrie ! Oui, j'étais dans l'admiration en regardant cette bâtisse, où s'étaient accomplies si grandes choses ; je comprenais mieux l'histoire que m'avait prêtée le vieux Perrignon, je me représentais ces révolutionnaires, et je pensais : « C'étaient d'autres hommes que nous ! Depuis des années et des années nous serons tous en poussière, on ne saura pas même que nous avons existé, et d'eux on parlera toujours, ils seront toujours vivants ! »

J'étais un soir à cet endroit, à l'entrée du pont, rêvant à tout cela, lorsqu'un grand canonnier roux me tapa sur l'épaule, en disant :

« Qu'est-ce que tu fais donc là, Jean-Pierre ? »

Je regardai tout surpris, et je reconnus Materne le cadet, celui qui s'appelait François. Nous n'avions jamais été bien amis ensemble, et plus d'une fois nous nous étions roulés à terre ; mais en le voyant là, je fus tout joyeux et je lui dis :

« C'est toi, François ? Ah ! je suis bien content de te voir. »

Je lui serrais la main. J'aurais voulu l'embrasser.

« Qu'est-ce que tu fais donc à Paris ? me demanda-t-il.

— Je suis ouvrier menuisier

— Ah ! moi, je suis dans les canonniers à Vincennes. Qu'est-ce que tu payes ?

— Ce que tu voudras, Frantz. »

Et lui, me prenant aussitôt par le bras, s'écria :

« Nous avons toujours été camarades ! Arrive... je connais un bon endroit... Regarde... c'est ici. »

C'était à quatre pas, et je pense que tous les endroits étaient bons pour lui, quand un autre payait. Enfin, n'importe ! il décrocha son sabre, le mit sur le banc en treillis, à la porte du cabaret, et nous nous assîmes devant une petite table dehors.

Les gens allaient et venaient. Je fis apporter une bouteille de bière, mais Frantz voulut avoir de l'eau-de-vie ; il dit à la femme :

« Laissez le carafon ! — Ah ! tu es ouvrier, Jean-Pierre, et où ça ?

— Rue de la Harpe, mais je demeure rue des Mathurins-Saint-Jacques.

— Bon... bon... A ta santé ! »

Je lui demandai s'il avait des nouvelles du pays ; mais il se moquait bien du pays et disait :

« C'est un trou... ça ne vaut pas seulement la peine qu'on en parle...

— Mais ton père et ta mère ?

— Je pense qu'ils sont encore vivants. Depuis deux ans je n'ai pas eu de lettre d'eux.

— Et toi, tu ne leur as pas écrit ?

— Si, je leur ai demandé deux ou trois fois de l'argent ; ils ne me répondent jamais... ça fait que je me moque d'eux. — A ta santé, Jean-Pierre ! »

Il finissait toujours par là : « A ta santé, Jean-Pierre ! »

Une chose qui me revient, c'est que je lui parlai de la réforme et qu'il me dit :

« Oui, c'est de la politique, et ceux qui se mêlent de politique, gare à eux ! Tu sauras que chez les armuriers tous les fusils sont démontés ; il manque aux uns la batterie, aux autres la cheminée ; de sorte que ceux qui voudront faire de la politique, s'ils pillent les fusils, ne pourront pas tirer. Le sergent m'a dit ça ! Il m'a aussi raconté qu'on mêle dans le nombre de ceux qui veulent faire de la politique, des gaillards solides, bien habillés, comme des propriétaires, — qui passent même pour les plus enragés, — et qui portent de gros bâtons plombés avec lesquels ils assomment leurs camarades. Ces gens se reconnaissent tous par des signes. Ils arrêtent les autres et se mettent toujours trois ou quatre contre un. Avec ça, la troupe arrive et balaye le restant de la canaille. Ainsi, ne te laisse pas entraîner dans la politique. C'est un bon camarade qui te prévient... Prends garde !

—Je te crois, lui dis-je, et je n'ai pas envie de m'en mêler. »

Comme alors le carafon était vide, Materne se rappela qu'il devait répondre à l'appel et que Vincennes était à plus d'une lieue. Il se leva, boucla son ceinturon; je lui serrai la main, et, pendant qu'il s'éloignait en traversant le pont, je payai l'eau-de-vie et la bière. Ensuite, je rentrai bien content de l'avoir vu, mais tout de même étonné de ce qu'il m'avait dit sur les gueux chargés d'assommer leurs camarades.

Je pensais :

« Si M. Guizot voulait la justice, il n'aurait pas besoin de tout cela; tous les honnêtes gens seraient avec lui. Mais quand on refuse des demandes justes, on vit toujours dans la crainte et l'on est forcé de se reposer sur des bandits. »

XIX

La rencontre de Materne m'avait fait plaisir dans le moment; mais qu'est-ce qu'un être pareil? un homme qui ne pense qu'à boire et à manger, et qui vous dit que l'endroit où vous avez passé votre jeunesse est un trou, que ce n'est pas la peine d'en parler?

En songeant à cela, l'indignation vous gagne; des camarades de cette espèce ne sont pas faits pour vous remonter le cœur, au contraire. Je souhaitais de ne plus le revoir, et ma tristesse augmentait de jour en jour, les idées de retourner au pays reprenaient le dessus; l'eau de Paris, la nourriture, l'ombre des maisons me minaient.

Souvent je m'écriais :

« C'est ici qu'il faudra laisser les os ! Dans un endroit où tu seras mêlé parmi des milliers d'autres que tu ne connais pas, et dans un cimetière où l'on ne trouve pas de verdure.... Quelle chose terrible !... »

Le soir, je me figurais aussi dans mes rêves que la mère Balais était malade, qu'elle avait besoin de moi, qu'elle m'appelait, et je m'éveillais dans l'épouvante. Vers ce temps, j'écrivis ma désolation là-bas, demandant à la brave femme de ses nouvelles, et lui criant : « Si vous n'êtes pas morte, écrivez-moi, car cela ne peut pas durer. J'aimerais mieux tout abandonner pour venir à votre secours. Dites-moi seulement que vous n'êtes pas malade ! »

Quatre jours après je reçus sa réponse, que je garde encore, parce que ces vieux papiers font toujours plaisir à relire. C'est comme si l'on revivait une seconde fois. Voici cette lettre :

« Mon cher Jean-Pierre, je me porte très-bien. Depuis que je te sais dans une bonne place, le reste m'est égal. Qu'on soit à Paris, à Dresde, à Madrid ou à Saint-Jean-des-Choux, ça revient au même, pourvu qu'on ne manque de rien. Il ne faut pas se faire des idées. J'ai vu des cent et des mille conscrits dépérir parce qu'ils se faisaient des idées. S'ils avaient tranquillement emboîté le pas, s'ils avaient mangé leur ration, ils n'auraient pas attrapé les fièvres, ils seraient tous restés frais et bien portants. C'est toujours ceux qui ne pensent à rien qui se portent le mieux. Pense toujours que tout va bien, et tu seras content : le contentement, c'est la santé.

« Si j'étais malade ou si j'avais besoin de quelque chose, je t'écrirais tout de suite; mais je n'ai jamais été mieux portante, principalement depuis que ton camarade Emmanuel est venu me voir. Il est monté jusqu'à mon troisième, pour me raconter comme tu travailles, et comme vous courez la ville ensemble. C'est un brave et beau garçon, et même il a voulu m'embrasser pour toi. Je suis bien vieille maintenant, mais dans un temps on avait aussi son prix. Enfin, ça m'a fait plaisir de voir le bon sens de ce jeune homme. Restez toujours amis ensemble. Tu n'auras jamais de meilleure société, Jean-Pierre. Emmanuel retourne à Paris bientôt, il te racontera le reste. En attendant, figure-toi que ta bonne vieille mère Balais n'a pas envie du tout de mourir, et qu'elle espère se trouver encore avec toi des années et des années.

« Je voudrais bien t'en dire plus, mais je n'aime pas garder mes lunettes trop longtemps; ça gâte la vue. Voilà pourquoi je t'embrasse cent fois pour finir, Jean-Pierre, en te souhaitant d'avoir aussi bonne confiance que moi.

« Ta bonne mère, Marie-Anne Balais. »

Cette lettre me mit en quelque sorte du baume dans le sang; je repris courage et je me considérai moi-même comme un fou de me désoler sans raison. Mais il devait m'arriver encore d'autres nouvelles moins agréables.

L'automne alors tirait à sa fin. Les vieilles rues se remplissaient encore une fois d'étudiants. Ils arrivaient tout remplumés, et les filles se remplumaient aussi; elles se remettaient à danser, à crier, à rire. Par toutes les

Par-dessus le vieux cèdre du Liban se dressait le pavillon. (Page 69.)

fenêtres des garnis, rue de la Harpe, rue des Mathurins-Saint-Jacques, rue de l'École-de-Médecine et des environs, ou n'entendait que chanter « *Lariflal!* »

Souvent je me demandais :

« Est-ce qu'Emmanuel ne va pas revenir? Est-ce qu'il n'est pas ici? »

Je regardais en passant les figures, et je commençais à m'inquiéter, quand un soir, en rentrant de l'ouvrage, M. Trubère, le portier, me cria :

« Quelque chose pour vous. »

Il me remit un billet d'Emmanuel : « Je suis de retour dans mon ancien logement. Arrive! »

Aussitôt je courus rue des Grès, n° 7. En quelques minutes j'y étais. Je grimpai l'escalier et j'ouvris la porte. Emmanuel, en robe de chambre, avait déjà fini de ranger ses effets dans la commode; il fumait sa pipe auprès d'une bonne canette.

« Hé! Jean-Pierre! » s'écria-t-il.

Nous nous entourions de nos bras. Quel bonheur d'embrasser un vieux camarade!

« Allons... allons... disait-il, c'est bien... prends un verre et fumons une pipe, que je te raconte ce qui se passe chez nous.

—Alors on va bien?

—Oui.

—La mère Balais?

—On ne peut mieux.

—Les Dubourg?

—Ça va sans dire, avec un pareil héritage! Mais toi, je te trouve un peu pâle; tu n'as pas été malade?

— Hé ! c'est Jean-Pierre ! (Page 78.)

—Non, Dieu merci. Mais je me suis terriblement ennuyé : l'idée du pays, de l'automne, du bon temps, des feuilles de vigne toutes rouges sur la côte, tu comprends?

—Oui, je connais ça. Que veux-tu, mon pauvre Jean-Pierre! de ne plus voir le ciel, c'est une habitude à prendre. Mais pour en revenir à Saverne, tu sauras que toute la ville est dans l'admiration des Dubourg. Ils ont acheté une grande maison sur la place, leurs meubles viennent de Strasbourg, et madame Madeleine, avec des falbalas, se promène dans l'avenue du Château. »

Il souriait. J'avais aussi l'air de sourire, mais ces folies me chagrinaient.

« Et le père Antoine? lui dis-je.

—Lui, c'est toujours le même brave homme.

Seulement, il a une bonne capote en castorine et un large feutre noir. Il se promène aussi sur la place, mais simplement, naturellement, sans façons; il est avec les vieux rentiers, les officiers en retraite. C'est là que je l'ai vu. Tu ne peux pas te figurer le plaisir qu'il avait de m'entendre parler de toi. « Ah! je suis content de ce que vous me dites, monsieur Emmanuel! s'écriait-il. J'aime Jean-Pierre, c'est un homme de cœur. » — Ainsi de suite. Il voulait m'inviter à dîner avec eux, mais les grandes manières de madame Madeleine m'auraient gêné.

—Oui, lui dis-je, tout cela, je le savais d'avance; madame Madeleine manque de bon sens; mais j'espère bien qu'Annette n'est pas comme elle.

—Non, sans doute, répondit-il, ce qui ne va pas à une femme de quarante-cinq ans peut très-bien aller à une jeune fille de dix-sept. Annette est jolie, elle est rose, bien faite; elle a de belles dents, de beaux yeux bleus, une taille bien prise; tout cela fait que les falbalas lui vont bien. Quoique, entre nous, Jean-Pierre, un peu plus de simplicité, de modestie, irait encore mieux.

—Elle est jolie?

—Très-jolie! s'écria-t-il. Et comme la dot promet aussi d'être jolie, la maison ne désemplit pas de visiteurs. Leur garçon a bien de l'ouvrage pour cirer l'escalier.

—Ils ont un garçon qui cire l'escalier?

—Parbleu! je crois bien! »

Emmanuel voyait le mauvais effet que tout cela faisait sur moi. Mais je voulais tout savoir. Il vaudrait mille fois mieux être sourd, que de se faire raconter des histoires pareilles. Malheureusement, quand une fois on commence, il faut aller jusqu'au bout.

« Et qu'est-ce qui va donc les visiter? lui demandai-je.

—Hé! c'est tout simple, Jean-Pierre, ceux qui voudraient avoir la dot et la fille, toute la jeunesse du beau monde : les clercs d'avoué, de notaire, les jeunes avocats sans cause. Je pourrais t'en nommer plus de vingt. On met son habit noir, sa cravate blanche et ses gants; on se donne des airs graves. Et puis on dîne. M. Hesse, l'organiste, se met au piano. On chante des duos, les trois grandes fenêtres ouvertes sur la place, où les gens s'arrêtent le nez en l'air. »

Emmanuel me racontait cela comme la première histoire venue, en vidant sa chope et bourrant sa pipe. Il regardait aussi par les fenêtres ses camarades qui passaient dans la rue; puis il revenait s'asseoir, sans se douter de rien, en me disant :

« Allons, bois donc. Si nous avons le temps ce soir, Jean-Pierre, nous irons à l'Odéon. J'ai vu l'affiche : représentation extraordinaire. »

Moi, je sentais comme de petits coups de vent me passer sur les joues.

« Voilà ce que c'est de sortir par hasard d'une position gênée, fit-il, et d'arriver dans un monde qu'on ne connaît pas. Ces braves gens sont les dupes de tous les pique-assiettes du pays; des gaillards qui voudraient avoir la dot et la fille. Je ne t'en aurais pas parlé; mais naturellement on s'intéresse aux gens qu'on a connus dès l'enfance. »

J'étais penché sur ma chaise, les yeux à terre; j'aurais voulu répondre, mais je sentais comme un enrouement. Malgré cela je dis :

« Oui, cela me fait de la peine.

—Sans doute, Jean-Pierre, c'est malheureux; je crains même que la mauvaise race ne réussisse.

—Ah! tu crois qu'un de ces gueux pourrait réussir?

—Cela ne peut pas manquer. Il est même déjà question des succès de M. Breslau, un homme superbe, grand, frisé, grave, avec un collier de barbe, une large moustache brune; enfin ce qu'on peut appeler un bel homme. »

Alors je ne pus m'empêcher de dire :

« Canaille! »

Emmanuel me regarda tout surpris.

« C'est plutôt un imbécile, dit-il.

—Oui, un imbécile, un gueux, un gredin! »

Je ne pouvais plus me contenir, et je dis encore :

« Mais cela ne nous regarde pas! Si madame Madeleine est assez bête, et M. Dubourg assez faible pour souffrir chez eux des écornifleurs pareils, c'est leur affaire. Moi, je m'en moque. Seulement cette pauvre petite Annette, je la plains... Elle n'est pas cause si sa mère est à moitié folle.

—Ah! elle n'est pas tant à plaindre que tu crois, dit-il; ces visites, ces compliments, ces beaux messieurs qui se courbent devant elle en l'appelant charmante, en lui demandant la grâce de danser avec elle la six ou septième contredanse, tout cela, Jean-Pierre, ne l'ennuie pas beaucoup. Et quand le beau M. Breslau arrive bien frisé, bien pommadé, bien cravaté, bien sanglé, mademoiselle Annette n'a pas l'air bien malheureux.

—Tu l'as vu?

—Non, mais c'est le bruit de la ville. »

J'aurais voulu casser quelque chose. Jamais je n'ai fait d'efforts pareils pour me contenir; mais cela ne pouvait pas durer. Je me levai tout à coup en disant :

« C'est bon... J'étais venu seulement en passant ce soir...

—Mais où vas-tu?

—Je vais chez M. Perrignon, mon chef d'atelier. Il m'a prêté un livre sur la Révolution; il faut que je lui rende son livre.

—Ah! tu as lu l'histoire de la Révolution, Jean-Pierre; et qu'est-ce que tu penses de tout cela?

—C'est magnifique.

—Oui, Danton, Vergniaud, Hoche, Kléber, Marceau!... Allons, nous sommes d'accord. Tant mieux! Mais vide donc ton verre!

—Merci, c'est assez. »

J'aurais voulu me sauver; mes joues trem-

blaient, et je crois qu'en ce moment Emmanuel se douta de quelque chose, car il dit :
« Eh bien ! va, demain ou après nous causerons... nous nous reverrons. »
Il m'éclairait avec sa bougie sur l'escalier. Je lui serrai la main en répondant :
« Oui... nous nous reverrons. »
Je ne voyais plus clair et je descendis l'escalier en dégringolant. Une fois dehors, le grand air m'excita pour ainsi dire encore plus. Je courais, je passais sur les trottoirs en écartant les gens comme un fou. Deux ou trois fois il me sembla même avoir entendu des personnes me crier : « Prenez donc garde ! » mais je n'en suis pas sûr. Tout défilait devant mes yeux comme un rêve : les becs de gaz, les voitures qui roulaient, les boutiques, les coins de rue où l'on criait : « Gare ! » Mon idée la plus claire était :
« Tu vas partir pour Saverne, tu tomberas sur Breslau, tu l'étrangleras ; on t'assommera, mais c'est égal, tant mieux, ce sera fini ! »
Ensuite, je voyais la figure du père Antoine, celle de M. Nivoi, de la mère Balais, et je pensais :
« Qu'est-ce qu'ils diront ? »
Cela me troublait. Mais j'en voulais terriblement à madame Madeleine, que je considérais comme la principale cause de tout, par sa bêtise et sa vanité. Je l'avais en horreur !
Ce n'est que bien loin, après avoir passé par la rue Copeau, par le Jardin des Plantes et par le pont en face, que je me trouvai place de la Bastille, près de la colonne, où le marchand de coco faisait résonner ses timbales. Le monde m'entourait. Alors, les genoux tremblants, j'allai m'asseoir sous la tente d'un café, en demandant de la bière, et là, les jambes croisées, je me mis à regarder la foule qui se croisait, criait, montait en omnibus, les voitures par douzaines qui passaient, les cochers en l'air qui s'injuriaient.
J'étais comme au milieu d'un songe. Une diligence qui retournait au pays me réveilla ; je me dis en moi-même :
« Ah ! si j'étais là-haut !... après-demain je serais à Saverne, et malheur à Breslau, malheur ! »
Je me levai, je payai et je partis sans avoir bu ma bière.
Je traversai à la nuit noire la place de l'Hôtel-de-Ville. Plus loin, les grandes ombres des tours Notre-Dame, du pont et des vieilles maisons remplissaient la rivière creuse, qui clapotait et brillait au-dessous. Les terribles histoires de la Révolution me revinrent, et je pensai :
« Combien la vieille rivière a déjà porté de morts ! des gueux et des braves gens... Maintenant, ils dorment !... Mais ceux qui se tuent sont des lâches... ils ont peur de souffrir ! »
Quelques minutes après, je tirais le cordon, la porte s'ouvrait, et je grimpais dans ma chambre.

XX

Depuis ce moment, de temps en temps, l'idée me revenait encore d'aller à Saverne et d'assommer M. Breslau ; mais je me répétais chaque fois :
« A quoi cela servirait-il ? A te faire prendre par les gendarmes et à désoler la mère Balais. Toute la ville te mépriserait ; madame Madeleine te regarderait d'un air d'indignation ; mademoiselle Annette, en te voyant, détournerait la tête, le père Antoine s'écrierait : « Jamais je n'aurais cru ça de lui ! » M. Nivoi, le père Vassereau, le capitaine Florentin, madame Frentzel, enfin, tous les braves gens du pays seraient forcés de te donner tort. Reste tranquille, Jean-Pierre ! »
Naturellement ces idées ne me réjouissaient pas beaucoup ; mais quand on n'est pas le plus fort, on finit tout de même par se faire une raison.
L'hiver approchait : les Savoyards, en grosses vestes rapiécées aux coudes et pantalons de toile, le bonnet de laine crasseux tiré dans la nuque, la figure et les mains noires, sous la porte des marchands de vin, près de leurs réchauds en tôle, commençaient à vendre des marrons ; les joueurs d'orgue arrivaient aussi, le Prado s'ouvrait ; des files d'étudiants, leur cahier sous le bras, le dos rond, le col relevé, les mains dans les poches, couraient à leurs écoles ; les petites averses froides et les nuages gris annonçaient l'hiver.
Ah ! l'hiver n'arrive pas à Paris avec des sacs de pommes de terre et des fagots ! Ceux des villages croient connaître l'hiver, ils disent : « Des pommes de terre à l'eau !... toujours des pommes de terre ! » Mais s'ils étaient forcés de dire : « Pas de pommes de terre ! » ce serait encore autre chose.
Enfin j'avais de l'ouvrage, et le soir en rentrant me coucher, je trouvais ma bonne couverture. Quand on vient de passer dans la nuit pluvieuse, près de cinq ou six mendiants, de femmes à demi nues, leurs petits enfants dans les bras, ou de vieux tout grelottants, assis sous le réverbère qui tremblote, une couverture chaude vous paraît bonne.

On ne pense pas :

« Les autres ont des lits de plume, les autres ont de bons tapis, les autres ont de la musique et des festins jusqu'à minuit, les autres dansent au Prado et boivent du punch en attendant le carnaval ! »

On pense :

« Beaucoup d'autres, qui me valent, n'ont que le pavé pour reposer leur tête et les nuages gris pour s'abriter ! »

On pense aussi :

« Supposons que tu sois marié, par malheur, et que l'ouvrage manque, qu'est-ce que deviendraient ta femme et tes enfants ? Et dans la vieillesse, qu'est-ce que tu deviendras toi-même ? »

Ces idées apprennent aux ouvriers de Paris à réfléchir; au lieu de vivre sur leur propre cave, comme les paysans, ils s'inquiètent les uns des autres; en s'inquiétant des autres, ils s'inquiètent pour eux-mêmes; et je me rappelle que dans ce temps ils avaient déjà des idées de s'associer. Ces idées sont devenues plus fortes de jour en jour. Moi, malgré tout ce qu'on dit contre, je trouve ces idées justes. Quels êtres assez barbares pourraient dire à leurs semblables.

« Vous travaillerez toute votre vie, et puis vous mourrez dans la misère. Nous ne voulons pas que vous vous aidiez ! »

Ce serait abominable, et pourtant il se trouve des égoïstes pareils ! Tout ce que je leur souhaite, c'est que Dieu les prenne en grâce.

Pendant ce temps, le travail continuait et les disputes du *caboulot* allaient leur train; elles devenaient même tellement fortes, que les journalistes et les peintres avaient l'air quelquefois de se prendre aux cheveux. Ils ne parlaient alors que des banquets réformistes : c'étaient des banquets où les députés de l'opposition faisaient des discours, en laissant les fenêtres ouvertes pour être entendus de tout le monde.

Montgaillard lisait ces discours, — qui revenaient de Dijon, de Châlons, de Lille, de Mâcon, — tellement beaux, tellement justes, que j'en avais les larmes aux yeux. Je pensais :

« Voilà des gens qui parlent bien, qui disent ce que tout le monde sait. Maintenant M. Guizot verra clair; il reconnaîtra lui-même ses torts, et, mon Dieu ! nous lui pardonnerons, pourvu qu'il promette de ne plus recommencer. A tout péché miséricorde ! »

Je n'en voulais pas à cet homme, mais d'autres ne pouvaient plus entendre parler de lui sans devenir furieux. Montgaillard tenait pour Ledru-Rollin, Coubé pour Lamartine, d'autres pour Odilon Barrot et pour Duvergier. Moi je trouvais tout très-bien; j'aurais été bien embarrassé de faire une différence entre eux.

En sortant du *caboulot*, il m'arrivait quelquefois de demander à M. Perrignon lequel lui plaisait le mieux, mais il me répondait toujours :

« Les hommes ne font rien à la chose; nous avons le malheur en France de nous attacher aux hommes, qui finissent tous par croire qu'on ne peut plus se passer d'eux. Combien j'en ai vu de cette espèce depuis trente ans ! Eh bien ! tous sont partis, et la nation est toujours là, qui ne s'en porte pas plus mal. C'est pourquoi, Jean-Pierre, il faut s'attacher aux idées. Odilon Barrot demande l'adjonction des capacités, Ledru-Rollin demande le suffrage universel. Si le peuple était instruit, le suffrage universel serait très-bon ; mais dans ce moment où le quart de la nation ne sait pas lire, l'adjonction des capacités me paraît meilleure.

« Guizot et Louis-Philippe ne veulent dans leur Chambre que l'esprit de gain et d'avarice, qu'ils appellent l'esprit d'ordre, de conservation ; ils repoussent l'esprit d'honneur, de justice et de liberté, qui fait pourtant seul les grandes choses : ils repoussent l'adjonction des capacités.

« Odilon Barrot et Duvergier ne demandent que cela pour le moment; je leur donne raison. Il faut d'abord instruire le peuple, et quand il est instruit, lui demander son avis.

« L'opinion d'un aveugle sur les couleurs ne signifie rien, et ce serait même se moquer de son infirmité, que de lui demander sa manière de voir sur un tableau; ce serait se moquer de tout le monde, que de déclarer ensuite qu'il juge bien, qu'il voit seul clair et que les autres sont aveugles. Mais les grandes injustices produisent des contre-coups pareils; en se repoussant, tantôt les uns, tantôt les autres dépassent le but. C'est dans la justice qu'il faut rester ! »

Il me disait cela simplement, mais les autres camarades voulaient le suffrage universel, et Quentin s'écriait :

« Les hommes sont égaux, ils doivent tout mettre en commun, à commencer par les idées. Quand le vote de l'un ne vaudra pas plus que celui de l'autre, alors ceux qui n'ont rien ou pas grand'chose voteront qu'il faut tout rapporter à la masse. Ce sera la révolution pacifique, et l'on partagera tous par portions égales. »

Lorsqu'il parlait, je trouvais aussi son idée très belle ; mais un jour qu'il disait ces choses au *caboulot*, le père Perrignon, qui souriait d'un air triste, lui répondit :

« Tu raisonnes bien, Quentin, tu fais des progrès ! Oui, c'est juste, tous les hommes sont égaux ; il n'y a plus de fainéants, de voleurs, d'imbéciles ; plus de lâches, plus d'envieux. Et puisque nous sommes tous bons travailleurs, d'abord les salaires doivent être égaux. Ensuite, puisque nous sommes tous honnêtes, tous courageux, tous intelligents, tous prêts à mourir pour la justice, il ne doit pas non plus exister de différences entre nous, soit par la fortune, soit par l'estime du pays, soit de toute autre façon. Il faut donc abandonner tous les biens particuliers, et nous ranger au même niveau : il faut établir le communisme ! »

Il souriait, mais on voyait bien que cela lui paraissait méprisable.

« Eh bien ! oui, dit Quentin, est-ce que vous trouvez que ce n'est pas juste ?

— Je trouve que c'est commode pour les fainéants, les voleurs et les imbéciles, pour les lâches et les envieux, répondit-il. Voilà tout ! Seulement, je crains que cela ne cause de terribles batailles. Est-ce que tu crois qu'il suffise de déclarer à la majorité que deux et deux font cinq, pour avoir raison ? Est-ce que les choses changent parce que nous sommes des bêtes, et que nous les voyons à rebours, ou parce que nous sommes des gueux, qui voulons les cacher et les pervertir à notre avantage ? Est-ce que le bon sens ne finit pas toujours par avoir le dessus, la mauvaise foi et la bêtise par-dessous ? Est-ce que tu crois qu'il suffise de se voter les biens des autres, pour qu'ils vous les donnent ? Est-ce que tu crois que ces autres, après avoir gagné leurs biens par le travail, le courage et l'obstination contre les fainéants, les voleurs, les imbéciles, les lâches et les envieux,— qui se sont opposés à leur fortune de toutes les manières, — crois-tu qu'ils ne sauront pas les défendre contre ces mêmes fainéants, ces mêmes voleurs, ces mêmes imbéciles, ces mêmes lâches et ces mêmes envieux ? Détrompe-toi, Quentin, leur position pour les défendre est bien meilleure qu'elle n'était pour les gagner. Et la même force qu'ils ont eue, ils l'auront toujours. Dans les premiers temps, ils pourront être surpris ; mais ils se remettront et se vengeront. Et si, par impossible, le nombre les accablait, alors la vieille race française serait perdue ; la vieille race laborieuse, courageuse et fière, qui fait l'admiration du monde depuis des milliers d'années, n'existerait plus ; et les fainéants, après avoir dévoré dans la paresse les richesses de la nation, en faisant des phrases contre le bon sens, finiraient par se manger les uns les autres. Les Russes, les Prussiens, les Anglais, viendraient les aider, et mettraient tout en commun dans leur poche, les communistes avec, en les forçant alors de travailler au moyen du knout. C'est ainsi que la France pourrait voir sa fin, comme d'autres nations aussi grandes, aussi fortes, se sont vues périr misérablement, lorsque la vermine des jouisseurs et des fainéants avait pris le dessus chez eux.

Une injustice en amène toujours une autre. M. Guizot repousse l'adjonction des capacités, chose juste, utile, que tous les braves gens veulent ; alors, d'autres demandent le communisme ! S'il coule du sang, c'est sur la tête de M. Guizot qu'il doit retomber. Il voit où nous allons... mais il tient à son ministère, et nous dit : « Choisissez entre mon orgueil et l'abîme ! soumettez-vous, ou périssez ! »

En parlant ainsi, M. Perrignon était devenu tout pâle ; et tout à coup, sans rien ajouter, il se leva et sortit.

Quentin dit alors :

« Je voudrais le voir discuter contre Cabet ; comme il l'écraserait ! Moi, je ne veux rien répondre ; c'est un vieux de 89, qui se figure qu'il n'y a rien au-dessus de la liberté. »

Mais, depuis, j'avais une grande défiance contre ceux qui voulaient se voter les biens des autres. Je me promettais en moi-même, de me tenir toujours avec ceux qui veulent gagner leurs biens par le travail et la bonne conduite. Et je pensais aussi que, si nous avions le suffrage universel un jour, on instruirait le peuple, et qu'alors tout le monde reconnaîtrait que rien n'était meilleur pour la nation.

XXI

A la fin de novembre, on n'aurait plus trouvé de différence entre les deux côtés de notre *caboulot*. Plus l'ouverture des Chambres approchait, plus les disputes augmentaient. Tout le monde se mêlait de politique, les ouvriers comme les peintres et les journalistes ; chacun soutenait son idée sur la réforme, sur l'adjonction des capacités, sur les banquets, sur le suffrage universel.

Dans le même temps il pleuvait tous les jours. Je ne crois pas qu'il existe une ville plus humide en hiver que Paris, principalement dans ces petites rues larges de trois ou quatre pas, où les chéneaux manquent. La pluie s'égoutte du matin au soir, et quand elle a fini de s'égoutter, une nouvelle averse arrive. La nuit, on entend clapoter ces gouttières durant des heures, les ivrognes passer dans la boue en grognant, et les rondes des municipaux arriver ensuite avec leurs falots, car les réverbères s'éteignent.

On ne peut pourtant pas rester toujours jusqu'à minuit dans sa chambre, à regarder l'eau couler sur ses vitres en tabatière, et la lune brouillée écarter de temps en temps les nuages. J'avais acheté, rue Mazarine, un vieux caban de laine chez un fripier, où les étudiants laissent tout en partant pour les vacances. Il était brun, il avait de longs poils, et je sortais le soir avec cela sur le dos. Je me promenais le long des quais, entre le pont Saint-Michel et le Pont-Neuf, une ou deux heures, pour respirer, regardant la Seine toute jaune de terre glaise, qui montait jusqu'aux arches, et rêvant au pays, à la mère Balais, à M. Breslau, à la politique, aux misères de la vie, à tout.

Quand mes jambes commençaient à se fatiguer, je rentrais me coucher.

Un soir que j'avais fait ainsi mon tour et que je remontais la rue de la Harpe, sur le coup de neuf heures, j'aperçus Emmanuel qui venait juste en face de moi, quelques livres sous le bras, un petit manteau de toile cirée sur les épaules.

« Hé! c'est Jean-Pierre! s'écria-t-il.
—Où vas-tu donc si tard? lui dis-je.
—A la conférence de Harlay. Tiens, arrive, je parle justement ce soir.
—Mais qu'est-ce que c'est?
—Une réunion d'étudiants de troisième année. On discute, on s'habitue à plaider.
—Et où ça?
—Au Palais-de-Justice, septième chambre de police correctionnelle. Quand les tribunaux finissent, nous commençons. Lorsque les chats sont partis, les rats tiennent leur chapitre. »

Il riait. Je le suivais, curieux de voir cela.

« Mais je n'oserai peut-être pas entrer, Emmanuel?
—Sois donc tranquille. »

Nous arrivions alors à la grille sombre, gardée par un municipal, l'arme au bras. Tout se taisait pendant que nous traversions la cour et que nous montions le grand escalier; rien ne bougeait. Dans le vestibule, entre les colonnes, une petite lanterne accrochée au mur éclairait l'entrée de l'escalier à droite.

Nous montâmes, et deux minutes après nous arrivâmes dans l'immense salle des Pas-Perdus, sombre, humide et froide. Nos pas résonnaient sur les dalles au loin. Alors aussi quelques voix, une espèce de bourdonnement, s'entendait. Emmanuel me dit :

« Je crois que la conférence est commencée. »

Il entra dans une allée. Il fallut encore monter un escalier en zigzag et pousser une porte. A cette porte était un autre municipal assis sur une chaise. Et je vis alors la septième chambre de police correctionnelle; de vieilles peintures à la voûte, une estrade au fond, les étudiants, représentant les avocats, assis en bas dans des bancs en demi-cercle, et deux ou trois en robe sur l'estrade, des tables devant eux, représentant les juges. Plusieurs tournèrent la tête, d'autres tendirent la main à Emmanuel, qui me dit en s'asseyant :

« Tiens, mets-toi là. »

On parlait déjà. C'était tout à fait comme un tribunal. Je reconnus aussi dans le nombre Coquille, Sillery, et plusieurs autres que j'avais vus cinq mois auparavant au restaurant Ober.

Celui qui plaidait parlait très-bien; c'était un petit bossu qui s'appelait Vauquier. Le président s'appelait Faur-Méras; il avait une belle figure et portait la barbe pleine.

Emmanuel m'expliquait ces choses tout bas à l'oreille. Je me souviendrai toujours que le petit bossu parlait du gouvernement chargé de tout en France : de la paix et de la guerre, du recouvrement des impôts, de l'entretien des routes, de la vente du sel, du service des postes; enfin de tout. Il disait que ce n'était pas de même en Angleterre, que dans ce pays le gouvernement ne se mêlait pas des grandes entreprises, et que la prospérité de son agriculture, la grandeur de son industrie, la force de sa marine, l'étendue de son commerce et de ses colonies venaient de là; qu'il laissait à chacun sa liberté, pendant que chez nous le gouvernement se mêlait des affaires de tout le monde.

Il finit par dire que le gouvernement ne devait pas se mêler de l'instruction, que les pères et mères devaient être libres, que c'était leur droit naturel, et que les droits naturels passent avant les autres. Ensuite, il s'assit.

Je me rappelle bien tout cela, parce que c'était du nouveau pour moi.

Le tour d'Emmanuel étant venu, j'eus peur de le voir embarrassé; mais il se leva sans gêne et parla si bien que j'en fus étonné.

Il dit que les pères et mères devaient être libres d'instruire leurs enfants de la manière qui leur conviendrait, comme ils sont libres de les nourrir selon leurs moyens; mais qu'ils ne sont pas libres de les laisser mourir de faim, parce que c'est contraire à la morale, ni de les laisser dans l'ignorance, parce que c'est aussi contraire à la morale.

Il dit que chacun est libre de s'habiller comme il lui plaît, mais que dans un pays civilisé comme le nôtre, on ne doit pas être libre d'aller nu, que ceux qui réclament des libertés pareilles sont des fous.

Il dit ensuite que l'instruction n'est pas une entreprise de commerce, mais que c'est un bienfait de la patrie, un droit pour tous les Français d'en jouir, comme de respirer l'air de la France ; que le gouvernement ne doit pas se charger de fournir l'air, le soleil, l'instruction ; mais qu'il a le devoir d'empêcher qu'on en prive les enfants, et qu'il doit même ordonner que chacun en jouisse selon le hameau, le village, la ville où il se trouve ; et que s'il fait des routes pour cause d'utilité publique, il ferait aussi bien de bâtir des écoles.

Il dit aussi que l'amour de la patrie est en proportion du bien que la patrie vous fait, et qu'un Français à vingt ans doit s'écrier en lui-même :

« Quel bonheur pour moi d'être né plutôt en France qu'en Russie, en Espagne, ou partout ailleurs ! mon pays m'a donné de l'instruction ; il m'a montré mes droits et mes devoirs. Ailleurs, je ne serais qu'une brute ; ici, je suis un homme !

« Le devoir de tous les gouvernements est de faire des citoyens. Celui qui ne répand pas l'instruction ne fait pas de citoyens ; il est responsable envers la patrie, envers le genre humain, envers Dieu, du bien qu'il ne fait pas et qu'il pourrait faire. »

Voilà ce qu'Emmanuel dit avec beaucoup de force.

D'autres encore parlèrent, et seulement vers minuit nous sortîmes de cette conférence. Il pleuvait très-fort. La nuit était bien noire.

La sentinelle sortit une seconde de sa guérite pour nous voir passer, puis elle rentra.

Nous remontions la rue tout seuls, Emmanuel et moi, la tête baissée sous la pluie, en allongeant le pas, et je lui disais :

« Oui, tu as bien raison, ceux qui n'ont pas d'instruction n'ont pas de patrie. Ils sont toujours pour celui qui leur donne du pain, qu'il s'appelle Jacques, Jean ou Nicolas, qu'il soit Anglais, Russe ou Français. Ils se moquent de leur pays, ils ne connaissent qu'un homme. Ceux qui doivent l'instruction à la patrie mettent leurs devoirs envers elle au-dessus de tout.

—Je le pense, » fit-il.

Nous étions alors au coin de la rue des Mathurins-Saint-Jacques. Il me serra la main et nous nous séparâmes.

« Quelle chose magnifique de pouvoir s'instruire ! me disais-je. Dans quelques années Emmanuel sera juge, avocat, procureur du roi. Toi, malgré ta bonne volonté, tu seras toujours ouvrier menuisier. Mais il ne faut pas te plaindre, bien d'autres voudraient être à ta place et avoir un bon état. »

XXII

Les Chambres s'ouvrirent le 27 décembre 1847. Tout ce qui me revient sur cela, c'est que Louis-Philippe commença par faire un discours, où les gens des banquets étaient traités d'aveugles et d'ennemis, et qu'ensuite, durant trois semaines, on ne fit que batailler pour savoir ce qu'il fallait lui répondre ; que Lamartine, Thiers, Odilon Barrot, Duvergier, Ledru-Rollin et beaucoup d'autres s'en mêlèrent, et que finalement la majorité vota comme toujours que M. Guizot avait raison.

Chacun peut encore lire, dans les anciennes gazettes, ces discours où les uns criaient que tout était bien et les autres que tout était mal.

En même temps, les étudiants réclamaient leurs professeurs Mickiewicz, Quinet et Michelet ; ils ne voulaient pas des nouveaux, et je me rappelle qu'un matin toute la rue Saint-Jacques, depuis la place Sorbonne jusqu'au pont Notre-Dame, était remplie de troupes. Il pleuvait à verse. Ces pauvres soldats, leurs larges baudriers en croix, la giberne aux reins et l'arme au pied, étaient trempés comme des malheureux. On n'entendait pas passer les voitures, on n'entendait plus que les crosses de fusils sur les pavés, et le piétinement des hommes dans la boue.

C'était triste de voir des choses pareilles dans une ville comme Paris. Les étudiants défilaient entre les rangs pour se rendre à leur école. C'est par ce moyen qu'on croyait leur donner le goût des études et l'amour de leurs nouveaux professeurs ! S'ils ont fini par se révolter, est-ce que c'est étonnant ? Tout le monde criait contre ces abominations, et donnait raison aux étudiants. Malgré cela, les gens restaient calmes. Seulement le bruit courait que nous aurions bientôt un banquet au douzième arrondissement.

Nous autres, chez M. Braconneau, nous travaillions comme à l'ordinaire, et ce qui m'étonnait le plus, c'est que dans notre pauvre petite gargote, rue Serpente, les journalistes et les peintres se taisaient alors. Seulement, tantôt l'un, tantôt l'autre, se mettait à lire tout haut et lentement les discours de la Chambre. On aurait cru qu'ils avaient peur d'ajouter un

Toute la rue Saint-Jacques était remplie de troupes. (Page 79.)

mot à ces discours, et, pour mon compte, je trouve qu'ils avaient raison.

Tous sortaient en silence, la figure sombre; Montgaillard seul clignait de l'œil quelquefois à Quentin, en faisant tourner une grosse trique autour de son épaule.

Un jour, comme je disais au père Perrignon, en rentrant à l'ouvrage, que tout avait l'air de s'apaiser, il me répondit :

. C'est toujours ainsi la veille d'un grand coup, Jean-Pierre. A mesure que le mouvement s'approche, chacun fait ses réflexions, chacun se demande : « Jusqu'où faut-il aller ? Est-ce que cela vaut la peine de risquer ma vie? celle de ma femme et de mes enfants ? » Un grand nombre alors se retirent, d'autres prennent leur parti, et tout semble tranquille. Si tu con- naissais le bord de la mer, je t'expliquerais mieux la chose. J'ai vu cela de ma prison, au fort Saint-Michel, vers le temps de la pleine lune. Tout a l'air paisible sur le rivage. La mer s'enfle en haut ; elle s'approche comme une seule vague, et d'un coup tout monte avec fracas, de vingt, trente et quarante pieds : c'est le flot!

« Plus tard tout s'affaisse encore une fois.

« En profitant du flot, on peut s'avancer bien loin dans les terres, et par le reflux on peut reculer d'autant. Voilà l'histoire des hommes, la vraie cause des révolutions, des grands progrès et des grandes reculades. Quand le flot pousse, rien ne peut l'arrêter; quand il recule, il faut jeter l'ancre où l'on est, pour attendre un nouveau flot.

— Camarade, pas de mauvaise plaisanterie ! Page 85)

« Ceux qui sont à la tête des gouvernements, s'ils ont un grain de bon sens, s'ils ne sont pas gonflés d'orgueil, s'ils méritent la confiance que le pays leur accorde, doivent sentir le flot qui vient, ils doivent le laisser passer : — c'est un progrès naturel comme l'adjonction des capacités. S'ils lui résistent, s'ils veulent le briser à coups de canon, cela peut devenir le déluge.

« La bêtise humaine est cause de ces malheurs. Nous avons eu dans ce temps notre premier flot en 89 ; la résistance des Allemands, des Anglais et des aristocrates de tous les pays en a fait 93. Et le flot, après avoir tout surmonté, s'est répandu jusqu'au fond de la Russie. Il s'est retiré en 1814. Il est revenu en 1830. Il revient... il reviendra toujours ! Il a toujours existé ; mais les hommes, encore dans l'ignorance, ne l'ont pas compris ; ils ont voulu se mettre contre, ils n'ont pas vu que c'était nécessaire et forcé, comme le retour du soleil et la marche des saisons. Maintenant ce sera plus clair, espérons-le ; les égoïstes seuls et les orgueilleux se feront noyer, en allant contre le flot qui monte. »

Quand le vieux Perrignon m'expliquait ces choses, je voyais qu'il réfléchissait pour lui-même ; ses grosses joues se plissaient, il serrait les lèvres et toussait tout bas en répétant :

« Ça marchera ! »

Tous les jours je l'accompagnais, mais au lieu d'aller directement rue Clovis, comme autrefois, nous prenions d'abord le chemin de l'Odéon par la rue Racine, et nous passions sous les arcades. Il achetait l'*Histoire des Girondins*, de Lamartine, et me disait :

« Quand j'aurai tous les cahiers, je les ferai relier et je te les prêterai ! Ce que j'en ai déjà lu me plaît; c'est juste, c'est beau, c'est grand. Chacun y trouve son compte, les républicains comme les autres. Lamartine, malgré ces professeurs qui se figurent être des génies à force d'orgueil et d'insolence, a plus de clarté et de bon sens qu'eux tous, parce qu'il a plus de cœur. On dit de lui : « C'est un poëte ! » Oui, c'est un poëte, il voit plutôt la grandeur de l'homme que sa bassesse; mais c'est le défaut de tous ceux qui voient de haut et de loin, ce n'est pas le défaut des fourmis. Cet homme comprend la liberté. Si le flot arrive, c'est lui qui devra tenir le gouvernail et jeter l'ancre au reflux. Dieu veuille que le peuple comprenne ses intérêts ! »

Ces paroles me donnaient confiance; et ce n'est pas seulement moi, ce n'est pas M. Perrignon et quelques autres qui se reposaient sur Lamartine, c'étaient presque tous les ouvriers. Un bien petit nombre parlaient de Louis Blanc, de Cabet et de Raspail, que tous reconnaissaient pour de vrais républicains, mais qui n'avaient pas encore dit tout ce qu'ils voulaient. Un seul livre de Louis Blanc, sur l'égalité des salaires, faisait réfléchir les fainéants qu'on pouvait tout avoir sans rien gagner; les bons travailleurs n'en voulaient pas. C'est ce qui me revient à la minute.

Oui, le père Perrignon parlait de ce livre comme de la plus dangereuse folie du monde. Il m'a répété souvent :

« Ce livre semble dire aux ouvriers laborieux : « Échinez-vous ! les fainéants auront le plaisir de manger votre gain ; ce sera votre réjouissance. »

Enfin, il faut que j'arrive à la révolution. Si je n'ai pas été partout, au moins ce que j'ai vu, j'en suis sûr; voilà le principal.

Depuis trois ou quatre jours on disait : « Nous aurons le banquet ! » Ensuite : « Nous ne l'aurons pas, le préfet de police s'y oppose. » Ensuite : « On l'aura tout de même; Odilon Barrot est à la tête. » Ensuite : « Odilon Barrot renonce ! » etc., etc.

Finalement, le 21 février, vers neuf heures du matin, nous étions à l'ouvrage, lorsqu'un vieux à barbe grise, pâle, le nez long, les sourcils blancs, le chapeau à larges bords penché sur la nuque, une grosse cravate de laine roulée autour du cou, et la figure assez respectable, entra dans notre atelier en demandant :

« Monsieur Braconneau ?

—Il n'y est pas ; c'est moi qui le remplace, répondit le père Perrignon.

—Eh bien ! vous le préviendrez que le banquet aura lieu demain aux Champs-Élysées, dit cet homme, en nous regardant avec ses yeux gris très-vifs. C'est une tenue de garde national qu'il doit venir, et sans armes.

—Alors, nous autres qui ne sommes pas de la garde nationale, on nous laisse dehors? dit M. Perrignon.

—Au contraire... au contraire... venez tous! Plus il viendra de monde, mieux ça vaudra, répondit cet homme en souriant et clignant de l'œil. C'est une protestation, une protestation pacifique, bien entendu. Pas d'armes... beaucoup d'uniformes de gardes nationaux... Beaucoup de monde... c'est ce qu'il faut. »

Et regardant le père Perrignon, il ajouta :

« Vous êtes un ancien, vous devez me comprendre?

—Oui, et nous sommes d'accord.

—Ah ! tant mieux ! Vous vous appelez?

— Perrignon.

—Hé ! parbleu ! moi je suis Delaroche ; nous devons nous connaître... nous avons vu les mêmes pays. »

Ils riaient.

Ce vieux avait mis la main sur l'épaule du père Perrignon.

Ils prirent une bonne prise, et Quentin demanda :

« C'est pour demain ?

—Demain, à dix heures, en route ! pour être là-bas vers onze heures. Mais je suis pressé, j'ai d'autres connaissances à voir, dit ce vieux. N'oubliez pas l'uniforme de M. Braconneau, c'est indispensable.

—Soyez tranquille, » répondit le père Perrignon en lui serrant la main.

Alors il sortit; et comme chacun se croisait les bras, M. Perrignon tira sa grosse montre du gousset en s'écriant :

« Encore dix minutes avant d'aller prendre un bouillon. »

Et l'on se remit à l'ouvrage, la tête pleine de ces choses.

Au bout de dix minutes, chacun passa sa veste, on sortit, on acheta son pain et l'on descendit ensemble au *caboulot*.

La nouvelle était partout. Madame Graindorge, ses gros bras croisés, riait comme une bienheureuse.

« Eh bien ! votre banquet, vous l'aurez à la fin, criait-elle : ce n'est pas malheureux, voilà bien assez de temps qu'on en parle. »

Les journalistes et les peintres, dans leur chambre, parlaient de mettre de l'ordre dans la marche. Coubé disait :

« Lamartine, Thiers, Barrot viendront » Montgaillard criait.

« Nous n'avons pas besoin d'eux ! »

Enfin les cris recommençaient au *caboulot*.

« Et qu'est-ce que dira M. Braconneau ? demanda Valsy.

— C'est bon, je m'en charge, répondit le père Perrignon. L'ouvrage presse ; mais, s'il le faut, nous passerons la nuit. »

Tout le monde s'écria qu'on passerait deux ou trois nuits s'il le fallait. Je n'ai jamais senti de mouvement pareil en moi-même. C'était la première fois qu'au lieu de travailler, de raboter et de soigner pour mon propre compte, j'allais aussi faire quelque chose pour le pays. J'étais dans la masse, c'est vrai, je ne devais pas compter pour beaucoup, mais au moins je n'étais pas un zéro. Je voulais le banquet contre la Chambre des satisfaits, et je pensais :

« Ah ! gueux, vous voulez nous empêcher de nous réunir ! Est-ce que nous ne sommes pas Français comme vous ? Est-ce que nous n'avons pas autant de droits que vous ? »

L'idée de ces espèces de bandits dont m'avait parlé Materne, qu'on mêlait avec le peuple sous la figure d'honnêtes gens, pour assommer leurs camarades, me revenait, et je me disais :

« Tant mieux... on les étranglera ! »

C'est ainsi que la colère me gagnait. Je voyais à la mine des autres qu'ils se faisaient des raisonnements semblables.

Comme nous rentrions à l'atelier, M. Braconneau arriva. Le père Perrignon lui dit aussitôt :

« Il est venu quelqu'un ce matin vous inviter au banquet du douzième arrondissement, en recommandant bien de vous prévenir qu'il fallait mettre l'uniforme de garde national.

— Nous n'avons pas d'ordres, et je n'aime pas le désordre, répondit M. Braconneau.

— Eh bien ! vous ferez ce que vous voudrez, répondit M. Perrignon, mais nous irons tous !

— Comment ? dit le patron en nous regardant étonné.

— Oui, nous irons, parce que c'est notre devoir, s'écria Quentin ; depuis trop longtemps on humilie le pays avec ces députés à deux cents francs de contribution, qui ne nous regardent pas. Nous en voulons d'autres. Nous voulons que les capacités arrivent.

— C'est bon, Quentin, dit M. Braconneau, il n'est pas nécessaire de crier. Nous ne sommes pas en révolution ici, j'espère ! Mon Dieu, la réforme, tout le monde la veut. Seulement, Perrignon, réfléchissez que vous avez femme et enfants. Ce n'est plus comme dans le temps, quand vous étiez garçon. Le désordre n'amène jamais rien de bon : les ateliers se ferment, les ouvriers meurent de faim et les patrons se ruinent. Je n'aime pas le désordre. »

— Ni moi non plus, répondit Perrignon. Mais je veux avant tout la justice ; et quand l'ordre est établi pour élever les intrigants et tenir les travailleurs dans la bassesse, pour donner aux uns la fortune, les honneurs, les bonnes places de père en fils, et refuser aux autres tous les droits, tous les biens, et même toute espérance ; quand il faut encore acheter cette espèce d'ordre par la honte du pays... Eh bien ! qu'il s'en aille au diable, et nous tous avec ! Si la garde nationale avait toujours fait son devoir, monsieur Braconneau ; si la bourgeoisie riche avait pensé qu'elle n'est pas seule au monde, que les ouvriers, les artisans, les laboureurs ont aussi des droits ; que le devoir des premiers arrivés est d'aider les autres à monter, de leur donner l'instruction et de les rendre capables, — d'autant plus que c'est grâce à eux qu'on est arrivé les premiers ; — si elle n'avait pas vécu dans l'égoïsme depuis dix-huit ans, trouvant tout beau, parce qu'on lui adjugeait les revenus du pays, en ne lui demandant que de voter en masse pour les ministres ; si elle n'avait pas cru que cela pouvait durer... aujourd'hui, tout serait en ordre, et le gouvernement nous aurait accordé de lui-même ce que nous serons peut-être forcés de prendre.

— Moi, je ne veux pas plus de Guizot que vous, dit le patron. Depuis longtemps cet homme m'ennuie. Son insolence avec les députés de l'opposition me paraît quelque chose de bien bas ! Mais voilà !... l'ouvrage presse, les commandes attendent...

— Nous travaillerons le soir, répondit Perrignon. N'est-ce pas, vous autres ? »

Nous répondîmes tous que oui, que nous passerions deux nuits s'il le fallait. Et comme le patron allait sortir, le père Perrignon lui dit encore :

« Monsieur Braconneau, venez avec votre uniforme. Si Louis-Philippe apprend que beaucoup de gardes nationaux sont mêlés au peuple, il réfléchira que toute la nation veut la réforme, et nous l'aurons tout de suite : Guizot sautera, tout redeviendra tranquille. Mais si nous sommes seuls, le roi comptera sur la garde nationale, et... vous comprenez ! Notre intérêt est d'être unis. Si nous sommes désunis, tout est perdu.

— Allons... allons... c'est bon, nous verrons ça, dit le père Braconneau ; peut-être bien que j'irai. Mais, dans tous les cas, vous reviendrez aussitôt le banquet fini. »

—C'est entendu, » dirent Valsy et Quentin. Alors on se remit à l'ouvrage, et le soir chacun .ira de son côté. Je courus chez Emmanuel; il était sorti. Je courus au restaurant Ober, cloître Saint-Benoît; il n'y était pas. Tout semblait calme dans le quartier. Les municipaux étaient à leur poste, rue des Grès. Les gens allaient et venaient comme à l'ordinaire; les voitures se croisaient; en passant près des cafés, on entendait les billes rouler et les joueurs compter leurs points. Personne ne parlait de politique.

J'allai voir sur la place du Panthéon; tout était désert, pas une âme ne se promenait devant les grilles. Quelques vieilles, la capuche tombant sur le nez, sortaient de la petite église de Saint-Étienne-du-Mont. Le dôme sombre se découpait sur le ciel éblouissant d'étoiles.

Je rentrai vers onze heures, sans avoir trouvé mon camarade. C'était le 21 février 1848. Louis-Philippe et sa famille ne se doutaient pas qu'ils se sauveraient trois jours après. M. Guizot s'obstinait, Odilon Barrot se retirait, les gens paraissaient paisibles.—Voilà pourtant la vie.

XXIII

Le lendemain 22, en m'éveillant, je vis qu'il allait faire beau temps. Le ciel était gris comme en hiver; des nuages s'étendaient au-dessus de mes petites vitres, mais ils étaient hauts, et je m'habillai, pensant que nous n'aurions pas de pluie.

Rien ne me pressait, puisqu'on ne devait pas travailler le matin; vers neuf heures seulement je descendis pour aller déjeuner.

J'avais une longue bourse en forme de bas, et comme l'idée des gueux qui tuaient les gens avec des triques plombées me revenait, je mis dans cette bourse un paquet de gros sous, pour me défendre en cas de besoin.

Avec cela je partis. La rue des Mathurins-Saint-Jacques, celles de la Harpe et de l'École-de-Médecine fourmillaient déjà de monde. Au *caboulot*, la porte était ouverte, et les tables étaient garnies de gens qui prenaient un verre de vin en mangeant un morceau sur le pouce; tous des étrangers, comme il arrive les jours de fête, où chacun dîne dans l'endroit où il se trouve.

Enfin, ayant pris ma tranche de bœuf et ma chopine de vin, j'allais me rendre sur la place du Panthéon, où les étudiants et les ouvriers du quartier devaient se réunir, quand un grand bruit de pas, de voix et de cris : « Vive la réforme ! » se fit entendre. Tous les assistants se levèrent en disant :

« C'est la première colonne ! »

Et l'on courut dehors.

Les étudiants, les ouvriers, les bourgeois, enfin tous les braves gens, sur une seule file, par trois, quatre et six, descendaient bras dessus bras dessous la rue de la Harpe. J'aperçus Emmanuel dans les premiers; il avait un large feutre gris et marchait la tête penchée, tout rêveur, au milieu de ces mille cris de : « Vive la réforme ! Vive la réforme ! » Aussitôt je courus à lui :

« Te voilà ! lui dis-je; je t'ai cherché hier soir jusque vers onze heures. »

Il leva la tête et me serra la main. Son air grave m'étonnait. Les autres autour de nous parlaient, riaient, criaient, chantaient; lui, marchait sans rien dire. A la fin pourtant, au passage du Commerce, rue Dauphine, il me dit :

« Ce qui m'étonne, Jean-Pierre, c'est que cinq ou six individus assis dans ce moment quelque part aux Tuileries, ou partout ailleurs, en train de déjeuner, de griffonner, ou de se gratter l'oreille; des gens qui s'appellent des ministres conservateurs, des philosophes ou tout ce qu'on voudra, des êtres qui n'ont jamais connu les souffrances du peuple : — l'hiver, où la neige tombe par le toit sur la vieille grand'mère malade, sur la femme enceinte, sur le petit enfant qui vient de naître; le printemps, où l'homme à la charrue souffle des journées entières auprès de ses bœufs; l'été, où il fauche nuit et jour, les reins serrés dans son mouchoir, tout brisé de fatigue ! — ce qui m'étonne, c'est que ces cinq ou six personnages, honorés, flagornés, comblés de tous les biens par le travail de la nation, s'imaginent qu'ils sont tout, que tout est fait pour eux, qu'ils ont tout dit en ouvrant leur grande bouche, et en criant d'un air solennel : « Nous ne voulons pas ! nous n'approuvons pas ! » et qu'ils se figurent que les trente-deux millions d'autres, dont le moindre vaut autant qu'eux, vont se courber sous leur sentence. C'est ce qui me fait rêver. Je vois ces ministres ! je les vois qui sont là dans leurs fauteuils, les jambes étendues, qui se caressent le menton et qui se disent : « Oui... le peuple... la multitude... Elle ose bouger... elle ose ! » Oh ! que cela m'étonne, Jean-Pierre, et que cet orgueil me paraît dégoûtant ! A force d'avoir joué la comédie, ces gens finissent par croire que la comédie, c'est le monde ! »

Voilà ce qu'il me disait au milieu de la foule, d'un air calme comme dans sa chambre, et je trouvais qu'il avait bien raison. Ces ministres disaient :

« Nous sommes responsables, ça nous regarde ! »

Mais le plus responsable, c'était Louis-Philippe, puisqu'il risquait tout en écoutant leurs conseils.

Enfin, après avoir traversé le Pont-Neuf et la rue de la Monnaie, nous remontions la rue Saint-Honoré. On n'a jamais vu de plus magnifique spectacle. De toutes les fenêtres, à droite et à gauche, des femmes se penchaient en agitant leurs mouchoirs blancs. A cette vue les cris de : « Vive la réforme ! » redoublaient ; d'un bout de la file à l'autre, cela ne faisait que monter et descendre, et je me réjouissais en moi-même.

Tant d'idées de toute sorte sur la Révolution, sur les droits du peuple, sur la justice, vous traversaient la tête, qu'on avançait sans le savoir. Plusieurs disaient qu'au printemps nous aurions été couverts de fleurs, à cause de notre belle conduite, et je veux le croire ; car plus nous avancions, plus l'enthousiasme redoublait.

Notre colonne, étant arrivée enfin à la hauteur de la place Vendôme, prit à droite et gagna les boulevards sans rencontrer de troupes. Mais en approchant de la Madeleine, à travers la foule toujours plus épaisse, nous vîmes tout à coup des régiments d'infanterie en ligne, l'arme au pied ; ils s'étendaient devant les grilles sur les côtés de l'église, et nous en fîmes le tour, criant d'une seule voix :

« Vive la réforme ! »

Les soldats riaient en nous regardant d'un air de bonne humeur.

Nous fîmes donc le tour de ces régiments, en bon ordre, et plusieurs d'entre nous restèrent sur cette place pour rendre visite à des députés dans un café voisin ; mais la grande masse poursuivit sa route vers la place de la Concorde.

Toutes ces choses, je les ai devant les yeux comme si c'était hier. Alors le bruit courait que nous allions porter une pétition à la Chambre, et la foule s'écarta pour nous laisser passer.

Nous arrivâmes près de la fontaine. Et ce qui m'a toujours fait réfléchir depuis, c'est qu'en ce moment un homme habillé en général du premier empire, un vieux, la figure couleur lie-de-vin, tout ridé, les yeux encore vifs et l'air fin comme un renard, son chapeau à cornes penché sur l'oreille, — passa le long de notre colonne, en nous disant tout bas :

« Criez : Vive la ligne ! Criez : Vive la ligne ! »

Il clignait des yeux, et tout de suite je pensai :

« Ce vieux a certainement une bonne idée. Nous n'en voulons pas à la ligne, et la ligne ne peut pas non plus nous en vouloir. Tous les soldats de la ligne sont des fils d'ouvriers ou de paysans comme nous. Qu'est-ce que nous demandons ? La réforme ! elle est aussi bonne pour eux que pour nous. Ils n'ont pas d'intérêt à tirer sur ceux qui leur veulent du bien. »

J'admirais donc les paroles de ce vieux, et je réfléchissais que c'était aussi bon pour les dragons, pour les hussards, pour les cuirassiers, pour tous les Français, qui doivent s'aimer, s'entr'aider, et ne pas se massacrer entre eux comme des bêtes.

En songeant à cela, je vis que nous arrivions au pont de la Concorde, où personne ne se trouvait encore. Mais au même instant un poste de municipaux, nous voyant approcher, sortit du corps-de-garde à droite, et vint se ranger en travers de ce pont. C'était un simple sergent qui le commandait, et, je pense, un Alsacien, car il avait la figure rouge et les cheveux jaune clair. Il ne commandait pas plus de quinze ou vingt hommes.

Nous étions plus de mille, sans parler de la foule qui nous suivait. Ces hommes, en se mettant à deux pas l'un de l'autre, n'auraient pu barrer le pont. Je dois le savoir, puisque j'étais dans les trente ou quarante premiers. Le sergent ayant dit à ses hommes, qui venaient l'un après l'autre, tout essoufflés, de mettre la baïonnette au bout du fusil, Emmanuel lui cria en alsacien : « Camarade, pas de mauvaise plaisanterie ! » Et comme, malgré sa colère, on passait à droite et à gauche, il replia son poste, et tout le monde passa.

C'est ce que j'ai vu moi-même ! Personne n'eut besoin de découvrir sa poitrine en criant : « Tirez ! » parce que ces municipaux s'en allèrent de bonne volonté, à la file, voyant bien que de vouloir, à quinze, arrêter tous les gens de la place, cela n'aurait pas eu de bon sens. Mais il faut bien inventer des choses extraordinaires ; sans cela, ce ne serait pas assez beau.

Enfin, nous passâmes ce pont, et de l'autre côté, les grilles du palais des députés étant ouvertes, en arrivant auprès, toute la colonne se débanda d'un coup, courant dans les grilles, et grimpant le grand escalier comme un troupeau.

Plusieurs criaient :

« Vive la réforme ! A bas Guizot ! »

J'étais déjà sur la plate-forme, en avant des colonnes, et je me retournais pour retrouver Emmanuel, quand je vis des gardes nationaux refermer les grilles derrière nous. Aussitôt l'idée me vint que nous allions être pris comme des rats dans une ratière, et voyant Emmanuel, je redescendis en lui criant :

« Arrive ! »

Au même instant les vitres de la Chambre, entre les colonnes, tombaient avec un grand bruit ; ceux d'entre nous qui restaient en haut y jetaient des pierres.

En bas, Emmanuel se précipita sur un garde national, pour l'empêcher de fermer la petite grille à gauche ; c'était la dernière ouverte. Un grand nombre d'autres vinrent nous aider, pendant que les gardes nationaux couraient au poste voisin chercher du renfort.

Plusieurs disent que des députés sortirent, afin de nous apaiser, mais je n'ai rien vu de semblable.

Le tumulte était grand. Un nouveau poste de gardes nationaux parvint à fermer la dernière porte, en chassant ceux qui se trouvaient encore à l'inférieur. La foule, arrivant alors de la place, grimpait aux grilles, et des enfants essayaient de monter sur les deux grands socles, où l'on voit des statues de vieillards en robes et longues barbes, assis d'un air majestueux.

« Partons, Jean-Pierre, me disait Emmanuel ; retirons-nous plus loin, car ici la débâcle va commencer, ce n'est pas possible autrement. »

Nous repassâmes aussitôt le pont.

De l'autre côté s'avançaient en pointe les fossés des Tuileries, où s'étendaient de petits jardins bien entretenus ; de larges garde-fous en pierre bordaient ces fossés. Nous montâmes dessus, pour voir ce qui se passait derrière nous.

A peine étions-nous là, que toute la foule en masse se mit à courir sur le pont. Nous ne voyions pas pourquoi, quand, regardant par hasard du côté de l'Institut, nous aperçûmes une file de dragons qui venaient ventre à terre. Mais cet escadron était encore si loin, qu'il n'avait pas l'air d'avancer vite ; il ne lui fallut pourtant pas plus de deux minutes pour arriver au pont. Tout le monde criait :

« Vivent les dragons ! »

Les dragons passèrent au galop sur le pont, et quelques secondes encore, on vit leurs casques briller au milieu de la foule, qui s'écartait devant eux, et se refermait aussitôt derrière. La place était alors encombrée de monde. Il ne tombait pas une goutte d'eau, mais l'air était humide.

Longtemps encore nous regardâmes ce mouvement ; puis étant descendus de notre rampe, vers une heure, nous allions au hasard, quand du côté de la Madeleine s'éleva le chant de *la Marseillaise*. Ce chant, que je ne connaissais pas, me parut terrible et grandiose. Emmanuel, tout pâle, me dit :

« C'est *la Marseillaise*. »

Nous allongions le pas pour nous approcher de l'église, mais tout était noir de têtes dans la rue en face, et bientôt il nous fut impossible de passer.

En approchant de la fontaine, plus loin que l'obélisque, je voyais une grande barbe, le chapeau en l'air à la main, qui chantait ; des centaines d'autres se pressaient autour, et je me disais :

« C'est Perrignon. »

On peut se figurer si je faisais des efforts pour arriver. Emmanuel criait derrière moi :
« Mais attends donc ! »

Dans le même instant je posais la main sur l'épaule de Perrignon, tellement heureux de chanter *la Marseillaise*, qu'il ne sentait rien. Je le secouais, criant :

« Hé ! monsieur Perrignon ! »

Alors il regarda et me dit :

« C'est toi, petit ! »

Il serra la main d'Emmanuel, en se remettant à chanter.

Ensuite tout se tut, et l'on apprit que des troupes arrivaient par le pont de la Concorde ; puis que des charges commençaient dans les Champs-Élysées.—On criait :

« A bas les municipaux ! »

Mais toutes ces choses étaient tellement confuses, les gens par masses tourbillonnaient en si grand nombre, qu'on ne voyait plus à cent pas de soi. On espérait des nouvelles, on ne se tenait plus de fatigue. Les heures se suivaient, la nuit venait lentement.

Tout à coup, sur les cinq heures, Perrignon nous dit :

« Nous ne saurons rien avant demain. Entrons quelque part. »

Il s'avançait vers la rue de Rivoli, où la foule innombrable commençait à s'écouler. Nous le suivîmes. Les gens ne criaient plus ; on avait froid, l'humidité vous faisait grelotter.

Près du grand bureau des omnibus, au coin de la place du Carrousel, à chaque pas nous rencontrions des municipaux à cheval ; nous étions entourés de troupes, toutes les rues étaient gardées.

« Allons au Rosbif, me dit Emmanuel ; je tombe de faim et de fatigue. »

J'invitai le père Perrignon, qui me répondit :

« Allons où vous voudrez. »

Je voyais que sa tête était pleine de mille pensées.

Après avoir gagné la rue de Valois, nous

vîmes le restaurant, où nous entrâmes. Deux municipaux à cheval, le sabre à la hanche, gardaient aussi cette rue. On aurait pu les prendre à la bride, en allongeant le bras ; mais ces pensées ne vous venaient pas encore.

Une fois assis, nous mangeâmes sans parler. On était pressés l'un contre l'autre autour des tables. Quelques-uns disaient :

« C'est fini... le ministère reste ! »

D'autres parlaient d'une femme écrasée dans une charge ; d'autres, de troupes qui venaient de Saint-Germain ; d'autres, de quarante mille obus et boulets transportés à Vincennes, où commandait Montpensier. Mais tout cela sans grands discours. On écoutait, on ne répondait pas. Les yeux du père Perrignon brillaient ; il avait l'air de vouloir parler, puis il se taisait. Emmanuel était comme abattu. Sur toutes les figures, autour de nous, on ne voyait que l'inquiétude.

Enfin, à sept heures, Emmanuel se leva, paya, et nous sortîmes. Le père Perrignon alors me dit :

« Nous allons prendre le café près d'ici. »

Nous tournâmes au coin de la rue, à droite, devant le Palais-Royal. La place du Château-d'Eau était sombre, parce qu'on avait éteint le gaz. Cela n'empêchait pas le monde d'aller et de venir. Le vieux Perrignon avait pris mon bras, moi je tenais celui d'Emmanuel ; plus loin, au tournant de la rue des Bons-Enfants, nous entrâmes dans un café, le café Fuchs. C'était une espèce de brasserie allemande, la porte de plain-pied avec la rue, le comptoir à droite, la grande salle devant, une autre plus loin, avec un billard, et tout au fond une petite cour.

Dans la première salle, du même côté que le comptoir, montait un escalier en vrille. Et là-haut, dans une pièce occupant tout le premier, s'est tenu plus tard le club des Allemands, qui chantaient en chœur des airs mélancoliques, et parlaient de réunir l'Alsace et la Lorraine à l'Allemagne, au moyen du suffrage universel. J'en ris encore chaque fois que j'y pense.

M. Fuchs, un ancien tailleur de la Souabe, carré des épaules, le front large et haut, les yeux petits, le nez en forme de prune, — un être boiteux et rusé, malgré son air bonasse, —tenait cet établissement avec sa femme, une Allemande pâle, et les yeux bleu-faïence.

C'est dans le coin de la rue des Bons-Enfants que deux jours après les balles se mirent à pleuvoir du poste du Château-d'Eau, et que l'on transporta le plus de blessés sur des paillasses.

Mais en ce moment, qui se serait douté que de pareilles choses pouvaient arriver ? Depuis la première république, cette rue des Bons-Enfants était paisible, et dans le café Fuchs on n'avait jamais entendu que le bruit des chopes et des canettes.

Enfin, voilà comme les choses changent du jour au lendemain.

Un grand nombre de buveurs se pressaient dans l'établissement. On nous servit le café d'abord, ensuite de la bière. De tous côtés on entendait dire que Guizot avait le dessus, qu'on allait empoigner les émeutiers.

On buvait, on riait Dehors tout s'apaisait. De temps en temps quelques buveurs entraient encore, mais il en sortait beaucoup plus. Le cafetier allait d'une table à l'autre, disant :

« Vous ferez bien, messieurs, de partir, car la rue sera gardée. On commencera les arrestations ce soir. Tous ceux qu'on trouvera dehors, après onze heures, seront pris. Je tiens à vendre ma marchandise, mais je tiens encore plus à mes pratiques. »

Il connaissait le père Perrignon, et s'arrêtant près de nous, en lui présentant sa grosse tabatière de carton :

« Allons, une prise... et puis, en route ? » disait-il.

Le vieux Perrignon lui demanda :

« Vous nous chassez ?

— Non !... mais je vous parle pour votre bien.

— Mêlez-vous de vos affaires ! lui dit alors Perrignon.

— Comme vous voudrez, répondit Fuchs ; si l'on vous arrête, ça ne me fera ni chaud ni froid. »

Il s'en alla d'un air de mauvaise humeur à la table voisine.

Le café se vidait de plus en plus.

Ce qui me revient le mieux, c'est qu'Emmanuel ayant dit, comme tout le monde, que le mouvement était arrêté, le père Perrignon, se penchant sur les coudes entre nous, lui répondit tout bas :

« Au contraire, c'est maintenant que le mouvement commence. Les ouvriers, jusqu'à cette heure, se méfiaient de la garde nationale, mais ils voient que Louis-Philippe et Guizot n'ont pas osé faire battre le rappel ; ils voient que tout ira bien ; car, lorsque la garde nationale et le peuple marchent ensemble, qu'est-ce qui peut leur résister ? Est-ce que toute l'armée n'est pas tirée de la bourgeoisie et du peuple ? Est-ce que les soldats sacrifieront père et mère, pour soutenir M. Guizot ? Le roi, les ministres et deux ou trois cents députés satisfaits, — dont les trois quarts sont des fonctionnaires, — se trouvent d'un côté, et la nation de l'autre. Si vous pouviez entrer cette nuit dans les maisons

Je voyais une grande barbe, le chapeau en l'air à la main. (Page 86.)

du faubourg Saint-Antoine, ou du faubourg Saint-Marceau, vous verriez que tout se prépare. Les femmes font comme toujours: elles résistent... elles ne tiennent qu'à la couvée!... mais les hommes et les garçons s'apprêtent. Dans plus d'un endroit on retire de dessous les tuiles le vieux fusil de 1830; et partout où monte un peu de fumée, je vous réponds qu'on coule des balles. Plus tout paraît tranquille, plus tout menace. Je ne comprends pas que Louis-Philippe, qu'on dit si fin, ait laissé venir les choses jusque-là. Demain cela commencera; si ce n'est pas cette nuit. »

Il pouvait être onze heures quand il nous disait cela, et sauf deux ou trois buveurs des environs, tout le monde était parti.

Nous nous levâmes aussi pour retourner chez nous, rêvant à ce que nous venions de voir et d'entendre. Perrignon paya et nous sortîmes. Il faisait tellement noir dehors, qu'on n'a jamais rien vu de pareil; pour gagner le coin de la rue, il fallait tâter les murs: plus un seul bec de gaz, plus un seul réverbère allumé. Et dans cette ville de Paris, où les voitures roulent comme un torrent jour et nuit, on n'entendait rien; on aurait cru que tout était mort.

Dans la rue Saint-Honoré seulement, vers le Palais-Royal, nous entendions venir cinq ou six chevaux au pas; et nous étant arrêtés pour écouter, nous entendîmes aussi cliqueter des fourreaux de sabres.

Alors Perrignon nous dit tout bas:

« Chut! ce sont des rondes qui se promè-

(— En route! nous dit alors le père Perrignon. Page 89.)

nent pour empêcher les barricades... Des chasseurs ou des dragons... S'ils nous entendaient, ils viendraient ventre à terre. »

Nous continuâmes à marcher doucement, le long des maisons. Mais presque aussitôt, du côté de la Halle, d'autres pas de chevaux arrivèrent à notre rencontre, et Perrignon, d'une voix nette, s'écria tout bas :

« Halte ! nous sommes pris entre deux piquets. Effacez-vous dans les portes ! »

Ce que nous fîmes.

Deux minutes après, cinq ou six cavaliers passaient près de nous, écoutant et regardant comme à l'affût. Heureusement le temps était très-sombre, car avec une seule étoile au ciel ils nous auraient vus. Mais eux, nous les voyions bien au milieu de la rue, à quinze pas avec leurs casques,—le petit plumet droit—et l'éclair bleu de leurs sabres. Ils s'arrêtaient pour écouter... Leurs chevaux, en grattant le pavé, faisaient un bruit qu'on pouvait entendre sur les toits. C'étaient des dragons. Ils ne disaient rien et finirent par continuer leur ronde.

A cent pas plus loin, les deux piquets se réunirent, et tout à coup ils repassèrent comme le vent. Les étincelles sautaient des pavés. Longtemps nous entendîmes ce bruit terrible du galop, qui se prolongeait dans le silence jusque derrière les Halles.

« En route ! nous dit alors le père Perrignon. »

Nous gagnâmes la rue du Louvre, puis le Pont-Neuf et le quartier Latin, sans rien de nouveau.

XXIV

Le lendemain, au petit jour, le mouvement de la rue recommença comme à l'ordinaire. En descendant, je regardai dehors par la lucarne du cinquième; rien n'était changé; le vieux quartier plein de boue, avec ses cheminées innombrables, ses girouettes, sa Sorbonne, son hôtel de Cluny, ses marchands d'habits, ses porteurs d'eau, ses êtres déguenillés, était toujours là.

Qu'est-ce que deux mille, quatre mille, dix mille individus qui se fâchent et veulent des changements, dans une ville pareille? C'est comme si deux ou trois mendiants se révoltaient à Saverne, et qu'on envoyât la garde pour les prendre. C'est encore moins, parce que personne ne dit : « Jean-Claude, ou Jean-Nicolas, viennent d'être mis au violon. »

Enfin, c'était le même spectacle que la veille; il pleuvait, et je descendis en pensant :

« Nous avons cassé les vitres de la Chambre, et c'est comme si nous n'avions rien fait. Le vieux Perrignon voit tout en gros; il se figure que les ouvriers du faubourg Saint-Antoine ont coulé des balles cette nuit, et qu'ils ont retrouvé les fusils de 1830; mais ces ouvriers se moquent bien de la réforme; ils n'ont pas un *caboulot* pour entendre crier du matin au soir qu'on ne peut pas vivre sans la réforme. Allons, Jean-Pierre, la révolution est finie, pourvu que cela ne devienne pas pire. »

Et rêvant à ces choses, je me rappelais que nous avions promis de revenir travailler la veille au soir; je m'attendais à recevoir des reproches, ce que je trouvais juste, puisque nous avions manqué de parole. Mais quelle ne fut pas ma surprise, en arrivant dans notre cour, de rencontrer M. Braconneau et mademoiselle Claudine, seuls sous le hangar. Le vieux maître dressait des planches contre le mur; il parut étonné de me voir.

« C'est vous, Jean-Pierre? me dit-il.

—Oui, monsieur Braconneau. Vous m'excuserez si je ne suis pas venu travailler hier à la nuit; nous sommes rentrés si tard !

—Oh! si ce n'était que cela, » dit ce brave homme en souriant d'un air triste.

Je lui demandai :

« Où sont donc les autres?

—Les autres! Perrignon, Quentin, Valsy, dit-il, les autres sont à se faire casser les reins quelque part, bien sûr! Enfin, pourvu que la réforme arrive... pourvu qu'elle arrive bientôt !

—Vous repasserez dans trois ou quatre jours, monsieur Jean-Pierre, me dit alors mademoiselle Claudine.

—Oui, s'écria le vieux menuisier, vous avez encore les bonnes habitudes de la province, vous; mais qu'est-ce que vous pourriez faire tout seul? Revenez dans tous les cas samedi, que je vous solde votre compte. »

En même temps il tirait la porte de l'atelier, la fermait à double tour, et mettait la clef dans sa poche. Nous traversâmes ainsi la cour ensemble; ils montèrent leur escalier, et moi je descendis la rue en me disant :

« Te voilà sur le pavé. »

Ensuite, songeant que M. Guizot était cause de tout, j'en pris une fureur terrible; j'aurais voulu savoir où trouver les camarades, pour me mettre avec eux.

En passant près d'un autre atelier, plus bas, je vis qu'il était aussi fermé.

« Maintenant, Jean-Pierre, me dis-je, il ne te reste plus qu'à manger, jour par jour, les quatre-vingts francs que tu as économisés avec tant de peine, et puis à mourir de faim. »

Je sentais mes joues trembler. Me représentais le ministre Guizot sous la figure de Jary cassant ma table. Autant j'étais prêt à me remettre au travail une demi-heure auparavant, autant alors j'aurais voulu me battre. Cela montre bien que la grande faute retombe sur les êtres obstinés qui poussent les gens dans la misère; ils devraient être responsables de tout; mais presque toujours ils s'échappent, pendant que les malheureux qu'ils ont excités périssent par milliers de toutes les façons. Ah ! si ces hommes ont un peu de conscience, quels reproches ils doivent se faire ! Et s'ils croient en Dieu, quel compte ils doivent s'apprêter à lui rendre !

J'allais devant moi, sans rien voir, dans un trouble qu'on ne peut pas se figurer. Tout à coup, en arrivant au pont Saint-Michel, j'aperçus une grande foule dans la rue de la Barillerie.

« La bataille va commencer, » me dis-je.

L'indignation me possédait. J'allongeai le pas, et quelques instants après j'arrivais sur le pont au Change, couvert de monde. Là, depuis la fontaine du Palmier jusqu'à l'Hôtel de ville, des milliers de casques, de sabres et de baïonnettes fourmillaient par escadrons et par régiments. Le jour gris de l'hiver brillait dessus comme sur du givre; c'était terrible.

Pourquoi tous ces milliers d'hommes étaient-ils là? Pour soutenir la plus grande des injustices contre les honnêtes gens du pays; pour leur dire avec insolence :

« Vous auriez cent mille fois raison, que

nous ne voulons pas vous écouter. Quand on a les sabres, les baïonnettes et la mitraille pour soi, on fait la pluie et le beau temps, le juste et l'injuste ; on se moque de toutes les raisons du monde, et si les autres ne sont pas contents, on les envoie aux galères par centaines. »

Voilà ce que ces sabres et ces baïonnettes voulaient dire !—Et les pauvres gens qui regardaient le long du quai de l'Horloge, sans armes, la bouche ouverte et les mains dans les poches, pensaient :

« On trouve pourtant de grands gueux sur la terre ! »

Personne ne bougeait, personne ne criait ; chacun avait encore peur d'être assommé par les bâtons plombés, qui sont aussi des raisons, comme les sabres et les baïonnettes.

Mais le plus triste de tout, c'est que derrière ces troupes et ces grandes bâtisses grises de la rive droite, derrière ces vieilles maisons qui longent le quai,—avec leurs magasins de ferrailles, de cannes à pêche, de vieux casques et de lances en forme de hache, du temps de Henri IV,—derrière tout cela, dans les petites ruelles sombres, on entendait des coups de fusil, qui se suivaient un à un, puis des feux de file, puis des rumeurs, de grands cris étouffés par la hauteur des masures et la profondeur de ces quartiers.

Voilà ce qui vous serrait le cœur !

Des vieilles près de moi se disaient :

« C'est là-bas qu'ils se battent !... Votre garçon est aussi parti ?

—Oui, madame, de grand matin... »

Alors elles écoutaient, leurs mentons tremblotaient. Ces malheureuses me faisaient une peine que je ne puis pas dire.

Oui, ces pauvres vieilles, avec leurs capuches du temps passé, ces vieux ouvriers tout gris, en petite blouse, sous la pluie, ces centaines de femmes, leur petit dernier à la main, et ces garçons qui regardaient tout pâles le fond de la rue en face, où des troupes de ligne en bon ordre stationnaient l'arme au pied, — tous ces gens dont les uns pensaient à leurs frères, les autres à leur père, à leur mari, et qui s'effrayaient de ne rien savoir, de ne pas pouvoir courir chercher des nouvelles, ou porter secours à leurs parents qu'on exterminait peut-être, — voilà ce qui me paraissait le plus épouvantable.

On parle toujours des curieux, on dit que les curieux doivent rester dans leurs maisons, et que si l'on tire dessus, c'est leur faute ! Oui, mais ceux qui disent cela, s'ils avaient des enfants ou des amis au milieu de ces dangers de mort, est-ce qu'ils resteraient chez eux ? Est-ce qu'ils trouveraient juste d'être fusillés, lorsque l'épouvante les pousserait dehors ?

Toutes ces choses sont de véritables abominations. Des égoïstes sans cœur peuvent seuls parler de la sorte ; ils méritent que Dieu les punisse.

Moi je m'en voulais de n'être pas parti de grand matin, et j'en voulais au vieux Perrignon de ne pas m'avoir prévenu. Mais il m'a dit plus tard qu'en ces sortes d'affaires chacun doit suivre sa conscience, et que pour lui, c'était bien assez de risquer sa propre vie, sans entraîner des camarades.

Depuis neuf heures du matin jusqu'à midi, tout resta dans le même état. Les voitures ne passaient plus, les gens étaient arrêtés sur le pont, les feux de file au quartier Saint-Martin continuaient. De temps en temps, dans la rue Saint-Denis, une bouffée de fumée sortait d'une lucarne. Tous les yeux se levaient, on disait à voix basse : « Un coup de feu ! » mais on n'entendait pas de bruit.

J'étais allé manger vers onze heures. Au caboulot, on n'avait vu ni Montgaillard, ni Coubé, ni Perrignon, ni personne de nous, et je repartis tout de suite en pensant :

« Il faut que je passe... il faut que j'arrive de l'autre côté, coûte que coûte !... »

Mais à cette heure, vous allez voir comment on traitait les gens qui n'avaient pas les mêmes idées que M. Guizot ; vous allez voir le respect des droits du peuple ; vous allez voir la plus grande gueuserie qu'on ait jamais vue dans ce monde.

J'arrivais à peine sur le pont au Change, pour la seconde fois,—sans me méfier de rien, —que deux cuirassiers en sentinelle au milieu de la chaussée à droite se retirèrent ; et les autres troupes se retirèrent aussi plus loin, du côté de l'Hôtel de ville.

Chacun naturellement se disait :

« C'est pour faire place aux personnes arrêtées, qui veulent descendre dans la rue Saint-Denis. »

En même temps un général s'approchait à gauche sur les quais, au milieu de son état-major. Il venait des Tuileries. Quelques soldats d'infanterie remplaçaient les cuirassiers sur les trottoirs du pont. Tout le monde devenait attentif. Le général, en face de nous, s'arrêta quelques instants à regarder.

Je vous raconte ces choses en détail, pour que chacun puisse reconnaître la justice de M. Guizot. Ce général n'aurait eu qu'à faire signe aux sentinelles de déblayer le pont, personne n'aurait opposé de résistance : on n'avait pas d'armes. Mais il s'y prit autrement.

Il se mit donc à regarder d'un air calme, et je crois encore le voir. Il avait un petit képi à larges galons d'or et de petites épaulettes, il avait le teint brun, la figure osseuse, le nez droit, le menton carré; ses yeux noirs voyaient tout. Il parlait, mais nous ne l'entendions pas, à cause de ses officiers d'état-major qui caracolaient autour de lui. Enfin il étendit deux ou trois fois la main, et partit au trot vers l'Hôtel de ville.

Nous le regardions au milieu de ses officiers, sans penser à rien, et j'allais même profiter du passage pour gagner la rue Saint-Denis, quand tout à coup un grand cri, un cri épouvantable s'éleva jusqu'au ciel.

Je me retourne, et qu'est-ce que je vois? Un escadron de municipaux qui venait ventre à terre, le long du quai de l'Horloge, en écrasant tout ce qu'il rencontrait sur son passage.

Quelle idée ces hommes se faisaient-ils de la nation? Je n'en sais rien. Des Autrichiens, des Espagnols, des Russes, des ennemis, en temps de guerre on les entoure, on les sabre, on les écrase : ils ont des armes pour se défendre ! Mais des Français, des gens qui travaillent pour nous, qui payent notre solde, notre pain et notre équipement, qui nous font des pensions, qui nous mettent aux Invalides dans nos vieux jours, qui nous honorent, qui nous appellent leurs défenseurs et leurs soutiens; des gens du même sang que nous! les surprendre par derrière sans qu'ils se méfient, et qu'ils aient seulement des bâtons pour se défendre, qu'est-ce que c'est? Je le demande aux juges de notre pays, je le demande aux pères de famille, je le demande à tous les honnêtes gens du monde : « Est-ce que ce n'est pas infâme, une conduite pareille? »

Ce général venait d'ordonner notre massacre. Les municipaux ne demandaient pas mieux. Les femmes, les enfants se sauvaient, en poussant des cris qui devaient s'entendre jusqu'au Jardin des Plantes. Elles couraient si vite, que leurs robes n'étaient pas assez larges pour laisser s'étendre leurs jambes. Deux vieilles appelaient au secours. Mais tout cela ne dura pas une minute, car la charge arrivait comme le vent. La terre en tremblait.

Moi, je ne voulais pas me sauver; c'était contre ma nature, et je me disais :

« C'est fini, Jean-Pierre ! »

Je restai seul sur le trottoir du pont, avec une des vieilles à quinze pas de moi, le dos contre la rampe, et un enfant de neuf à dix ans, les cheveux ébouriffés, qui courait à droite et à gauche, sans savoir où se mettre. L'autre vieille, boiteuse, ne pouvait pas monter les marches du trottoir.

Au même instant la charge arrivait : les municipaux, tellement allongés, la pointe en avant, qu'on ne voyait que le haut de leurs casques et la queue derrière. J'entendis un cri: la pauvre boiteuse roulait sous les chevaux comme une guenille, et les coups de sabre me passaient devant la figure comme des éclairs. Ces sabres, depuis la pointe jusqu'à la garde, et même le pompon de cuir blanc qui ballottait à la poignée, me sont toujours restés peints dans l'œil. A chaque coup je croyais avoir la tête en bas des épaules.

C'est tout ce que j'avais à vous dire de cette charge dont tout Paris a parlé. Elle partit du Pont-Neuf, elle passa le pont au Change et tourna du côté de l'Hôtel de ville.

L'enfant qui se trouvait près de moi reçut un coup de sabre à la nuque, et même le municipal s'allongea pour le toucher, car il était loin au tournant du trottoir.

Je m'en allais lentement, plein d'horreur; et le factionnaire, au bout du pont, tout pâle, me disait en croisant sa baïonnette :

« Sauvez-vous !... sauvez-vous !... »

Seulement alors l'idée de me sauver m'empoigna. Je me mis à sauter les six marches, et à courir en faisant des bonds de quinze pieds. J'entendais tirer derrière moi. Je croyais chaque fois sentir une balle m'entrer dans le dos; et l'épouvante de voir comme on massacrait le monde m'empêchait en quelque sorte de reprendre haleine.

C'est ainsi que je traversai la place du Châtelet, à droite, en prenant la petite ruelle de la Lanterne, qui me conduisit heureusement à la première barricade, en face du quai de Gèvres. Elle était en triangle. Les hommes qui la défendaient me criaient : « Dépêche-toi ! » car ils voyaient l'infanterie tourner au coin de la place du Châtelet.

On pense aussi que je me dépêchais!

Quand j'eus grimpé par-dessus le tas de pavés, les camarades recommencèrent à répondre au feu de la rue Planche-Mibray. Mais ces choses veulent être peintes en détail, on n'en voit pas de semblables tous les jours

XXV

Dans ce temps, le pâté de maisons entre la tour Saint-Jacques et la place du Châtelet n'était pas encore abattu. C'est là que se trouvaient les vieilles rues Saint-Jacques-de-la-Boucherie, de la place aux Veaux, de la Lanterne, etc. C'était sale, gris, vieux, décrépit, étroit. En levant les yeux, on voyait toujours au-dessus des pignons le haut de la tour, avec son lion ailé, son bœuf griffon et son vieux saint Jacques, qui vous regardaient comme au fond d'une citerne.

Les jours ordinaires, lorsque les porteurs d'eau, les marchands d'habits, les chanteurs en plein vent, entourés de monde, les lavandières de la Seine, les gens de la Halle et du marché des Innocents allaient, venaient, criaient dans un rayon de soleil, c'était bien. Mais un jour de pluie, au milieu des pavés soulevés, cela changeait de mine.

La première chose que je fis, ce fut de regarder par-dessus la barricade, du côté du quai, et chacun peut se figurer mon étonnement, en voyant les troupes en colonne à deux cents pas de nous, les sapeurs en tête, le grand bonnet à poils carrément planté sur les sourcils, le large tablier de cuir blanc descendant de l'estomac jusqu'aux genoux, le mousqueton en bandoulière et la hache sur l'épaule, prêts à marcher.

Oui, cette vue m'étonna. J'aurais tout donné pour avoir un fusil ; mais ma surprise fut encore autrement grande en regardant les camarades, et, pour dire la vérité, je n'ai jamais revu leurs pareils. Ils étaient une quinzaine ; un vieux tout blanc, la poitrine débraillée, le nez en crampon, la bouche creuse ; les autres, des hommes faits, et deux garçons de dix à douze ans : tout cela couvert de boue, trempé par la pluie, des souliers éculés ; quelques-uns en blouse, d'autres en veste, et même deux ou trois sans chemise.

Notre barricade n'avait pas plus de trois ou quatre pieds de haut ; la pluie qui tombait formait des deux côtés une mare où l'on enfonçait jusqu'aux genoux. Ces gens entraient dans une allée à gauche, pour charger cinq ou six vieilles patraques de fusils à pierre, et deux grands pistolets mangés de rouille, qu'ils venaient décharger ensuite de minute en minute sur les sapeurs, en riant comme des fous. Il leur fallait du temps pour mettre la poudre, pour déchirer une mèche de la blouse qui servait de bourre, et serrer la balle. Chaque coup retentissait dans ces boyaux comme le tonnerre.

De temps en temps il partait aussi quelques coups de fusil d'autres barricades aux environs, qu'on ne voyait pas ; des feux de peloton leur répondaient.

Jamais on ne se figurera rien de plus triste, de plus sauvage, de plus terrible que cette espèce de massacre dans des recoins détournés, sous la pluie continuelle. Le crépi des vieux murs pleuvait, les volets détraqués se balançaient à leurs gonds, les enseignes étaient criblées. Ces pavés entassés en triangle vous représentaient un véritable coupe-gorge, quelque chose d'effrayant et de sinistre.

Pourquoi les sapeurs restaient-ils là comme des cibles? Je n'en sais rien, car, au bout d'une bonne demi-heure, ils se retirèrent sans avoir donné, et le feu roulant recommença sur nous.

J'étais adossé au coin de l'allée. Le vent remplissait tellement la ruelle de fumée, que je ne voyais plus passer les autres que comme des ombres. L'idée me venait à chaque instant qu'on allait courir sur nous, et que nous étions tous perdus.

Cela dura longtemps. Le pire, c'est qu'on avait encore la crainte d'être pris par derrière.

Je me rappelle que dans ce moment, au milieu du vacarme épouvantable des balles qui s'aplatissaient sur le pavé et qui raclaient les murs, l'idée me vint de faire un vœu ; cela me paraissait alors notre seule ressource. Mais à force d'avoir entendu rire le père Nivoi des *ex-voto* de la Bonne-Fontaine et de Saint-Witt, j'étais honteux de prononcer mon vœu, quand quelque chose de mou s'affaissa contre mes jambes : un de ceux qui tiraient venait de recevoir une balle dans la tête, et malgré l'horreur de cette blessure qui faisait un trou gros comme le poing, je me baissais pour ramasser son fusil, lorsqu'on se mit à crier :

« Les voilà ! »

Un des jeunes garçons qui se trouvaient avec nous, criait aussi d'une voix moqueuse, en se sauvant : « Tra ! tra ! tra ! » comme pour sonner la retraite, et j'entendais les souliers des fantassins rouler en masses sur le pavé.

Alors, sans tourner la tête ni perdre une seconde, je me mis à courir de toutes mes forces dans la rue des Arcis. Ça m'ennuyait de me sauver ; mais qu'est-ce que je pouvais faire contre cette masse de gens, avec un fusil sans baïonnette ? Il ne fallut pas seulement une minute aux soldats pour sauter dans notre barricade ; et tout de suite ils se mirent à nous poursuivre en nous fusillant. Moi, j'avais déjà dépassé la rue des Lombards sans rencontrer une seule porte ouverte. J'avais même essayé deux fois d'en pousser une en secouant, mais on avait mis les verrous ; et comme j'entendais toujours le sifflement des balles, cela me faisait courir plus loin.

A la rue Aubry-le-Boucher, ne pouvant plus reprendre haleine, je tournais à gauche pour gagner le marché des Innocents, quand je me vis face à face avec un bataillon d'infanterie rangé le long des vieilles baraques, en bon ordre, l'arme au pied.

Ce bataillon n'aurait eu qu'à faire cent pas en avant, pour couper la retraite à toutes les barricades plus haut, et pour les mettre entre deux feux. Cela m'étonne encore quand j'y pense. Qu'est-ce que ce bataillon faisait là? Ceux auxquels j'en ai parlé m'ont dit que M. le duc de Nemours commandait, et qu'il oubliait de donner des ordres; de sorte qu'un grand nombre de nous lui doivent la vie.

Enfin, à cette vue, je repris de nouvelles forces, et ce n'est que bien plus haut, tout au bout de la rue Saint-Martin, dans une barricade tournée vers le boulevard, que je m'arrêtai pour la seconde fois. J'en avais passé six ou sept autres, mais toutes abandonnées.

Dans ce quartier, bien des combats s'étaient livrés : à la caserne Saint-Martin, à l'École des Arts-et-Métiers, et principalement dans la rue Bourg-l'Abbé. Tout était cassé, brisé; des brancards passaient à chaque minute avec des blessés. Les municipaux étaient cause de tout. On criait :

« Vive la garde nationale! Vive la ligne! A bas les municipaux!... »

Il pouvait être alors près de cinq heures; le temps commençait à s'éclaircir, mais la nuit venait. Sur les boulevards des masses de gens descendaient vers la Madeleine, en répétant leurs cris de : « Vive la garde nationale! Vive la ligne! » Les gardes nationaux se mêlaient avec le peuple, un grand nombre avaient même donné leurs fusils. Tout le monde voulait la réforme.

Après avoir regardé ce spectacle quelque temps, la pensée me vint de retourner dans notre quartier. Tout paraissait fini. Des officiers d'état-major, en passant, criaient que M. Guizot s'en allait; mais les ouvriers ne voulaient pas les croire; ils descendaient par bandes le long des boulevards en répétant toujours :

« Vive la ligne! A bas Guizot! »

Qu'est-ce qui pourrait peindre une confusion pareille? Les épaulettes et les collets rouges, dans la foule, bras dessus bras dessous avec des blouses!

J'avais aussi fini par sortir de la barricade, et je croyais à chaque instant reconnaître Perrignon, Quentin, Valsy, dans ces tourbillons; mais, voyant ensuite que je m'étais trompé, je me les représentais déjà tous au *caboulot*, en train de se réjouir et de boire à la santé de la réforme.

Au milieu de ces pensées, je repris le chemin de la maison, la bretelle de mon vieux fusil rouillé sur l'épaule. Jamais l'idée ne me serait venue que la bataille continuait encore le long des quais; que M. le duc de Nemours avait oublié de prévenir les municipaux de suspendre leurs charges, et de leur dire qu'ils en avaient assez fait, qu'il n'était plus nécessaire de massacrer les gens! Eh bien, en repassant par la place du Châtelet, je les vis encore là, prêts à charger. Leurs chevaux tremblaient sous eux de fatigue et de faim, eux-mêmes grelottaient de froid; mais la rage d'entendre crier : « Vive la ligne! A bas les municipaux! » durait toujours.

Presque toute la troupe de ligne s'était alors retirée vers l'Hôtel de ville et les Tuileries.

Sur le pont Saint-Michel, un brancard marchait lentement, deux hommes le portaient. Presque tous les autres blessés de la rue Saint-Martin allaient à l'Hôtel-Dieu. Dans la rue de la Harpe quelques femmes entouraient le brancard. Moi je tombais de fatigue, et j'entrai dans le *caboulot*, où je mangeai seul au bout de la table.

Madame Graindorge paraissait désolée; elle me dit que pas un seul d'entre nous n'était venu dans la journée, et que M. Armand lui-même avait fini par s'en aller, en criant qu'il ne voulait pas passer pour un lâche.

Pendant qu'elle me racontait cela, je tremblais de froid; mes habits, ma chemise, mes souliers, tout était trempé, et seulement alors je sentis qu'il fallait me changer bien vite; mes dents claquaient. Je sortis dans la nuit noire et je courus à la maison. Le portier, en me reconnaissant sur l'escalier, me cria :

« Eh! monsieur Jean-Pierre, vous en avez fait de belles! vous êtes signalé dans tout le quartier. On est venu demander de vos nouvelles. »

Et comme il était sorti sur le pas de sa loge, en apercevant mon fusil il s'écria :

« Ah! ah!... Je pensais bien... On va venir vous *agrafer!*

— Celui qui viendra le premier, lui dis-je en ouvrant le bassinet, n'aura pas beau jeu; regardez... l'amorce est encore sèche. »

Il ne répondit rien, et je montai quatre à quatre.

Je me déshabillais assis sur mon lit, quand tout à coup le tocsin de Notre-Dame se mit à sonner lentement. Mes petites vitres en grelottaient, et moi, d'entendre cela au milieu de la nuit, les cheveux m'en dressaient sur la tête; le livre du vieux Perrignon s'ouvrait en quelque sorte devant mes yeux; je me rappelais les grandes choses que nos anciens avaient faites, et je pensais à celles que nous pourrions faire.

Bientôt toutes les autres églises répondirent à Notre-Dame. Le ciel était plein d'un chant magnifique et terrible.

Ces choses sont passées depuis dix-sept ans; mais ceux qui vivaient en ce temps et qui n'avaient pas un cœur de pierre se souviendront toujours du tocsin de Notre-Dame, dans la nuit du 23 au 24 février : —cela parlait aux hommes de justice et de liberté!...

XXVI

Le lendemain, lorsque je m'éveillai, il faisait grand jour, un de ces jours humides où l'on pense : « Il pourra bien pleuvoir! »

En bas, dans la rue, des rumeurs s'élevaient, des paroles confuses s'entendaient, des crosses de fusil résonnaient sur les pavés. Dans la maison, pas un bruit : le tic-tac du cordonnier au-dessous, le bourdonnement du tourneur, les coups sourds du brocheur, tout se taisait.

Je sautai de mon lit et je m'habillai bien vite. Une fois sur l'escalier, ce fut encore autre chose : la maison était abandonnée, les portes étaient ouvertes, les marches glissantes; les fenêtres dans la cour battaient les murs; et pas une âme pour me dire ce que cela signifiait.

Je déboulai de mes cinq étages, mon fusil sur l'épaule. Mais comment vous peindre la vieille rue des Mathurins-Saint-Jacques et les autres aux environs? Ces barricades bâties comme des remparts, droites d'un côté, en pente de l'autre, avec un passage étroit contre les maisons; la sentinelle en blouse, l'arme au bras, dessus. Et tous ces gens qui se promènent, qui causent, qui rient à l'intérieur des tranchées : les vieilles sur leur porte, les enfants en route pour tout voir, les hommes avec leurs sabres, leurs fusils, leurs piques, qui montent la garde? Non, ce n'est pas à peindre! Les rues, les ruelles, les places, les carrefours de Paris, avec les mille et mille boyaux qui se croisent, ressemblaient à nos pauvres villages, où le fumier, la boue, les tas de fagots, les enfoncements, les hangars sont aussi des barricades. Ce n'était plus Paris, c'était la fraternisation du genre humain. Les ouvriers et les bourgeois s'entendaient; et de temps en temps il fallait répéter : « Ce n'est pas fini ; ça va seulement commencer! » Car on aurait cru que nous étions déjà maîtres de tout.

Durant cette nuit, quinze cents barricades s'étaient élevées. Il faut avoir vu ces choses pour les croire; et, Dieu merci, les armes ne manquaient pas, on les avait toutes déterrées depuis les premiers temps de la grande République.

Enfin, je sortis de notre petite allée sombre, au milieu de ce bouleversement, comme un rat de son trou, les oreilles droites, regardant en l'air les sentinelles sur le ciel gris, et les gens penchés à tous les étages dans l'étonnement et l'admiration.

Je m'avançais, observant ce spectacle et me demandant :

« Est-ce possible? Est-ce que cet homme avec sa casquette, son sarrau et sa giberne, est un ouvrier? Est-ce que tout ce monde est de Paris? »

J'en avais en quelque sorte perdu la voix, et seulement au bout de quelques minutes, je me dis :

« Jean-Pierre, est-ce que le *caboulot* donne encore à manger et à boire ? »

Alors, regardant du côté de l'hôtel de Cluny, je vis deux barricades qui montaient l'une sur l'autre; elles n'avaient pas de passage, il fallut grimper sur les pavés; et de là-haut j'en vis encore une troisième à l'entrée de la rue de la Harpe, tournée sur la place Saint-Michel. Mais ce qui me réjouit le plus, c'est que tous les marchands avaient leurs boutiques ouvertes; qu'on entrait et qu'on sortait, qu'on mangeait et qu'on buvait comme à l'ordinaire. On vivait entre ces tas de pierres et de boue, comme si la bataille avait dû continuer dans les siècles des siècles.

Ayant donc contemplé notre rue, en me faisant des réflexions sur la force de la justice, et m'écriant en moi-même : « O grande nation ! O noble peuple de Paris ! » et d'autres choses semblables qui m'attendrissaient et m'élevaient le cœur, je grimpai de barricade en barricade jusqu'à la rue Serpente, entendant répéter partout que Montpensier arrivait de Vincennes... que Bugeaud voulait tout avaler.

Tout le monde se plaignait de n'avoir pas assez de cartouches; moi, je n'avais que mon coup chargé. Dans la rue de la Harpe, un garde national auquel je demandai où l'on pouvait trouver de la poudre, me répondit :

« A la caserne du Foin; arrivez ! »

Il marchait à la tête d'une dizaine d'hommes, et paraissait réjoui de les mener dans un endroit où l'on pouvait tout avoir.

La caserne était un peu plus haut, dans la ruelle du Foin, derrière les Thermes. C'était un véritable conduit où nous courions à la file dans l'ombre, nos fusils et nos piques sur l'épaule. On entendait déjà les pavés tomber contre la grande porte, à l'autre bout, et des cris terribles :

Ça m'ennuyait de me sauver. (Page 93.)

« Ouvrez !... »

Une demi-compagnie de fusiliers, avec un lieutenant, s'étaient enfermés là. La porte criait, et comme nous approchions, elle s'ouvrit. La foule se jeta dans la cour, les soldats furent désarmés en un clin d'œil ; l'un prenait le fusil, l'autre vidait la giberne. Ces pauvres fusiliers ne disaient rien. Qu'est-ce qu'ils pouvaient faire ?

J'ai malheureusement aussi quinze ou vingt de leurs cartouches sur la conscience, que je pris dans la giberne d'un de ces pauvres diables, en lui disant :

« Vive la ligne ! »

Il me répondait :

« Vou me ferez avoir de la peine !... »

C'était bien sûr le fils d'un paysan comme moi, qui venait d'arriver au régiment. Depuis, souvent ces paroles simples et tristes me sont revenues, et je me suis écrié : « Tu n'aurais pas dû faire cela, Jean-Pierre, non ! » Mais que voulez-vous ? la fureur d'avoir des cartouches était trop grande !

Une autre chose qui me fait plus de plaisir quand j'y pense, c'est qu'un homme, au milieu de la confusion et des cris, voulait ôter son sabre à l'officier, et que mon cœur en fut révolté. Cet officier, je le vois : il était petit, pâle ; il avait la moustache grise et semblait calme dans son malheur. Un vieux soldat, déjà dépouillé de son fusil et de sa giberne, étendait les bras comme pour le défendre ; lui, disait en le regardant tout attendri :

« Cet homme m'aime ! »

Quentin, sans rien dire, enleva l'affiche d'un coup de baïonnette. (Page 100.)

Alors, voyant cela, je criai :

« Ne touchez pas au sabre de l'officier ! »

Il paraît que j'avais une figure terrible, car celui qui tenait déjà la poignée du sabre recula. Dans le même instant, j'aperçus Emmanuel; il venait d'enlever un fusil, et me tendait la main en criant : « Jean-Pierre ! »

D'autres étudiants arrivaient. Nous entourâmes l'officier, qui sortit avec nous. Je lui disais :

« Ne craignez rien, lieutenant. »

Il me répondait d'un air sombre :

« Je ne crains rien non plus... Qu'est-ce qui peut m'arriver de pire? »

La caserne était envahie jusqu'en haut, la foule se précipitait dans un large escalier en voûte, à droite, en répétant :

« Des armes ! des armes ! »

On croyait que la caserne du Foin était pleine de munitions; plusieurs même levaient les madriers pour en trouver, mais on avait tout évacué depuis quelques jours.

Au bout de la ruelle, l'officier nous quitta. Je ne l'ai plus revu.

Emmanuel et moi, bras dessus bras dessous, nous étions si fiers d'être armés, que l'idée du malheur des autres ne nous venait pas. Il voulait m'entraîner au cloître Saint-Benoît, chez Ober, mais je lui déclarai qu'il viendrait cette fois au *caboulot*, et nous y descendîmes par-dessus les barricades.

Le *caboulot* était plein de monde, il avait même fallu dresser une table en haut, dans la chambre de madame Graindorge. On montait, on descendait, on vidait un verre, on sortait; d'autres entraient, cassaient une croûte; quelques-uns s'asseyaient. Les camarades remplissaient la chambre des journalistes, qui se trouvaient sans doute réunis à la *Réforme*, ou bien au *National*, est ce que je pense.

Tout de suite en entrant, j'avais reconnu la voix de Perrignon, ce qui me réjouit, comme on peut croire. J'ouvrais à peine le cabinet, que toute la table se mit à crier :

« Le voilà! voilà Clavel!... Qu'est-ce qu'il est devenu depuis deux jours? »

On riait. Moi je posai modestement mon fusil dans un coin, avec celui d'Emmanuel. Perrignon se leva, riant jusque dans les cheveux :

« Hé! petit, nous l'avons! criait-il; nous la tenons cette fois, la réforme; elle ne nous échappera plus ! »

Il nous serrait la main. Quentin, derrière lui, disait :

« Bah! la réforme, elle vient trop tard... Il nous faut autre chose maintenant. »

Mais personne ne lui répondait. On se serrait pour nous faire place. En même temps, madame Graindorge venait nous servir.

C'était un beau jour, on peut le dire, la joie brillait sur toutes les figures.

Tandis que nous mangions, les autres parlaient tous ensemble de ce qu'ils avaient fait. L'un criait qu'il s'était trouvé de grand matin, rue Saint-Méry, l'autre à l'attaque de la caserne Saint-Martin, l'autre à la prise du magasin d'armes de Lepage, dans la rue Bourg-l'Abbé, où l'on espérait trouver beaucoup de fusils. Quand on apprit que j'avais combattu dans la barricade de la petite rue de la Lanterne, et qu'ensuite je m'étais sauvé jusqu'à la grande barricade près de la rue du Vert-Bois, ce fut un éclat de rire de bonheur.

« Mon pauvre Jean-Pierre, criait Perrignon, je savais bien que tu ferais ton devoir. L'atelier s'est distingué. »

Il riait tellement que les larmes lui en coulaient dans la barbe.

Emmanuel alors nous raconta l'affaire du boulevard des Capucines : la foule, qui se promenait vers neuf heures sans défiance, admirant l'illumination depuis la Madeleine jusqu'à la place de la Bastille; la descente des colonnes d'ouvriers et de bourgeois par toutes les rues, le drapeau tricolore en tête; puis l'arrivée de la grande colonne du faubourg Saint-Antoine, avec le drapeau rouge, chantant la *Marseillaise*; le bataillon du 14ᵉ de ligne, qui s'était mis en travers pour l'empêcher de passer; l'ordre de croiser la baïonnette; un coup de feu; la décharge horrible des soldats dans cette foule, à bout portant; les cris des femmes qui s'entendaient comme des coups de sifflet, et l'épouvante des gens qui se marchaient les uns sur les autres, en se précipitant dans la rue Basse-du-Rempart. Ensuite la promenade des morts au *National*, à la *Réforme*, dans toutes les ruelles, avec des torches; les cris de vengeance et le tocsin!

Je sus pour la première fois d'où venait le mouvement de la nuit, et pourquoi ces centaines de barricades s'étaient élevées en quelque sorte d'elles-mêmes. Les camarades connaissaient tous cette histoire. Emmanuel, lui, s'y trouvait mêlé : il était descendu dans la foule jusqu'à la Madeleine : il avait tout vu.

Enfin, ayant fini de manger en quelques instants, car tout ce que je viens de raconter n'avait pas pris un quart d'heure, le vieux Perrignon s'écria :

« En route! »

Il avait l'air de nous commander. Tout le monde se leva, chacun prit son fusil, et nous sortîmes.

« Tu as des cartouches? me demanda Perrignon.

— J'en ai quelques-unes.

— Et vous? fit-il en se tournant du côté d'Emmanuel.

— Moi, je n'en ai pas.

— Donne-lui la moitié des tiennes, » me dit Perrignon.

Ce que je fis aussitôt.

Nous marchions derrière la troupe, qui gagnait la rue Saint-André-des-Arts.

Perrignon tout pensif, nous dit :

« C'est maintenant que l'affaire va devenir sérieuse; les barricades ne manquent pas, il s'agit de les défendre. Cette nuit, Bugeaud a remplacé le duc de Nemours, il commande l'armée de Paris et nous regarde tous comme des Arabes. Il occupe le Louvre, la place du Carrousel, les Tuileries et la place de la Concorde avec une quinzaine de mille hommes. Le reste de l'armée est sur la place de la Bastille, devant l'Hôtel de ville et sur la place du Panthéon. Nous sommes entre les divisions; elles vont essayer de se réunir, en nous passant sur le ventre.

— Comment savez-vous cela? lui demanda Emmanuel.

— Nous savons bien ces choses! dit-il sans répondre. Pendant qu'on nous attaquera par derrière sur la place Saint-Michel, la principale attaque viendra par le quai d'Orsai, le quai Voltaire et le quai de Conti. Voilà pourquoi nous allons de ce côté. Bugeaud croit qu'on va courir à l'attaque de la place Saint-Michel, il se trompe : chacun reste à sa barricade. Nous n'avons pas trop de munitions, mais les troupes n'en ont pas beaucoup plus que nous. Les convois de Vincennes sont arrêtés. Les soldats veulent la réforme comme nous; ils aiment autant fraterniser avec le peuple que de se battre contre lui. C'est tout naturel, nous sommes du même sang. Et la garde nationale non plus n'a pas envie de se faire échiner pour soutenir Guizot, qu'elle voudrait voir au diable. Ainsi, quand on regarde bien, nous n'avons contre nous que Bugeaud, avec les municipaux éreintés. La première manche est gagnée! Hier, nous n'avions pas d'armes, pas de barricades; aujourd'hui, nous avons tout. L'affaire se présente mieux qu'en 1830. Bugeaud est plus fin, plus acharné que le duc de Raguse; mais les soldats français ne sont pas non plus des Suisses; ils ne voudraient pas nous massacrer, ni se faire massacrer jusqu'au dernier en l'honneur du roi de Prusse. Ainsi, mes enfants, tout va bien. — Nous voici dans notre barricade ! »

Alors, levant les yeux, nous vîmes une haute et solide barricade, au croisement des rues Dauphine et Mazarine avec celle de l'Ancienne-Comédie. Elle était très-bien faite. Quelques étudiants la gardaient; ils furent contents de nous voir.

Perrignon, en s'approchant, nous dit :

« Vous le voyez, nous pouvons descendre au Pont-Neuf ou sur le quai Malaquais; nous pouvons appuyer à droite ou à gauche, en cas de besoin; et si nous sommes repoussés, nos forces se réunissent. C'est ce qu'on peut souhaiter de mieux. Deux autres barricades empêcheront Bugeaud d'arriver par la rue de Seine; elles sont bien commandées. »

En arrivant près de la barricade, il dit aux étudiants que nous avions les mêmes idées qu'eux, et que nous les soutiendrions jusqu'à la mort. Ces braves jeunes gens criaient :

« Vive la réforme! A bas Bugeaud ! »

Emmanuel reconnut dans le nombre un de ses camarades de l'école, le fils d'un riche marchand de bois, qui s'appelait Compagnon. Ils se serrèrent la main.

Plusieurs étudiants n'avaient pas de fusils, mais ils devaient prendre les armes de ceux qui tomberaient pendant le combat. En attendant, ils se tenaient dans le tournant de la rue de Seine.

Perrignon mit aussitôt Quentin en sentinelle sur la barricade, et fit descendre les étudiants qui se tenaient en haut, en leur disant :

« La première décharge peut arriver d'un instant à l'autre. Il vaut mieux qu'un seul homme soit exposé que plusieurs. »

Il parlait comme un chef, et tout le monde lui obéissait.

XXVII

Ce qui se passa de huit heures du matin à une heure de l'après-midi me semble encore un rêve; les heures se suivaient lentement, sans rien annoncer de nouveau. Perrignon disait :

« L'attaque devrait être commencée depuis longtemps; qu'est-ce que Bugeaud peut faire? Est-ce qu'il nous entoure d'un autre côté? »

La pluie tombait toujours. Les étudiants entraient de temps en temps dans un café voisin, puis ils venaient voir en demandant :

« Rien de nouveau? »

Nous autres nous fumions des pipes, nous prenions patience. A la fin, l'inquiétude nous gagnait tellement, que plusieurs descendirent à gauche, sous la voûte de l'Institut, pour découvrir ce qui se passait. Ils ne revenaient plus, et par instants il nous semblait entendre comme un bourdonnement de fusillade au loin, bien loin sur l'autre rive. Mais la pluie qui tombait en clapotant le long des murs, les pas des hommes dans la boue, les paroles au fond de la rue nous empêchaient d'être sûrs de rien.

On sait aujourd'hui que du quartier des Halles, sur la rive droite, le peuple s'était avancé de barricade en barricade jusqu'au Louvre, derrière le Carrousel, et même plus loin dans la rue de Rivoli; et que pour ne pas laisser en arrière un poste dangereux, il avait attaqué le corps de garde du Château-d'Eau, où se trouvait un détachement du 14e de ligne. La fusillade était terrible, et voilà sans doute ce que nous entendions.

Vers onze heures, cinq ou six étudiants arrivèrent jusqu'à nous, en remontant la rue Jacob, sur la gauche. Ils avaient des affiches et criaient :

« Changement de ministère ! Odilon Barrot, chef du cabinet. »

Nos étudiants se réunirent à eux. Ils entrèrent même dans le café chercher de la colle, pour poser leur affiche. Mais tout cela nous était bien égal à nous, et Perrignon en fut même indigné.

Les étudiants montaient alors au Luxembourg, avec leurs paquets d'affiches sous le bras, et continuaient de crier :

« Nouveau ministère, etc. »

Quelques étudiants restaient avec nous et

riaient de bon cœur. Quentin, sans rien dire, enleva l'affiche d'un coup de baïonnette.

Environ une heure après, des gardes nationaux arrivèrent à la file, en criant :

« Le roi vient d'abdiquer; c'est le comte de Paris qui le remplace, avec la régence. »

Ils étaient dans l'enthousiasme.

« C'est bon, dit Perrignon, pourvu que le roi parte avec le duc de Nemours, et que Lamartine soit premier ministre. En attendant, restons fixes à notre poste; puisque tout va si bien, peut-être que nous apprendrons encore quelque chose de meilleur. Ne nous pressons pas; il faut être sûrs de tout avant de bouger. »

Quelques ouvriers de Rouen arrivèrent aussi pour nous soutenir, tous de solides gaillards en blouses neuves et calottes rouges, avec des fusils, et des gibernes bien garnies. Ils s'étaient mis en chemin de fer à la première nouvelle, et nous pûmes alors nous reposer un instant, prendre un verre de vin et nous asseoir. La pluie nous coulait jusque dans les souliers; nous tremblions et nous grelottions; mais c'est égal, de voir les affaires prendre une si bonne tournure, cela nous réjouissait le cœur.

Une des choses les plus agréables, c'est que vers une heure le 7⁰ régiment de ligne tout entier s'avança dans la rue Dauphine, l'arme au bras. Nous croyions d'abord que c'était l'attaque; tout le monde se tenait prêt à la repousser courageusement; Perrignon avait fait descendre la sentinelle et criait :

« Attention ! »

Mais, à la hauteur de la rue de Lodi, les soldats, deux à deux, se mirent à défiler sur la gauche, en lâchant leurs fusils en l'air, ce qui formait à cent pas de nous comme le bourdonnement d'une rivière qui tombe de l'écluse. Les officiers, en même temps, s'avançaient de notre côté l'un après l'autre, leurs petits manteaux de toile cirée serrés sur les épaulettes, le sabre sous le bras, comme des bourgeois qui rentrent chez eux. Nous leur tendîmes la main pour les aider à grimper les pavés, en criant :

« Vive la ligne ! Appuyez-vous, commandant ! — Ne vous gênez pas, capitaine ! — Vive la liberté ! — Vive la France ! — Nous sommes tous frères ! »

On aurait voulu les embrasser. On leur disait même :

« Restez avec nous ! »

Mais ils répondaient merci ! brusquement, et continuaient leur chemin dans le haut de la rue. Alors, voyant cela, nous comprîmes que le peuple était vainqueur, et qu'il ne fallait plus rien craindre. Perrignon aurait bien voulu nous retenir encore, mais on ne l'écoutait plus, et tous pêle-mêle nous descendîmes par-dessus la barricade jusqu'au Pont-Neuf.

Sur les quais, nous pensions voir des masses de soldats, mais tous étaient déjà partis, excepté deux ou trois officiers d'état-major, qui filaient ventre à terre le long du Louvre. Nous traversâmes le pont en chantant la Marseillaise comme des bienheureux. Perrignon seul criait toujours :

« Attention !... attention aux fenêtres du Louvre ! c'est de là que les Suisses, en 1830, ont ouvert le feu.. Attention !... »

Mais on avait beau regarder, rien ne paraissait.

Quelques étudiants s'étaient mis aussi avec nous; et c'est ainsi que nous passâmes d'abord devant le Louvre, ensuite le long des Tuileries, jusqu'à la deuxième voûte, sans rencontrer d'obstacle.

Il paraît que toute l'armée réunie au Carrousel était partie comme le 7⁰ de ligne : un régiment à droite, un autre à gauche.

Ce que je dis, bien des gens auront de la peine à le croire, et c'est pourtant la simple vérité. On veut toujours que les révolutions soient terribles ! Eh bien ! j'ai vu qu'elles marchent en quelque sorte toutes seules, quand l'heure de la justice est venue.

Une chose qui me revient encore, c'est que, auprès des Tuileries, un officier d'état-major ayant voulu passer au galop, nous le fîmes descendre de cheval, pour mettre à sa place une étudiante, qui chantait la Marseillaise comme un ange ; et bientôt après nous arrivâmes dans la cour des Tuileries sans embarras, étonnés nous-mêmes, et pensant à chaque seconde voir les feux de file commencer par toutes les fenêtres du palais.

Les grilles des Tuileries étaient ouvertes. Plusieurs d'entre nous, malgré les cris de Perrignon, qui leur disait de ménager les cartouches, tiraient des coups de fusil en signe de joie. On courait à la débandade et l'on se réunit devant la grande porte.

Nous n'étions pas plus de vingt-cinq ou trente dans cette cour immense. Nous montâmes d'abord les quelques marches qui mènent à la voûte, ensuite le grand escalier à droite ; un escalier superbe, plein de dorures et de moulures. Au milieu pendait une grande lanterne ronde, formée d'une seule glace ; et comme sur cet escalier s'étendaient des tapis, on ne s'entendait pas marcher, chacun aurait cru être seul; le moindre bruit, quand on touchait son fusil ou qu'on éternuait, avait de l'écho.

C'est ainsi que nous montâmes, les yeux levés, dans une admiration extraordinaire, et même avec une sorte de crainte, parce que l'idée des coups de fusil vous suivait partout.

En haut, nous entrâmes dans une salle longue et magnifique. Rien que la rangée de ses hautes fenêtres sur la cour du Carrousel lui donnait un air grandiose; mais tout autour s'étendaient des dorures et des peintures qui vous éblouissaient la vue.

Ce qui m'étonne encore plus aujourd'hui, quand j'y pense, c'est qu'on n'entendait pas le moindre bruit de la vie. C'est là que les gens pouvaient bien dormir et se reposer. Ce n'était pas comme dans la rue des Mathurins-Saint-Jacques.

Je me disais en marchant:

« Comme on doit être bien ici, comme on a bon air! »

Et, regardant au fond de la cour, je voyais que tout était vide : ce pavé bien carrelé, ce large trottoir, cette grille superbe, ce petit arc de triomphe en marbre rose, tout était fait pour charmer les regards.

Bien souvent depuis, me rappelant ce spectacle, j'ai pensé que les princes sont heureux de venir au monde : — Oui, c'est un fameux état !

Entre les fenêtres, et tout le long des murailles peintes, de trois pas en trois pas sortaient des candélabres dorés, en forme de branches, dont chaque feuille soutenait une bougie qu'on devait allumer le soir.

Alors ce que m'avait dit Emmanuel six mois avant : — que l'intérieur de ce palais était encore plus riche que le dehors, — me parut être la vérité.

Je ne sais pas ce que les camarades étaient devenus. Les uns avaient pris à droite, les autres à gauche, comme dans une église; car toutes ces salles superbes aboutissaient les unes dans les autres, toujours avec la même beauté. Emmanuel et moi nous allions seuls; il me disait :

« Tout cela, c'est le bien de la nation, Jean-Pierre. Il faut tout respecter... C'est notre bien !... »

Je lui répondais :

« Ça va sans dire ! Nous l'avons gagné, et si ce n'est pas nous, ce sont nos pères, les bûcherons, les vignerons, les marchands, les laboureurs, tous ces malheureux qui travaillent et suent du matin au soir pour l'honneur de la France. Nous serions bien bêtes de gâter notre propre bien. Et nous serions des gueux d'avoir l'idée de rien prendre, puisque c'est à tous ! »

J'avais des idées pareilles, qui m'élevaient l'esprit et me faisaient voir les choses en grand; mais j'ai bien reconnu par la suite que ce n'é-

taient pas les pensées de tout le monde, ni le moyen de s'enrichir. Enfin, j'aime pourtant mieux être comme cela.

Et regardant de la sorte ces richesses, nous arrivâmes au fond, dans une autre salle en travers de la nôtre. Je ne saurais pas dire si c'était la salle du trône, ou la chambre à coucher de Louis-Philippe. Elle était plus large que la première et moins longue, éclairée par les deux bouts, remplie de peintures, et sur la gauche, dans l'épaisseur du mur, se trouvait une niche en forme de chapelle, recouverte de tentures à franges d'or. Dans le fond, entre les tentures, je voyais une sorte de lit ou de trône. Emmanuel et moi nous ne voulûmes pas entrer, pensant que cela ne convenait pas.

Nous étant retournés au bout de quelques instants, nous vîmes devant une table ronde et massive en marbre rose, un homme assis, qui mangeait un morceau de pain et du fromage dans un papier. Nous ne l'avions pas vu d'abord. C'est pour vous dire combien ces salles étaient grandes, puisqu'un homme ne se voyait pas en entrant, du premier coup d'œil. Emmanuel lui dit :

« Bon appétit ! »

L'autre, avec un chapeau à larges bords et une camisole brune, la figure pleine et réjouie, le fusil en bandoulière, lui répondit :

« A votre service !... Tout à l'heure nous irons boire à la cave. »

Il riait et clignait des yeux.

Dans ce moment, on commençait à entendre un grand murmure dehors, un tumulte, des coups de fusil. Nous allâmes regarder aux fenêtres; c'était la grande masse du peuple qui s'approchait au loin sur la place du Carrousel avec défiance. Nous pensions :

« Vous pouvez venir sans crainte; on ne vous gênera pas! »

Et songeant à cela, nous continuions à marcher lentement, regardant tout avec curiosité. Nous arrivâmes même dans un théâtre, où la toile du fond représentait un port de mer. Plus loin, nous entrâmes de plain-pied sur le balcon d'une chapelle; la chapelle était au bas, avec des vases d'or, des candélabres et le saint-sacrement. Il y avait des fauteuils, et sur le devant du balcon, une bordure en velours cramoisi. C'est là que Louis-Philippe écoutait la messe. Comme nous étions fatigués, nous nous assîmes dans les fauteuils, les coudes sur ces bordures. Emmanuel alluma sa pipe, et nous regardâmes longtemps cette chapelle avec admiration.

A la fin il me dit :

« Si quelqu'un m'avait annoncé hier, quand cinquante mille hommes défendaient les Tuileries, que je fumerais aujourd'hui tranquillement ma pipe dans l'endroit où la famille du roi, la reine, les princes, venaient entendre la messe, jamais je n'aurais pu le croire.

— Oui, lui répondis-je, c'est étonnant. Qui peut dire : « Ceci m'arrivera !... Cela ne m'arrivera pas !... » Tout est dans la main de Dieu ! Ceux qui sont forts et qui jugent les autres sont faibles le lendemain comme des enfants. Ils pleurent et demandent grâce, sans se souvenir qu'ils n'ont pas fait grâce. Voilà pourquoi nous devons toujours suivre notre conscience. Dieu seul nous juge, et Dieu seul est le maître. »

Ces choses ont été dites là ; ce sont des choses vraies.

Nous causions encore, lorsqu'un fracas épouvantable nous réveilla de ces pensées ; le peuple débordait dans le palais. C'était un roulement sourd, terrible. Des coups de fusil partaient, les vitres tombaient, des coups de hache écrasaient les meubles, les tableaux, les planchers, les murs.

Tandis que nous écoutions tout pâles, cinq ou six hommes, le cou nu, les cheveux ébouriffés, la figure sauvage, arrivaient de tous les côtés à la fois, les yeux étincelants comme des bandes de loups la nuit dans un bois. Ils regardaient... ils tournaient dans le balcon... et se mettaient à tout casser avec fureur, sans rien dire. Ces malheureux venaient de la bataille ; ils avaient peut-être vu tomber leurs amis, leurs enfants, leurs frères, et se vengeaient.

« Arrive, Jean-Pierre, me dit alors Emmanuel, en me prenant par le bras, sortons ! »

Nous traversâmes de nouveau les grandes salles. Quelques hommes, debout sur des chaises, prenaient les bougies dans les candélabres ; j'ai su plus tard que c'était pour entrer dans les caves. D'autres précipitaient les tableaux par les fenêtres.

Comme nous redescendions le grand escalier, au milieu de la foule qui montait, une baïonnette s'éleva tout à coup au bout de son fusil, et la magnifique lanterne que j'avais admirée en entrant, tomba comme une bulle de savon qui crève.

En bas, plusieurs étaient déjà couchés à terre, dans les coins, une bouteille à la main, le fusil contre le mur ; ils n'avaient plus la force de se lever... Il faut dire : les gueux de toute espèce, qu'ils soient du peuple, ou qu'ils soient des seigneurs, font la honte de la nation et du genre humain.

XXVIII

Nous sortîmes de là sans tourner la tête.

Des centaines d'autres bandes, en blouse, en haillons, en uniformes de gardes nationaux, avec des fusils, des drapeaux, des haches, des baïonnettes emmanchées, arrivaient pêle-mêle en courant, par la place du Carrousel, par les quais, par la rue de Rivoli, et de partout.

Quelques élèves de l'École polytechnique, des jeunes gens de dix-huit à vingt ans, l'épée au côté, le petit chapeau à cornes sur l'oreille, essayaient d'adoucir ces gens des faubourgs, aux guenilles pendantes, qui ne les regardaient seulement pas et continuaient leur chemin en criant d'une voix enrouée :

« A bas les vendus !... A bas les corrompus !... Vive la république ! »

Aussi loin que pouvaient s'étendre les yeux, on ne voyait que cela ; tout venait de notre côté comme un débordement.

« A la Commune, Jean-Pierre ! » me dit Emmanuel.

Et tout à coup l'idée de la grande République me frappa l'esprit ; je fus bouleversé d'enthousiasme. Nous allongions le pas en traversant les masses, et répétant toujours :

« A la Commune, citoyens ! à la Commune ! »

Plusieurs s'arrêtaient et finissaient par nous suivre, criant comme nous :

« A la Commune ! »

Mais les grandes fenêtres des Tuileries, qu'on voyait derrière par-dessus les grilles ; les papiers qui s'envolaient, les drapeaux qui flottaient, les cris, les coups de fusil, tout ce spectacle immense les détachait bientôt de notre troupe ; ils se repentaient d'avoir perdu du temps, et se remettaient à suivre le torrent.

En approchant de l'Hôtel de ville, le long des quais, par-dessus les barricades éboulées, nous n'étions plus qu'une dizaine. En ce moment, à la hauteur du pont Notre-Dame, quelqu'un s'écria :

« Les municipaux ! »

Alors nous étant retournés, nous vîmes venir derrière nous plusieurs escadrons de municipaux à cheval. Tout mon sang ne fit qu'un tour. Ah! nous n'étions plus désarmés, maintenant, on ne pouvait plus nous écraser comme de la paille ! Mais ils s'avançaient au pas, le sabre au fourreau. Les barricades renversées sur leur route, et d'autres encore restées debout sur le quai de Gèvres, les empêchaient de nous charger. Ils battaient en retraite de Paris.

L'idée de la vengeance me passa par la tête comme un éclair, et je couchai en joue leur général, à cent pas. Lorsqu'il me vit,—car ses yeux tournaient de tous les côtés : en haut, en bas, en avant, en arrière,—il prit tout de suite une bonne figure, en me saluant avec son grand chapeau bordé de blanc.

Mes bras en tombèrent, et je m'écriai en moi-même : « Tu ne peux pourtant pas tuer un homme qui te salue, Jean-Pierre ; non, c'est impossible ! » Mais d'autres en grand nombre venaient alors du pont et des rues voisines ; ils se jetèrent en avant et se mirent à crier :

« Faisons-les prisonniers ! »

Cela me parut meilleur, et tout de suite je pris un de ces municipaux par la bride en lui disant :

« Descendez ! »

Il ne répondit pas. Plusieurs ayant suivi mon exemple, ces escadrons bleus, le casque luisant, le sabre pendant sur la cuisse et l'air sombre, étaient arrêtés dans les pavés, dans la boue, un homme à la bride de chaque file, la baïonnette ou la pique sous le nez du municipal.

Et comme, malgré cela, pas un ne voulait obéir, des enfants venaient encore des barricades se pendre à leurs grandes bottes.

Enfin, tous ces gens semblaient prisonniers. Je me réjouissais d'avance de mener un cheval dans la rue des Mathurins-Saint-Jacques ; lorsque tout à coup le général, qui se trouvait au milieu de la colonne, se mit à crier :

« En avant ! »

Le maréchal des logis, que je tenais par la bride, me donna sur la figure un coup de poing tellement fort, que je fus renversé contre la barricade, la bouche pleine de sang. En même temps, les escadrons partaient ventre à terre. Tous les municipaux avaient fait la même chose à ceux qui tenaient leur cheval par la bride.

C'était un feu roulant des deux côtés de la rue et du pont sur ces pauvres diables. Leurs grosses bottes tournaient en l'air, leurs casques s'aplatissaient sur les pavés, leurs chevaux s'affaissaient en les culbutant à dix pas ; le feu roulait toujours, et l'on voyait au loin, à travers la fumée, les dos ronds des cavaliers penchés en avant, les queues flottantes et les grosses croupes des chevaux, lancés à fond de train au-dessus de ces murs de pavés, où l'on n'aurait jamais cru qu'un cheval pouvait passer.

Quel carnage, mon Dieu !

Le pire, c'est que, une fois la fumée dissipée, nous vîmes deux ou trois d'entre nous souffler la mort, et, sur le pont, d'autres malheureux par tas, la face contre terre, avec des balles dans le ventre. Tous les coups qui n'avaient pas porté sur les municipaux étaient entrés dans la foule, à droite et à gauche.

Voilà le spectacle des guerres civiles !

Un enfant s'en allait tranquillement par-dessus les morts, avec un casque enfoncé jusqu'aux épaules ; des femmes se penchaient aux fenêtres ; des vieilles sortaient, les mains au ciel, criant :

« Quel malheur ! »

Dieu veuille que ces exemples profitent à ceux qui viendront après nous, et que nous n'ayons pas souffert inutilement.

Nous repartîmes de cet endroit, encore pleins d'indignation, et nous arrivâmes à la grande porte de l'Hôtel de ville, où des gardes nationaux firent mine de nous arrêter ; mais, comme nous armions nos fusils, ils s'écartèrent et nous montâmes.

C'est sur le grand escalier de l'Hôtel de ville, où tant d'actions terribles et grandioses se sont accomplies durant la Révolution, où tant de paroles généreuses ont été prononcées pour la défense de la justice, c'est là que nous reprîmes un peu de calme, en pensant à ce que de pauvres petits êtres tels que nous étaient auprès de ces hommes de la Commune, auxquels nous devons presque tous nos droits. Oui, tous ces vieux souvenirs bourdonnaient sous les hautes voûtes avec les pas des hommes du peuple, qui montaient fièrement et semblaient dire :

« Nous sommes ici chez nous ! Quand la France parle d'ici à l'Europe, tous les rois tremblent ! … »

Un souffle de force et de grandeur me passait sur la figure.

Et sur cette grande terrasse intérieure, éclairée par la voûte,—où des cadavres de municipaux, blancs comme la cire, dormaient pour toujours,—dans cette salle où les premiers révolutionnaires ont fini par se tuer de désespoir, lorsque le peuple les avait abandonnés, c'est là que les idées en foule nous vinrent devant les morts.

Nous avions fait halte, et nous entendions parler au fond d'une allée à gauche. Au bout de quelques instants, nous prîmes ce chemin. J'étais devant, mon fusil sur l'épaule. Un vieux général, très-petit et la tête blanche, sa large croix sur la poitrine, nous rencontra dans l'allée, et m'arrêta par le bras en me demandant :

« Où allez-vous ? »

Leurs grosses bottes tournaient en l'air, leurs casques s'aplatissaient sur les pavés. (Page 103.)

—Nous allons voir ce que disent les autres, lui répondis-je étonné.
—On délibère, fit-il.
—Eh bien ! nous voulons aussi délibérer, » dit Emmanuel.

Alors, voyant qu'il ne gagnait rien sur nous, il dit encore, en me retenant toujours :
« Je suis un soldat de 92 ! »
Et je lui répondis :
« Raison de plus... nous avons les mêmes idées... Voilà pourquoi nous voulons délibérer. »

Il ne dit plus rien et s'en alla.

Nous entrâmes dans la salle où l'on parlait. Elle n'était pas très-grande. Au milieu se trouvait une table en fer à cheval ; de l'autre côté, le dos tourné à la rangée de fenêtres vers la place, étaient assis trois hommes en habit noir. Ils écrivaient. Une trentaine d'autres remplissaient la salle. Tout le monde parlait et criait ; deux ; debout sur des meubles, faisaient des discours.

Nous allâmes nous placer dans l'intérieur du fer à cheval, juste en face des trois hommes en habit noir. Celui du milieu s'appelait Garnier-Pagès, comme je l'ai su plus tard. Il avait de longs cheveux, le front haut, le nez un peu camard, le menton allongé. Il était pâle. Quand nous entrâmes, nos fusils en bandoulière, il nous regarda tout surpris.

Les paroles de la foule montaient et descendaient avec les cris de ceux qui s'égosillaient sur les meubles. On ne pouvait rien comprendre ; je ne sais pas ce qu'ils disaient. L'un, ce-

Ces feux éclairaient les sentinelles immobiles au haut des barricades. (Page 108.)

lui de droite, était grand, très-maigre, il avait le nez long et les cheveux gris pendant derrière. Il criait le plus fort.

Chaque fois qu'il criait, ses joues s'enflaient; il parlait du fond de la poitrine, en allongeant ses grands bras comme un télégraphe.

Cela dura bien dix minutes. On répétait autour de nous :

« Garnier-Pagès vient d'être nommé maire de Paris. »

Nous avions mis la crosse à terre, et nous attendions avec patience ce qui pourrait arriver. Un de ceux qui se trouvaient avec nous depuis les Tuileries n'avait pas de chemise, mais une vieille blouse ouverte sur la poitrine. C'est lui que Garnier-Pagès regardait le plus souvent, et puis moi ensuite, à cause du sang qui me coulait de la bouche. Je le voyais, cela l'étonnait, mais il ne disait rien. Seulement, au bout de quelques minutes, l'écrivain à sa gauche l'ayant averti de quelque chose, il leva la main, et tous les assistants se mirent à crier :

« Chut !... chut !... Écoutez !... »

Ceux qui faisaient des discours descendirent de leurs meubles; toute la salle se tut.

Garnier-Pagès se mit à lire ce que l'autre avait écrit. Je me rappelle très-bien que cela commençait ainsi : « Le roi Louis-Philippe vient d'abdiquer... » Mais il avait à peine lu ces mots, que de tous les côtés des cris partaient :

« Non !... non !... Il n'a pas abdiqué... On l'a chassé ! »

Ce qui rendit Garnier-Pagès encore plus pâle. Il faisait signe de se taire, mais il fallut du temps.

Comme le silence commençait, Emmanuel tout à coup lui dit face à face :

« Il nous faut des garanties. »

Cela le surprit beaucoup. Toute la salle écoutait. Il répondit :

« Quelles garanties ? »

Emmanuel dit :

« Proclamez la république ! »

Garnier-Pagès répondit :

« Quelle république? Voulez-vous une constituante, une législative?... »

Je vis bien alors qu'il était très-fin, car les gens n'avaient pas encore eu le temps de réfléchir à ce qu'ils voulaient. Emmanuel fut embarrassé ; mais un autre derrière, cria :

« N'importe ! nous verrons plus tard... Proclamez toujours la république... Le reste ne nous embarrassera pas ! »

Et tout le monde se mit à crier :

« Oui... oui... la république ! »

Ces choses sont tellement dans mon esprit, que je crois encore les voir et les entendre ; j'y suis. C'est mot à mot la vérité. Seulement plusieurs parlaient à la fois, criant des paroles qu'on ne pouvait pas comprendre, et Garnier-Pagès faisait semblant de les écouter. Mais je voyais bien qu'il réfléchissait en lui-même comment il pourrait se tirer de là, car à la fin il leva la main, et les gens s'étant tus, il dit d'un air chagrin :

« Messieurs, vous voyez qu'on ne peut rien faire de sérieux dans ce tumulte. Messieurs les secrétaires et moi nous allons passer dans la pièce voisine, et quand notre proclamation sera terminée, nous viendrons vous en donner lecture. »

En même temps, sans attendre la réponse, il se leva et les deux autres aussi. Cela causa du tumulte. Au bout de la table, de leur côté, se trouvait une porte ; comme ils allaient à cette porte, leurs papiers sous le bras, celui qui n'avait pas de chemise me dit, en se penchant à mon oreille :

« Il trahit !... Est-ce que je dois le fusiller ? »

Mais, malgré ma mauvaise humeur, l'idée de fusiller un homme pareil me parut abominable, et je répondis :

« Non, c'est Garnier-Pagès ! »

Tout le monde avait entendu parler de Garnier-Pagès. — Pendant que nous parlions, ils passèrent dans l'autre chambre.

Une fois hors de notre salle, et la porte refermée derrière eux, ces gens devaient se réjouir de leur bon tour. Nous autres, nous étions là comme des imbéciles.

Tout le monde criait sans écouter ses voisins, de sorte que l'ennui nous gagnait avec la colère. Emmanuel me dit :

« Sortons ! Qu'est-ce que nous faisons avec ces braillards ? »

Nous sortîmes, furieux d'avoir perdu notre temps. Mais, comme nous arrivions sur la plate-forme intérieure, d'où descend le grand escalier, voilà que bien d'autres cris, bien d'autres rumeurs arrivent de la place. Ceux qui venaient des Tuileries, après avoir ravagé les glaces, les tables, les livres, les vases, les tableaux de fond en comble, arrivaient à l'Hôtel de ville ; sans parler d'une foule d'autres qui sortaient des quartiers voisins et même des faubourgs. Ils criaient : « Vive la République ! » et tiraient des coups de fusil.

Nous descendîmes bien vite, pour ne pas rester engouffrés jusqu'au soir dans la bâtisse.

XXIX

Nous avions raison, car à peine étions-nous en bas, hors de la grille, que toute cette masse de peuple débordait du quai Pelletier, des rues de la Vannerie, de la Tannerie et du pont d'Arcole, avec des habits galonnés, des franges du trône, des chapeaux de femme, et mille autres guenilles au bout des baïonnettes ; sans parler des drapeaux rouges et des drapeaux tricolores dégouttant de pluie et de boue. Tout cela s'avançait, chantait, lâchait des coups de fusil, et malheureusement aussi trébuchait, car on avait vidé les caves de Louis-Philippe, on avait bu tout ce qu'on pouvait boire, et les bouteilles à moitié vides, on les avait jetées aux murs.

Enfin, je suis bien forcé de le dire, c'était honteux pour un grand nombre. Ceux qui boivent un jour pareil, jusqu'à ne plus pouvoir se tenir sur leurs jambes, sont des êtres indignes de soutenir la justice.

Mais que faire ? Ce monde innombrable tourbillonnait sur la place, comme un essaim qui cherche un arbre. Nous eûmes encore le temps de gagner le quai aux Fleurs, par le pont Notre-Dame, et là nous fîmes halte pour regarder. Tout était noir de têtes, tout grouillait, tout montait dans la maison commune ; et les cris, ces grands cris de la multitude qui s'élèvent comme le chant de la mer, — ces cris qui ne finissent jamais, — à chaque instant semblaient grandir et s'entendre plus loin :

Emmanuel me dit :

« Maintenant Dieu veuille, Jean Pierre, que les troupes soient bien dispersées ! Dieu veuille que Bugeaud ne les ait pas réunies sous sa main quelque part, car, avec cette quantité d'ivrognes, qui brûle notre poudre pour faire du bruit, nous serions bien malades. »

Je pensais comme lui :—la bêtise du peuple me faisait frémir.

Et pourtant, c'était encore la moindre des choses. La bataille, c'est la bataille, on s'extermine, on se défend, on n'a peur de rien; ceux qui réchappent réchappent, ceux qui meurent ont leur pain cuit; mais après la bataille, qu'est-ce qui va venir? Qu'est-ce que le pays dira demain ! Qu'est-ce que les royalistes, les communistes, les socialistes feront? Qu'est-ce qui sera maître. Est-ce que nous sommes en 92, est-ce que nous sommes en 1830? Est-ce que les Prussiens, les Anglais, les Russes viendront? Quoi...? Quoi?

Quand tout va bien, quand on travaille, quand les soldats montent leur garde, et que les juges rendent la justice ; quand les femmes vont à l'église et les enfants à l'école, alors on ne pense à rien, on se figure que tout est en ordre, et que cela continuera dans les siècles ; mais quand tout culbute, quand tout est à terre d'un coup, combien d'idées auxquelles on n'avait jamais songé vous arrivent !

Emmanuel et moi nous passions devant le Palais-de-Justice, et, plus loin, sur le pont Saint-Michel, à travers mille espèces de gens qui couraient vers la place de Grève. Nous n'avions pas besoin de nous dire nos idées, elles nous venaient toutes seules ; et ce que nous avait demandé Garnier-Pagès :—« Quelle espèce de république voulez-vous? » me paraissait alors plein de bon sens. Je me rappelais le livre de Perrignon, et je m'écriais en moi-même :

« Est-ce que nous voulons une constituante? est-ce que nous voulons un directoire ? est-ce que nous voulons des consuls ? ou bien est-ce que nous voulons autre chose de nouveau ? Si nous voulons quelque chose de nouveau, il faut pourtant savoir quoi. Jean-Pierre, qu'est-ce que tu veux? »

J'étais embarrassé de me répondre; je pensais :

« Si Perrignon était là, bien sûr qu'il t'ouvrirait les idées. »

J'avais aussi des inquiétudes pour ce bon vieux Perrignon, que j'aimais comme moi-même. Nous avions été séparés malgré nous. Qu'est-ce qu'il était devenu ?

Emmanuel, la tête penchée, ne disait rien. La nuit descendait. Les gens qui couraient, criaient tous : « Vive la République ! » Pas une âme ne savait encore que nous avions un gouvernement provisoire.

Dans la rue Serpente, nous vîmes que le caboulot était fermé.

« Arrive ! » me dit Emmanuel.

Et nous remontâmes par la rue des Mathurins jusqu'au cloître Saint-Benoît. Il faisait déjà nuit noire; pas un réverbère, pas une lanterne ne nous montrait le chemin. Par bonheur, la porte du restaurant d'Ober était ouverte. Nous entrâmes. Deux quinquets brillaient dans la salle à gauche, et quelques étudiants mangeaient sans rien dire. M. Ober était sorti. Nous posâmes nos fusils dans un coin, près des fenêtres, et l'on vint nous servir.

Dehors, au loin, bien loin, les rumeurs, les cris, les coups de fusil s'élevaient de temps en temps, puis se taisaient. Le tocsin sonnait toujours; mais pendant que nous mangions, tout à coup le gros bourdon de Notre-Dame se tut, ce qui produisit une sorte de silence. On entendait mieux les rumeurs du quartier, le passage des gens dans le cloître.

Emmanuel, à la fin de notre repas, me demanda :

« Qu'est-ce que nous allons faire cette nuit?

—Je ne sais pas, lui répondis-je... puisque tout est fini...

—Moi, dit-il, je vais changer d'habits; mes bottes, à force d'être mouillées, me serrent les pieds.

—Eh bien, allons changer, lui dis-je, et, dans une demi-heure, vingt minutes, réunissons-nous quelque part.

—Oui, tu viendras à la brasserie de Strasbourg, rue de la Harpe. »

Nous sortîmes. Dans ce moment, une foule de gens rentraient déjà dans le quartier; on criait : « Vive la République ! —Vive le gouvernement provisoire ! » Des étudiants traversaient le cloître ; ils parlaient de Lamartine, de Ledru-Rollin, d'Arago. Nous écoutions. Sous la porte Saint-Jacques, au moment de nous séparer, Emmanuel me dit :

« Il paraît que nous avons un gouvernement provisoire ; tant mieux, c'est meilleur que rien. »

Il remonta la rue Saint-Jacques. Je la descendis par-dessus les pavés, jusqu'au coin de la rue des Mathurins, où j'allais tourner, quand je vis arriver en face de moi un piquet de trois hommes, conduit par un caporal en chapeau rond et longue capote, qui portait une petite lanterne carrée, et me dit en la levant :

« C'est toi, Jean-Pierre ! Je suis content de te retrouver, petit. »

Celui qui me disait cela, c'était Perrignon. Il venait d'établir un poste dans la rue Saint-Jacques, au coin de la ruelle du Foin, pour tous les hommes de bonne volonté; il conduisait sa première ronde.

On se figure comme je l'embrassai. Je lui promis aussitôt de venir veiller à son poste, après avoir été prévenir Emmanuel.

Nous étions à l'entrée de la rue des Mathurins : je n'eus qu'une centaine de pas à faire pour gagner la maison et monter à ma chambre, où je changeai d'habits. Ensuite j'allai prendre Emmanuel à la brasserie de Strasbourg.

Il pouvait être six heures. Pas un bec de gaz ne brillait dehors. Quelques étoiles troubles se montraient à peine; une petite pluie froide tremblotait dans l'air, et de tous les côtés on entendait déjà crier :

« Qui vive !... qui vive !... »

Dans cette nuit noire, cela produisait un grand effet. L'idée me vint que les Parisiens ont tout de même du bon sens, puisque, dans la crainte de Bugeaud, ils se gardaient tout de suite comme la troupe, pendant que les ivrognes dormaient dans leur coin.

Emmanuel fut bien content d'apprendre ces choses, et nous sortîmes de la brasserie à tâtons.

Dans plus d'un endroit on voyait au loin des feux allumés, avec des hommes assis autour sur les pavés, fumant leur pipe et causant entre eux, le fusil en bandoulière. Ces feux éclairaient les sentinelles immobiles au haut des barricades, et les vieilles maisons à droite et à gauche. La lumière montait toute rouge, comme un éclair, jusqu'aux toits, puis descendait en se resserrant autour de la flamme : tout redevenait sombre.

La masse des pavés nous arrêtait souvent. Plus d'une fois nos pieds tapèrent dans la boue profonde; mais nous arrivâmes pourtant à notre corps de garde, rue Saint-Jacques, l'un des meilleurs du quartier. Il était grand, il avait un lit de camp, un râtelier pour les armes, et une large cheminée à droite en entrant, où le feu pétillait et flamboyait comme dans les scieries de notre pays, ce qui vous réjouissait la vue, par un temps de pluie et de brouillard pareil.

Autour d'une grosse table de chêne, les camarades, ouvriers et gardes nationaux, à dix ou quinze, buvaient et mangeaient. Ils avaient fait apporter du vin dans un broc, avec un grand pâté où chacun tranchait à son aise.

« Voici du renfort, s'écria Perrignon tout joyeux, en venant nous serrer la main. Vous avez mangé?

—Nous sortons de chez Ober, répondit Emmanuel.

—Eh bien! mettez vos fusils au râtelier. Dans un quart d'heure vous monterez la garde. »

Les autres continuaient à boire, à rire, à se raconter ce qu'ils avaient fait depuis trois jours. L'un parlait de l'attaque du Château-d'Eau, l'autre de la fuite du roi, un autre de l'enlèvement du trône, qu'on avait brûlé sur la place de la Bastille.

Chacun avait vu quelque chose d'extraordinaire, et c'est là que j'entendis pour la première fois un garde national chanter l'air « Par la voix du canon d'alarme, » etc., dont plus tard les gens eurent les oreilles tellement remplies, qu'ils s'écriaient : « Mon Dieu! si nous entendions seulement encore une fois le bruit des charrettes et les cris des marchands d'habits! Quel malheur! Cela ne finira donc jamais! »

Ce garde national avait tous les couplets écrits sur un morceau de papier; il chantait d'une petite voix tendre, et nous répétions tous en chœur :

« *Mourir pour la patrie! Mourir pour la patrie!...* »

Les larmes nous en venaient aux yeux.

Perrignon, assis derrière avec nous, sur le lit de camp, nous racontait l'envahissement de la Chambre, où se trouvait déjà la duchesse d'Orléans avec ses deux enfants; la manière honteuse dont les députés satisfaits l'avaient abandonnée,—lorsque le général Bedeau, sur la place de la Concorde, leur demandait des ordres, et que personne, ni les ministres, ni le président, n'osait en donner; — l'arrivée du peuple, et l'obstination de cette veuve, habillée en noir, au milieu du débordement, malgré les cris et la fureur; son calme, lorsque Marie et Crémieux demandaient le gouvernement provisoire, et que Lamartine faisait un discours superbe, déclarant que la nation seule pouvait décider ce qu'elle voulait selon la justice.

« Elle serait restée là, dit-il, en saluant toute pâle ceux qui prononçaient des mots pour elle; rien n'aurait pu la forcer de partir, si la grande multitude n'avait à la fin rempli tous les bancs, et si Ledru-Rollin n'avait en quelque sorte proclamé la république. Alors le torrent l'entraîna. »

Perrignon disait que le courage de cette femme l'avait attendri; que pas une reine de France n'avait encore montré la même fermeté; seulement que dans cette race de satisfaits,—qui depuis dix-huit ans approuvait tout, votait tout les yeux fermés, — pas un seul n'avait eu le courage de se faire tuer pour la défendre!

Il disait aussi que malheureusement ces

êtres sans cœur ne manquent jamais sous aucun gouvernement, qu'ils arrivent tout de suite se mettre à table, en écartant les bons citoyens des deux coudes, en parlant de leur dévouement, en ayant encore l'air de se sacrifier, la bouche pleine et le ventre gonflé de nourriture; mais qu'au premier coup de feu tous disparaissent comme des ombres; qu'ils trouvent leur peau trop délicate pour recevoir un accroc!

« J'ai vu ça, mes enfants, disait-il; l'affaire de 1830 m'a découvert la bassesse humaine. Combien pensez-vous qu'il y avait de combattants derrière les barricades, hier et avant-hier? Quelques centaines! Eh bien! demain vous verrez les vainqueurs sortir de terre par milliers, comme les limaces après la pluie; ils lèveront le sabre et crieront, la bouche ouverte jusqu'aux oreilles : « Rangez-vous! Tambours, battez la charge! En avant! » Si le mot de république pouvait changer cette bassesse en grandeur, ce serait magnifique, mais je n'ose pas seulement l'espérer. »

Perrignon, assis au bord du lit de camp, nous parlait de la sorte; Emmanuel et moi nous l'écoutions en silence; derrière nous Quentin et Valsy dormaient comme des bienheureux.

Il faut savoir aussi qu'à chaque instant des rondes arrivaient, ramenant des prisonniers. C'étaient les soldats de la caserne du Foin ou d'ailleurs, dispersés le matin, et qui pensaient s'en aller à la nuit. Mais en sortant des allées, ces pauvres garçons de la Bretagne, de la Normandie, de l'Alsace, n'avaient pas fait cinquante pas qu'ils entendaient crier : « Qui vive! » Et l'on pense si cela les étonnait de voir la sentinelle en casquette ou en chapeau, l'arme prête, remplir leur service et leur crier :

« Passez au mot d'ordre! »

Ils arrivaient tout doucement, et on leur disait :

« Allez au poste! »

Là, sur la porte du corps-de-garde, ils voyaient les citoyens réjouis de la victoire, qui leur criaient :

« Arrivez ici, camarades!.... Réchauffez-vous... Asseyez-vous... Buvez un coup! »

On leur passait le broc, on leur donnait le couteau. Pas un seul ne refusait, au contraire; après avoir passé la journée au fond d'une cour, dans un bûcher ou partout ailleurs, ils étaient bien contents de s'asseoir à table avec les soutiens de l'ordre. Quand on leur demandait :

« Eh bien, qu'est-ce que vous allez faire, maintenant? »

Tous répondaient :

« Mon Dieu, nous allons retourner au village; nous ne comptions pas encore sur notre congé, mais c'est égal, la vieille mère ne sera pas fâchée tout de même de nous voir revenir avant les sept ans. »

Chacun trouvait cela très naturel, et l'on croyait aussi que tout le monde, à l'avenir, ferait partie de la garde nationale, qui remplacerait l'armée. C'était la première idée qui vous venait. Qu'est-ce que la France aurait eu à craindre, si nous avions tous été soldats, de dix-huit à vingt-cinq ans, pour marcher en cas de besoin, et de vingt-cinq à cinquante pour faire le service de l'intérieur? Les Allemands et les Russes nous auraient laissés bien tranquilles, en se rappelant ce qui leur était arrivé pendant vingt ans, pour s'être mêlés de nos affaires.

Enfin il fallut relever les postes. Perrignon nous avertit, et nous partîmes ensemble à cinq ou six, en descendant la rue Saint-Jacques.

C'est moi qui relevai la sentinelle de la première barricade. Le mot d'ordre était : « Liberté, ordre public! »

Les autres partirent; je restai seul. C'est encore un des grands souvenirs de ma vie : cette nuit sombre, ces hommes qui s'en vont le fusil sur l'épaule et dont les pas se perdent dans le lointain; ces cris de : « Qui vive! » répétés dans la profondeur des quartiers, et qui semblaient dire : « Attention, citoyens! veillez pour la patrie et la liberté! » Et ces rumeurs du côté de la place de Grève, ces coups de fusil que suivent de longs silences où l'on entend la pluie tomber des gouttières; la lanterne cassée, au haut de la barricade, dont la flamme jaune et rouge sort par instant de la vitre humide, éclairant les flaques d'eau à cinq ou six pas :—Oui, c'était quelque chose d'étrange.

J'écoutais! Dans la rue, pas un bruit; au loin, les paroles du corps de garde, les éclats de rire, l'arrivée d'une ronde, les crosses de fusil qui se reposent sur les dalles, le départ d'un piquet, la vieille Sorbonne qui tinte la demi-heure. — Ah! que de pensées vous viennent après une journée pareille!... comme ce qu'on a vu vous repasse devant les yeux :—Ce palais magnifique des Tuileries, ce tumulte sur les quais, ces municipaux, l'Hôtel de ville! — Et maintenant, que va-t-il arriver? Lamartine est là, heureusement, il travaille; dix autres autour de lui, des hommes de cœur, l'aident; ils préviennent la France, ils calment le peuple, ils sont forcés de songer à tout pour nous!

Oui, ce sont de grands souvenirs, pour un

simple homme tel que moi. Souvent je me demande :

« As-tu vu ces choses, Jean-Pierre ? as-tu veillé sur cette barricade ?... N'est-ce pas un rêve ? »

J'étais là depuis environ une demi-heure, écoutant au milieu du silence, et songeant à tous ces changements incroyables survenus depuis trois jours ; rien ne bougeait, et ma garde avait l'air de vouloir continuer ainsi, quand au loin, derrière moi, vers la place Sorbonne, des pas se mirent à descendre la rue. Ce n'était pas une ronde, car les gens passèrent devant notre corps de garde sans s'arrêter. Ils parlaient à demi-voix, et, en arrivant au coin de la rue, voyant la haute barricade, ils s'arrêtèrent pour chercher un passage.

Alors, j'armai mon fusil en criant :

« Qui vive ! »

Trois restèrent en arrière ; un quatrième, un élève de l'Élève polytechnique, grimpa sur les pavés et me dit :

« C'est M. Arago ; il se rend au gouvernement provisoire. »

J'avais bien entendu parler de M. Arago, mais beaucoup de gens, par une nuit pareille, des ennemis, peuvent dire :

« Je suis Arago... je suis Lamartine ou Ledru-Rollin. »

On n'est pas forcé de les croire ; c'est pourquoi je répondis :

« Allez prendre le mot d'ordre au corps de garde. »

Il descendit, et les trois autres personnes s'avancèrent plus près, à quatre ou cinq pas. L'élève de l'École polytechnique se mit à courir en remontant la rue. Arago était près de la lanterne, que le vent faisait tourbillonner. Je vois encore ce vieillard avec sa longue capote, son chapeau rond, le dos un peu courbé, les mains croisées derrière et la tête penchée. Il ne me regardait pas ; il regardait devant lui, toujours à la même place. Je le vois dans cette ombre, les lèvres serrées, celle de dessous avançant sur l'autre, le nez un peu aquilin, les gros sourcils gris, immobile et songeur. Il pensait à combien de choses !

Les autres se tenaient plus loin dans le silence.

Pour Arago nous n'étions pas là, ni les pavés, ni la nuit, ni le vent, ni la lanterne tremblotante, ni l'épais brouillard ; dans sa pensée, il voyait la France, le bouleversement de tout, l'armée en déroute, le courage qu'il faudrait pour tout rétablir avec la liberté.

Je ne savais pas, moi, quel était cet homme ; je ne savais pas que c'était le plus grand esprit de notre temps, le plus ferme, le plus juste. Je ne savais pas que depuis sa jeunesse il avait travaillé, toujours travaillé, pour grandir et honorer sa patrie, et qu'on parlait dans tout l'univers d'Arago, comme d'un des plus grands génies de l'Europe. Non, je ne pouvais pas me figurer le quart de ces choses ! Pourtant de voir là ce vieillard tellement pensif et la figure si noble, j'avais le plus grand respect ; des idées de grandeur, de force, de bonté, de justice me passaient par la tête ; et depuis j'ai su quel génie était là devant moi dans cette nuit brumeuse, au milieu de ces événements extraordinaires dont les siècles parleront, depuis, je l'ai toujours comme peint devant les yeux, sur le fond noir des pavés entassés, près de la lanterne qui tourbillonne.

Enfin on accourait du corps de garde, et l'élève de l'École polytechnique me dit à l'oreille :

« Liberté, ordre public ! »

Je répondis :

« Passez ! »

Perrignon et deux autres camarades étaient aussi venus. Ils se tinrent en arrière. Arago et ses amis passèrent en silence dans la petite allée à gauche ; Perrignon se retira.

Il était alors sept heures au moins. J'ai souvent entendu dire depuis qu'Arago se trouvait à l'Hôtel de ville, avec les autres membres du gouvernement provisoire ; mais ce que je raconte est sûr. Arago n'est pas arrivé avant sept heures et demie à la Commune. Il faisait nuit dehors comme dans un four ; il avait peut-être eu beaucoup de barricades à grimper avant d'arriver à la nôtre ; il demeurait peut-être loin, je n'en sais rien ; mais voilà ce que j'ai vu moi-même.

Ma faction continua jusqu'à huit heures, et je ne me rappelle rien de nouveau jusqu'au moment où l'on vint me relever.

En entrant, Perrignon me parla du gouvernement provisoire, de Lamartine, d'Arago, de Dupont de l'Eure, etc. Il me disait que la maison était détruite, qu'il ne restait que trois ou quatre vieux pans de murs de 92, qu'aucun incendie ne peut entamer ; que les pierres et le mortier ne manquaient pas non plus, mais que, si l'on changeait d'architecte, que si l'un voulait une caserne, l'autre une église, l'autre un phalanstère, on ne viendrait à bout de rien.

Moi, la fatigue m'accablait, je dormais aux trois quarts, et pourtant je me souviens que sa grande crainte était de voir arriver les individus contraires au bon sens, les communistes, les cabétiens, et tous ceux que nous avons vus depuis faire si bien la besogne de nos ennemis.

Entre quatre et cinq heures, il fallut encore monter une garde. Alors le petit jour était arrivé, le danger passé ; chacun se retira. Je montai dans ma chambre et je dormis jusque onze heures d'un trait.

XXX

C'est le 25 février qu'il aurait fallu voir le mouvement de Paris au milieu des barricades! cette masse de gens qui sortaient en quelque sorte de dessous terre, en criant « Victoire! » le tambour qui battait le rappel ; les braves qui donnaient aux citoyens l'ordre de se mettre en rang ; les boutiques des marchands de vin, ouvertes au large, où l'on buvait à la santé de la république ; les trois ou quatre listes du gouvernement provisoire affichées aux coins des rues : celle de la Chambre des députés, celle de la Commune, celle de la préfecture de police.

Emmanuel, Perrignon, Valsy et moi, nous étions convenus de nous réunir à la brasserie de Strasbourg, vers dix heures ; mais j'avais dormi si longtemps que je n'espérais plus les trouver, et sur mon chemin j'entendais déjà crier :

« Méfiez-vous! ne laissez pas démolir vos barricades... La place du peuple est dans les barricades... Réunissez-vous sur la place de Grève... Observez bien la Commune!... Prenez garde qu'on ne vous confisque votre révolution comme en 1830! »

Les tambours roulaient. Des individus qu'on ne connaissait ni d'Ève ni d'Adam levaient le sabre en criant :

« Rangez-vous! »

Quelques-uns, avec des fusils, les écoutaient ; ils partaient par escouades de quatre, six, dix, l'arme au bras ; pendant que l'autre, le chef, se dandinait devant et se retournait pour voir si ses troupes marchaient en bon ordre.

Le principal était d'avoir un tambour ; quand le tambour battait, on emboîtait le pas.

Malheureusement, tous ne voulaient pas se ranger ; car, en arrivant à la brasserie de Strasbourg, je vis une confusion auprès de laquelle celle de l'Hôtel de ville, que j'avais vue la veille, n'était encore rien. Tout grouillait, tout parlait, tout criait. Sur chaque table, trois ou quatre orateurs, comme on les appelait, faisaient des discours. Quand on écoutait à droite, on entendait parler de clubs ; à gauche, de Vincennes, devant, de phalanstère ; derrière, de garanties, de drapeau rouge, de droit au travail ; enfin de tout.

C'était tellement nouveau, tellement extraordinaire, que, s'ils avaient parlé chacun à leur tour, on se serait assis par curiosité pour les entendre. Mais ils parlaient tous ensemble sans s'arrêter.

Chacun d'eux avait aussi trois ou quatre camarades qui lui prêtaient attention, et quand il en arrivait de nouveaux, ces trois ou quatre voulaient les faire écouter, en disant : « Écoutez, c'est un tel! » qu'on ne connaissait pas.

Je me souviens que, en regardant au fond de la salle pour tâcher de trouver Perrignon, un de ces hommes en blouse blanche me dit :

« C'est Odénat!... le grand Odénat qui parle! Il a plus de génie que toute la Convention ensemble. »

Et que, m'étant retourné sans savoir lequel était Odénat, un autre me prit par le bras, en disant :

« Écoutez, citoyen, c'est Quilliot.... Il a plus de profondeur dans l'esprit que Saint-Just. »

J'aurais cru que ces gens se moquaient de moi, s'ils n'avaient pas été si graves. Depuis, j'ai vu qu'ils disaient tous la même chose les uns des autres, et qu'ils le croyaient. Dans leur âme et conscience, ils regardaient Arago, Lamartine, Ledru-Rollin, Marie, Crémieux comme bien au-dessous du moindre d'entre eux, et comme ayant pris leur place dans la direction du peuple. Ils le croyaient, s'étant répété cela entre eux pendant des années ; mais ils n'étaient pas méchants, ils ne demandaient aux gens que d'avoir la même idée qu'eux sur leur propre compte.

Je regardais donc tout étonné, quand Emmanuel, Perrignon et Valsy, qui m'avaient attendu, sortirent de la brasserie, et nous descendîmes ensemble au *caboulot*. Perrignon marchait devant, sa grosse tête penchée d'un air triste. Tout à coup il nous dit :

« Mes enfants, ce n'est pas une plaisanterie ; ce que je craignais arrive, ces saint-simoniens, ces cabétiens, ces fouriéristes, ces communistes de toute sorte ne se contentent maintenant de parler, ils veulent nous gagner par la douceur ; mais comme ils ne peuvent pas tous avoir raison, nous serons forcés de choisir entre eux, et les autres nous tomberont dessus. Ou bien nous les adopterons tous, et nous aurons quinze ou vingt gouvernements qui se feront la guerre ; ou bien la nation soutiendra le gouvernement provisoire, et tous seront nos ennemis, des ennemis terribles, parce qu'ils croient avoir rai-

Alors j'armai mon fusil en criant : — Qui vive! (Page 110.)

son. Aujourd'hui, tout se passe encore en douceur; ils sont contents de pouvoir parler; mais demain ils deviendront aigres, et leur aigreur augmentera de jour en jour jusqu'à la bataille. J'ai vu cela! Appuyons-nous au gouvernement, soutenons-le, c'est notre seule ressource. »

Voilà ce qu'il nous dit. Et ce jour-là nous mangeâmes encore au *caboulot* comme à l'ordinaire; puis je rentrai rue des Mathurins-Saint-Jacques, pour écrire à ma bonne vieille mère Balais que nous avions la république.

Le lendemain, entre deux et trois heures de l'après-midi, voyant la foule se porter sur les quais, sans savoir ce que cela signifiait, je pris mon fusil pour descendre jusqu'au pont d'Arcole. La foule augmentait de minute en minute, et, sur la place Notre-Dame, on avait déjà de la peine à passer. J'arrivai pourtant en face de la Commune vers trois heures, et là je montai sur un tas de pierres pour découvrir d'où venait un pareil rassemblement. On n'a jamais vu tant de têtes, tant de baïonnettes, d'étendards pêle-mêle, tant de femmes et d'enfants, de vieux et de vieilles. C'était incroyable!

Quelques figures se montraient de temps en temps derrière les hautes fenêtres de l'Hôtel de ville, et tout de suite des rumeurs immenses s'élevaient et se prolongeaient avec des frémissements sourds, des trépignements et des cris jusqu'au quai des Ormes, et du côté du Louvre, plus loin que le Pont-Neuf. Dieu sait combien de milliers d'âmes attendaient là

Ces choses se passaient le 25 ou le 26 février 1848. (Page 111.)

quelque chose d'extraordinaire. — Excepté le chant de *la Marseillaise*, qui s'élevait tantôt à droite, tantôt à gauche, tout semblait calme. Seulement comme l'air était humide et que les femmes ne pouvaient plus s'en aller, on les entendait se plaindre et demander à partir ; mais on ne bougeait pas, on aurait craint de perdre de vue la mairie un instant.

Après mon arrivée, cela dura plus d'une demi-heure.

Tout à coup un grand murmure s'étendit sur la place ; ceux qui chantaient se turent. Je m'étais assis ; je me redressai bien vite, et du premier coup d'œil, par-dessus cette foule innombrable, ces milliers de casquettes, de chapeaux, de bonnets, d'étendards, je vis quelques hommes, l'écharpe tricolore autour des reins, la tête nue, qui descendaient le grand escalier de l'Hôtel de ville. On entendait murmurer tout bas : « Lamartine, Dupont de l'Eure, Louis Blanc, » etc. C'est là que j'ai vu pour la première fois notre gouvernement provisoire : Dupont de l'Eure, tout blanc et comme affaissé ; on le soutenait par les bras. La vue de ce pauvre vieillard, venu dans l'intérêt du peuple, vous remuait le cœur. Les autres paraissaient encore jeunes auprès de lui.

Tous descendirent cet escalier sombre, jusque devant une espèce d'estrade, dont Lamartine monta les marches. Il était grand, droit, sa tête grisonnait, l'écharpe tricolore couvrait sa grande taille maigre. Il tenait à la main un papier qu'il avait l'air de lire, mais il ne lisait pas et parlait d'abondance ; et, malgré le grand murmure de la place, je l'entendais comme si j'avais été près de lui.

« Citoyens, dit-il, le gouvernement provisoire de la République vous annonce de bonnes nouvelles. La royauté est abolie, la république proclamée. Le peuple exercera ses droits politiques. Des ateliers nationaux sont ouverts pour les ouvriers sans salaire. L'armée se réorganise. La garde nationale s'unit indissolublement avec le peuple, pour fonder l'ordre de la même main qui vient de conquérir la liberté. Enfin, messieurs, le gouvernement provisoire a voulu vous apporter lui-même, le dernier décret qu'il vient de délibérer et de signer dans cette séance mémorable : l'abolition de la peine de mort en matière politique….. C'est le plus beau décret, messieurs, qui soit jamais sorti de la bouche d'un peuple le lendemain de sa victoire. C'est le caractère de la nation française, qui s'échappe en un cri spontané de l'âme de son gouvernement. Nous vous l'apportons. Il n'y a pas de plus grand hommage au peuple, que le spectacle de sa propre magnanimité ! »

La voix de Lamartine était très-forte, grave et belle. Elle s'étendait sur la place, aussi loin que la voix d'un homme peut aller. Quand il eut fini, des milliers de cris : « Vive la République ! Vive Lamartine ! Vive le gouvernement provisoire ! » s'élevèrent jusqu'au ciel, en se prolongeant le long des quais, sur la place et dans les rues comme un roulement de tonnerre.

On n'aurait jamais cru que la République pouvait tomber ; on l'aurait crue forte, éternelle comme la justice. Dieu ne l'a pas voulu ! Peut-être aussi n'étions-nous pas encore dignes de l'avoir !

Ces choses se passaient le 25 ou le 26 février 1848, je ne sais plus au juste ; mais je les ai vues.

Et maintenant il faut que je vous raconte la bataille de juin, mille fois plus terrible que celle de Waterloo, puisque les Français combattaient entre eux, et que la victoire des uns ou des autres devait couvrir la patrie de deuil.

Je garde cette histoire épouvantable pour une autre fois, afin que chacun ait le temps de réfléchir à ce que j'ai dit, et que je puisse moi-même rassembler mes souvenirs.

FIN DE L'HISTOIRE D'UN HOMME DU PEUPLE

LES BOHÉMIENS SOUS LA RÉVOLUTION

« Puisque tu veux savoir pourquoi nous avons quitté la France, me dit le vieux bohémien Bockes*, rappelle-toi d'abord la grande caverne du Harberg. Elle est à mi-côte, sous une roche couverte de bruyères, où passe le sentier de Dagsbourg. On l'appelle maintenant le Trou-de-l'Ermite, parce qu'un vieil ermite y demeure. Mais bien des années avant, quand les seigneurs avaient encore des châteaux en Alsace et dans les Vosges, nos gens vivaient dans ce trou de père en fils. Personne ne venait nous troubler ; au contraire, on nous faisait du bien ; nos femmes et nos filles allaient dire la bonne aventure jusqu'au fond de la Lorraine, nos hommes jouaient de la musique ; les tout vieux et les toutes vieilles restaient seuls au Harberg, couchés sur des tas de feuilles avec les petits enfants.

« Je te dis, Christian, que nous étions une fourmilière, on ne pouvait pas nous compter. Souvent il rentrait trois et quatre troupes par jour ; le pain, le vin, le lard, le fromage ne manquaient pas ; tout venait en abondance.

« Au fond de ce creux, nous avions aussi le grand-père Daniel, blanc comme une chouette qui perd son duvet à force de vieillesse, et tout à fait aveugle. On ne pouvait le réveiller qu'en lui mettant un bon morceau sous le nez ; alors il soupirait, et se redressait un peu le dos contre la roche. — Deux autres vieilles ratatinées et chauves lui tenaient compagie.

« C'est là, parmi des centaines d'autres,

* Bacchus.

que je suis venu au monde, au moins je le pense. Il est bien possible que ce soit sur un sentier d'Alsace ou des Vosges; mais ce qui me revient d'abord, c'est notre caverne, nos gens qui rentraient par bandes avec leurs cors, leurs trompettes et leurs cymbales.

« Une chose qui me fait encore plus de plaisir quand j'y pense, ce sont mes premiers voyages sur le dos de ma mère. Elle était jeune, toute brune, et bien contente de m'avoir. Elle me portait dans un vieux châle garni de franges, lié sur son épaule, et je passais la tête dans un pli, pour regarder les environs. — Un grand noir, qui jouait du trombone, nous suivait, et me clignait des yeux en riant de bonne humeur. C'était mon père!

« Nous montions et nous descendions. Je regardais défiler les arbres, les rochers, les vallons, les ruisseaux où ma mère entrait jusqu'aux genoux, les fermes, les moulins et les scieries. Nous allions toujours, et le soir nous faisions du feu sous une roche, au coin d'un bois. On suspendait la marmite, d'autres troupes arrivaient, chacun apportait quelque chose à frire. On s'allongeait les jambes, on allumait sa pipe on riait, les garçons et les filles dansaient. Quelle vie! Dans cent ans je verrais la flamme rouge qui monte dans les genêts, les grosses branches qui s'étendent dans l'air, — les étoiles au-dessus; j'entendrais le vent qui passe dans les feuilles, le moulin qui marche toujours, et les hautes grives se répondre d'un bout de la forêt à l'autre.

« Vous autres, vous ne connaissez pas ces choses! Vous aimez un bon feu l'hiver, en racontant vos histoires à la veillée, avec des pommes de terre et des navets dans votre cave. Qu'est-ce que cela, Christian, auprès de notre marmite qui fume dans les bois, quand la lune monte lentement au-dessus des sapinières, quand le feu s'endort et que le sommeil arrive?

« Moi, pendant des heures, j'aurais pu regarder la lune.

« Et le lendemain, au petit jour, quand le coq de la ferme voisine nous éveillait, que la rosée tombait doucement et qu'on se secouait...

— « Ah! gueux de coq, nous ne t'avons pas attrapé; mais gare... ton tour viendra!

« Si les chrétiens connaissaient cette vie, ils n'en voudraient pas d'autre.

«Malheureusement, les meilleures choses ne peuvent pas durer Quelques mois plus tard, au lieu d'être bien à l'aise sur le dos de ma mère, je galopais derrière elle, les pieds nus, et j'en regardais un autre plus petit, crépu comme moi, les lèvres grosses et le nez un peu camard, qui se dorlotait dans mon bon sac, sans s'inquiéter de rien. C'est à lui que le grand noir souriait, et c'est lui que ma mère couvrait bien le soir, en me disant seulement : — « Approche-toi du feu. »

« Je grelottais, et je pensais en regardant l'autre : —« Que la peste t'étouffe! sans toi, je serais encore dans le sac et j'attraperais les bons morceaux. — Je ne le trouvais pas aussi beau que moi. Je ne comprenais pas pourquoi ce gueux avait pris ma place, et je ne pouvais pas le sentir.

« Mais le pire, c'est qu'il fallut bientôt gagner sa vie.

« Tu sauras, Christian, que nous avions chez nous des danseurs de corde, des musiciens et des diseuses de bonne aventure. — Le grand noir essaya d'abord de me faire danser sur la corde, mais la tête me tournait, je croyais toujours tomber, et je m'accrochais avec les mains malgré moi ; enfin ce n'était pas mon idée.

« Alors un vieux qui s'appelait Horni m'adopta pour jouer de la trompette, et tout de suite j'attrapai l'embouchure. Après la trompette, j'appris le cor, après le cor, le trombone. Dans toute notre troupe, on n'avait jamais eu de meilleur trombone que moi. Pendant que les autres risquaient de se casser le cou en dansant sur la corde, je soufflais avec un grand courage; et j'allais aussi faire les publications, je battais de la caisse comme un tambour-maître.

« Nous revenions toujours au Harberg, et j'avais déjà cinq ou six petits frères et sœurs, lorsqu'arriva le commencement de la guerre entre tout le monde. Cela commença du côté de Sarrebourg, où les gens se mirent à tomber sur les juifs; on leur cassait les vitres, on jetait les plumes de leurs lits par les fenêtres, de sorte que vous marchiez dans ces plumes jusqu'aux genoux. Les gens chantaient : « *Ça ira!* Tout était en l'air, et je me rappelle que nous avions été forcés de nous sauver de Lixheim, où l'on brûlait les papiers de la mairie devant l'église.

« Le vieux Horni disait que le monde devenait fou. Nous courions à travers les bois, parce que le tocsin sonnait à Mittelbronn, à Lutzelbourg, au Dagsberg; tous les paysans, hommes, femmes, enfants, s'avançaient hors des villages avec leurs fourches, leurs haches et leur pioches en chantant : — « Ça va! ça ira!... » Plusieurs tiraient des coups de fusil.

« Comme nous arrivions à la nuit sur le plateau de Häselbourg, Horni s'arrêta, car il ne pouvait plus courir; il étendit la main du côté de l'Alsace, et tout le long des montagnes, au-dessus des bois, je vis les châteaux et les couvents brûler jusqu'aux frontières de la Suisse. La fumée rouge montait dans le ciel! —Nous tremblions comme des malheureux.

« En arrivant vers une heure du matin à la caverne du Harberg, aucun bruit ne s'entendait; nous croyions que tous nos gens venaient d'être exterminés. Par bonheur, ce n'était rien; notre monde restait assis dans l'ombre sans oser allumer du feu; et toute cette nuit, les troupes arrivaient de Lorraine et d'Alsace, disant : — Tel château brûle! Telle église est en feu! Dans tel endroit on veut pendre le curé!... Dans tel autre on chasse les moines!.. Les seigneurs se sauvent!.. Le régiment d'Auvergne, qui est à Phalsbourg, a cassé tous ses officiers nobles; il a nommé des caporaux et des sergents à leur place, etc., etc.

« Cette extermination dura plusieurs années. Les paysans étaient las des couvents et des châteaux ; ils voulaient cultiver la terre pour leur propre compte.

« Nous autres, à la fin, nous avions repris courage, et nous recommencions nos tournées. Tout était changé, les gens avaient des cocardes à leurs bonnets, ils se mettaient tous à prêcher et s'appelaient citoyens entre eux; les semaines avaient dix jours, et le dimanche s'appelait *décadi*, mais cela nous était bien égal et même nous vivions de mieux en mieux, parce que les citoyens laissaient leurs portes ouvertes, en criant que c'était le règne de la vertu.

« Pas un seul d'entre nous n'avait de défiance, lorsqu'un matin, au commencement des foires d'automne, au petit jour, et comme les bandes allaient se mettre en route, la vieille Ouldine vit une quinzaine de gendarmes à l'entrée de la caverne, et derrière eux une ligne de baïonnettes. Aussitôt elle rentra, les mains en l'air, et chacun allait voir. Des paysans arrivaient aussi plus loin avec une longue file de charrettes pour nous emmener. Tu penses, Christian, quels cris les femmes poussaient; mais les hommes ne disaient rien. C'était le temps où l'on coupait le cou des gens par douzaines, et nous croyions tous qu'on allait nous conduire à Sarrebourg pour avoir le cou coupé.

« Malgré nos cris, on nous fit sortir deux à deux. Le brigadier disait : « Ça ne finira donc jamais ! »

« Nous étions près de deux cents. — Les femmes et les petits enfants montaient sur les charrettes. Les hommes et les garçons marchaient derrière, entre deux files de soldats.

« Lorsqu'on fit sortir le vieux Daniel et la vieille Margareth, à peine étaient-ils dehors, au grand air, qu'ils moururent tout de suite. On les mit tout de même sur une charrette. Horni, Kleinmichel et moi, nous suivions en pleurant. Toutes nos femmes étaient comme mortes de frayeur. On ne voulait pourtant pas nous faire de mal, on voulait seulement nous forcer d'avoir des noms de famille, pour nous reconnaître à la conscription.

« Tous les gens des villages où nous passions venaient nous voir et nous appelaient aristocrates.—Une fois à Sarrebourg devant la mairie, au milieu des soldats, on nous fit monter, l'un après l'autre, prendre des noms, qu'on écrivait sur un gros livre.

« Le père Grébus eut de l'ouvrage avec nous jusqu'au soir. — On nous forçait aussi de choisir un logement ailleurs qu'au Harberg.

« C'est depuis ce temps que je me suis appelé Bockes. J'étais alors un grand et beau garçon de vingt ans, tout droit, avec une belle chevelure frisée. « Toi, me dit le maire en me regardant, tu ressembles au dieu du bon vin; tu t'appelleras Bockes ! »

« Il dit au vieux Horni qu'il s'appellerait Silénas, à cause de son gros ventre, et tout le monde riait. — On nous relâcha les uns après les autres.

« Horni, Kleinmichel et moi, nous restions ensemble dans une chambre au Bigelberg; nous courions toujours les foires, mais, depuis que nous avions des noms et qu'on nous appelait citoyens, la joie s'en était allée.

« Aussi, lorsqu'un peu plus tard on voulut nous forcer de prendre des métiers et de travailler comme tout le monde, Silénas me dit:

« Écoute, Bockes, tout cela m'ennuie. Quand j'ai vu les Français brûler les couvents et les châteaux, j'étais content; je pensais : — Ils veulent se faire bohémiens ! — Mais à présent je vois bien qu'ils sont fous. J'aimerais mieux être mort que de cultiver la terre comme un gorgio*. Allons-nous-en ! »

« Et le même jour nous partîmes pour la Forêt-Noire.

« Voilà cinquante ans que nous roulons dans ce pays, Kleinmichel et moi. Les Allemands nous laissent bien tranquilles! Pourvu qu'on leur joue des valses et des *hopser* pendant qu'il boivent des chopes, ils sont heureux et ne demandent pas autre chose. — C'est un bon peuple ! »

Chrétien

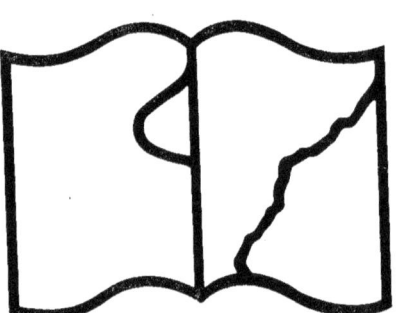

Texte détérioré — reliure défectueuse
NF Z 43-120-11

www.ingramcontent.com/pod-product-compliance
Lightning Source LLC
Chambersburg PA
CBHW070512100426
42743CB00010B/1813